Frühe Neuzeit

Das rhetorische Zeitalter

Akademie Studienbücher

Literaturwissenschaft

Herausgegeben von
Iwan-Michelangelo D'Aprile

Andreas Keller

Frühe Neuzeit

Das rhetorische Zeitalter

Akademie Verlag

Der Autor:
Dr. *Andreas Keller*, Jg. 1961, Wissenschaftlicher Mitarbeiter an der Universität Potsdam,
Institut für Germanistik

Bibliografische Information der Deutschen Nationalbibliothek
Die Deutsche Nationalbibliothek verzeichnet diese Publikation in der Deutschen
Nationalbibliografie; detaillierte bibliografische Daten sind im Internet über
http://dnb.d-nb.de abrufbar.

ISBN 978-3-05-004399-9

www.akademie-studienbuch.de
www.akademie-verlag.de

Einband- und Innenlayout: milchhof : atelier, Hans Baltzer Berlin
Einbandgestaltung: Kerstin Protz, Berlin, unter Verwendung des Kupferstichs
    Erasmus von Rotterdam (1526) von Albrecht Dürer. akg-images.
Satz: Druckhaus „Thomas Müntzer" GmbH, Bad Langensalza
Druck und Bindung: CS-Druck Cornelsen Stürtz GmbH, Berlin

Printed in Germany

Frühe Neuzeit
Das rhetorische Zeitalter

1 Epochenbegriff und Forschungs-
perspektiven

Abbildung 1: Lutherdenkmal vor der Frauenkirche Dresden (Fotografie, 2007)

Die Momentaufnahme aus Dresden enthält zwei Antworten auf die Frage, wie ein Epochenbild entsteht. Das monumentale Denkmal, das an den Theologen Martin Luther (1483–1546) erinnert, verweist auf die Heroisierung einer einzelnen Person, auf die man die komplexe Phase zwischen Mittelalter und Aufklärung häufig fokussierte. Eine derart selektive Betrachtung und Reduktion der Frühen Neuzeit als ,Lutherzeit' erfreute sich insbesondere bei protestantischen Historikern großer Beliebtheit. Am Beispiel der Frauenkirche zeigt sich dagegen, wie eine Zeit in ihren materiellen Relikten konserviert wurde: Man setzte Erhaltenes zusammen, ergänzte die Lücken und erhielt damit die benutzbare Rekonstruktion eines Sakralbaus.

Mit Selektion, Reduktion oder Rekonstruktion lassen sich verschiedene Bilder der Vergangenheit produzieren, die sich meist auch auf eine bestimmte methodische oder ideologische Position zurückführen lassen. Historische Standpunkte und Wahrnehmungen sind wechselhaft: Zwanzig Jahre vor dieser Aufnahme stand das Luther-Denkmal noch vor einer Ruine als ,Mahnmal des Friedens'.

Eine Epoche hat kein festes ,Wesen', das es zu ergründen gälte. Sie verändert ihr Profil aufgrund der verschiedenen Standorte, von denen aus man sie beleuchtet. Wer sich einer Epoche zu nähern versucht, stößt immer schon auf die Vorarbeiten anderer, die selbst schon wieder eine lange Geschichte haben. Das Bild einer Zeit wächst nicht nur auf der Basis ihrer materiellen Relikte, sondern immer auch als fortlaufende Wirkungs- und Wertungsgeschichte. Mit dieser macht das folgende Kapitel nun in Umrissen bekannt, um dann auf Basis der aktuellen Forschung die Grundzüge der Frühen Neuzeit herauszustellen und eine Definition sowie die Datierung dieser Epoche zu diskutieren.

1.1 Kriterien, Wertungen, Deutungen
1.2 Grundzüge der Frühen Neuzeit

Probleme der Deutung = 0 Wandel

1.1 Kriterien, Wertungen, Deutungen

Die Rezeptionsgeschichte der Frühen Neuzeit bestand lange Zeit aus Ablehnung. Unterschiedlichste Personen gelangten erstaunlicherweise immer wieder zu dem gemeinsamen Befund: Zwischen Mittelalter und Moderne gab es in Deutschland keine Literatur, mit der es sich zu beschäftigen lohnte. Trotz ihrer biografischen Verschiedenheit und dem unterschiedlichen historischen Kontext urteilten z. B. Friedrich II. von Preußen 1780, Wilhelm Scherer 1883 und Heinz Schlaffer 2002 mit gleichem Tenor: Vor 1770 besaßen die Deutschen keine Dichtkunst, die „europäischen Maßstäben" (Schlaffer 2002, S. 16) genügt hätte. „Die Engländer hatten ihren Shakespeare: auf Deutschland fiel nur sein Schatten" (Scherer 1883, S. 275f.), und „während Italien sich kultivierte, zerfiel Deutschland" (Friedrich 1968, S. 476).

Langlebige Verdikte

Wie kommt es, dass ein absolutistischer König in Preußen, ein nationalliberaler Gelehrter im Deutschen Kaiserreich und ein exzellenter Literaturwissenschaftler der Bundesrepublik sich in dieser Frage so einig sind? Alle drei verbindet ein gemeinsamer Sprach- und Poesiebegriff, der sich jedoch erst um 1780 etabliert hat und daher dem Literaturkonzept der Frühen Neuzeit völlig fremd ist. Zunächst die Sprache: Vor der Aufklärung gab es in Deutschland nur einen „verworrene[n] Styl" (Friedrich 1968, S. 51), was Scherer bestätigt: Die Metrik geht in „gänzliche Regellosigkeit über; die Sprache selbst, die Lautform der Wörter, zeigt rohe Verstümmelungen." (Scherer 1883, S. 243). Eine „sprachliche Eleganz ist von der deutschen Rhetorik des 17. Jahrhunderts ebensowenig zu erwarten wie ein ästhetisches Vergnügen bei der Lektüre der rhetorisch geprägten literarischen Werke." Denn – so definiert Schlaffer: „Literatur im strengen Sinn ist nur, was ein ästhetisches Vergnügen bereitet." Und in der Vormoderne ist keine Literatur erschienen, „die heute noch Leser vergnügen, erstaunen, anrühren könnte." (Schlaffer 2002, S. 27, 36) Dichtung gilt den drei Kritikern außerhalb der Frühen Neuzeit als Kunst, die einer idealen, also zeitlosen Ästhetik verpflichtet ist und überzeitlich gültigen Qualitätskriterien zu genügen hat. Wo diese nicht erfüllt sind, herrscht „Barbarey" (Friedrich 1968, S. 51), und deshalb hat die ganze Periode „bis ins siebzehnte Jahrhundert hinein kein dichterisches Kunstwerk" von „ewiger Dauer" hervorgebracht (Scherer 1883, S. 243). Heinz Schlaffer konstatiert sogar einen Zustand der „Nicht-Literatur vom 14. bis zum Beginn des 18. Jahrhunderts." (Schlaffer 2002, S. 26)

Epochenfremder Literaturbegriff

Wertung

Kriterien

Neben Sprachreinheit und zeitloser Ästhetik deutet sich noch eine dritte Kategorie an, die der rhetorischen Poetik krass zuwiderläuft:

Autonomie

die Autonomie. Literatur darf keinen ‚fremden‘ und damit außerliterarischen Zwecken dienen. Wo Texte sich an aktuellen Interessen orientieren oder sich gar am ‚niederen‘ Alltag beteiligen, können sie nicht den Rang eines die Zeiten überdauernden Kunstwerks haben: „In der unübersichtlichen Vielfalt, ja Konfusion der neuen Werke und Werkchen von bescheidener Kunstfertigkeit löst sich nirgends ein eigener Bereich der Literatur heraus; Bücher dienen unter- und außerliterarischen Aufgaben“ (Schlaffer 2002, S. 26). Alle drei Kritiker stimmen in diesem wichtigen Punkt überein: Öffentliches Leben – im Sinne von Staat, Religion und Politik – ist von Poesie strikt zu trennen.

Über die Gründe für die mangelhafte Entwicklung deutscher Dichtung ist man sich ebenso einig. Sie sind in den Wirren der Reformation und der ihr folgenden Kriege zu suchen – der entsprechende wirtschaftliche Niedergang der Nation hinderte die Deutschen, ihre Sprache und Literatur auf ein ‚künstlerisches‘ Niveau zu erheben: „Die Musen verlangen ruhige Zufluchtsorte: sie fliehen die Gegenden, wo die Verwirrung herrscht und alles zerstört wird“ (Friedrich 1968, S. 47), die „Leidenschaftlichkeit theologischer Kontroversen“ (Schlaffer 2002, S. 49f.) blockierte die deutsche Poesie. Im 16. Jahrhundert schweigen die Musen, „die Theologie allein hat das Wort“ (Scherer 1883, S. 275). Der Germanist Wolfgang Stammler vernimmt zwischen

„Lutherische Pause“

1520 und 1550 eine „Lutherische Pause“, da die Deutschen „auf künstlerischen Lebensinhalt“ verzichteten (Stammler 1927, S. 303f.). Schlaffer verlängert die Pause sogar: „Es sollte – verzögert durch die Folgen des Dreißigjährigen Kriegs, der die Aufteilung Deutschlands in unabhängige Territorien befestigt hatte – noch 120 Jahre dauern, bis Gottsched eine einheitliche Literatursprache durchzusetzen vermochte.“ (S. 44f.)

Klassizistische Normen

Die Ansprüche an zeitlose Größe, Sprachreinheit und Autonomie der Literatur verweisen auf klassizistische Normvorstellungen, die auf die Goethezeit zurückgehen. In der Frühen Neuzeit wurde jedoch genau das Gegenteil praktiziert: Die Literatur dieser Epoche ist sprachlich ungeregelt und vielfältig differenziert nach Dialektlandschaft, sozialer Schicht und Redezweck, tagespolitisch ausgerichtet oder zweckgebunden für religiöse Unterweisung. Schon die ersten kritischen Auslassungen gegen eine rhetorische Poesie, wie sie in der vom französischen Klassizismus geprägten Frühaufklärung um 1720 laut wurden, operierten mit einer Begrifflichkeit, auf die spätere Generationen immer wieder zurückgreifen sollten. Der Dramatiker Johann Ulrich König sprach 1727 verächtlich von „schwülstigen Metaphern“ und „lächerlichen Spitzfindigkeiten“ bei den Autoren um 1700, auch von

„läppischen Wort= und Buchstaben=Spielen" oder „übel angebrachter Belesenheit" und „hundert anderen kindischen und geschminckten Ausziehrungen." (König 1727, S. 235) (→ ASB D'APRILE / SIEBERS, KAPITEL 3)

Auf entsprechende Kriterien bezog sich auch Friedrich Nietzsche, als er 1879 mit seiner Abhandlung *Vom Barockstile* einen folgenreichen Terminus für ein Phänomen etablierte, das wie ein „Natur=Ereignis" jedes Mal „beim Abblühen jeder großen Kunst" zu beobachten sei, nämlich „wenn die Anforderungen in der Kunst des klassischen Ausdrucks allzu groß geworden sind" (Nietzsche 1966, Bd. I, S. 791). Mit dem Begriff „Barock" gewann die klassizistische Partei ein griffiges Schlagwort, mit dem sich vor allem das 17. Jahrhundert als eigenständiges Literatursystem folgenreich diskreditieren ließ. Der Kunsthistoriker Heinrich Wölfflin lieferte dazu mit *Renaissance und Barock* (1888) ein antithetisches Entwicklungsmodell, das er 1915 in seinen *Kunstgeschichtlichen Grundbegriffen* ausformulierte. Demnach wechselt in quasi historischer Gesetzmäßigkeit eine formklare klassische Periode mit einer formsprengenden Barockzeit. Der Germanist Fritz Strich übertrug diese Vorstellung 1916 (*Der lyrische Stil des 17. Jahrhunderts*) auf die Literaturwissenschaft und begründete damit das Konzept einer „Barockliteratur". Literaturgeschichte wurde damit zur reinen Stilgeschichte – was für die Malerei augenscheinlich Geltung hatte, konnte für die Poesie offenbar nicht falsch sein.

Abgesehen von der Missachtung der Eigenheiten sprachlicher Kunst wurde die Reduktion der Geschichte auf Stilfragen besonders verhängnisvoll, als man sie nach 1900 auch politisierte. Aus ideologischen Beweggründen ging man plötzlich nicht mehr von einer ‚degenerierten' Substanz des Barock aus, sondern lud diesen Begriff und die „Barockforschung" (vgl. Müller 1973) nun mit einem nationalistischen Pathos auf. Dies macht ihn bis heute – abgesehen von der Falschbewertung in der Sache (→ KAPITEL 5.1) – schon aus ethischen Gründen zweifelhaft. Man beschwor nämlich mit chauvinistischem Impetus einen ‚germanischen' Kunstwillen: Dieser habe sich jeweils in der Gotik, im Barock, in der Romantik und im Expressionismus als ein leidenschaftlich-bewegter und mystisch-expressiver Duktus Bahn gebrochen. Vor allem aber habe er sich immer wieder gegen die kühle Strenge und die rationalistische Kalkulation einer romanisch geprägten Rhetorik durchgesetzt, sowohl in der ‚italienisierenden' Renaissance wie auch in der ‚französisierenden' Aufklärung.

Die ersten wirkungsvollen Ansätze einer positiven und adäquaten Wahrnehmung der frühneuzeitlichen Literatur erfolgten erst im frü-

Begriff des „Barock"

Politische Instrumentalisierung

Ausgleichende Neusichtungen

hen 20. Jahrhundert, als man sich von der Vorstellung des Autors als einer absoluten Größe im Sinne des ‚Originalgenies' distanzierte und Sprache und Text als historisch veränderliche Kommunikationsmedien betrachtete. Der Strukturalismus stellte unter dem Motto „der Autor ist tot" die Persönlichkeit des kreativen Dichters zugunsten der übergreifenden Systembildungen zurück, und die junge Wissenschaft der Soziologie betrachtete das schreibende Individuum vor allem in seinen Beziehungen zu umfassenden Gesellschaftsformationen. In beiden Denkströmungen wurde die Funktionalität von Texten innerhalb einer komplexen Institutionenordnung entsprechend positiv gewertet und ein erweiterter Literaturbegriff gegen das enge klassizistische Normdiktat gesetzt. Der Autor galt nun nicht mehr als Schöpfer eines autonomen Kunstwerks, sondern als Medium zur Transformation von Inhalten in historischen Prozessen, der Text als Produkt situationsbedingter und damit rekonstruierbarer Faktoren.

Vor dem Erfahrungshintergrund des Ersten Weltkriegs, der Abdankung des letzten deutschen Kaisers Wilhelm II. und der jungen Weimarer Demokratie etablierte sich allmählich eine Forschung, die auf Zusammenhänge zwischen poetischen Formen und gesellschaftlichen **Frühe Sozialgeschichte** Bedingungen achtete. Die erste bedeutende Phase der Frühneuzeitforschung mit Editionen, Analysen und Theoriebildungen fand jedoch ein jähes Ende, als ihre wichtigsten Vertreter, etwa Arnold Hirsch, Richard Alewyn oder Walter Benjamin, nach der Machtübernahme der Nationalsozialisten in Exil und Tod getrieben wurden. Deren wertvolle Ansätze machte nun eine brutale völkisch-nationalistische Rassenkunde zunichte, die Martin Luther zum deutschen Übermenschen und den Barock zum nordisch-urgermanischen ‚Herrenstil' verzerrte.

Nach dem Zweiten Weltkrieg konnte erst der Generationswechsel in den Geisteswissenschaften nach 1966 (Germanistentag in München) die Verheerungen der nazistischen Rassenideologie durch eine engagierte Wiederaufnahme der Vorleistungen der 1920er-Jahre ausgleichen. Die zeitgleich aufkommende Diskurstheorie und die bereits etablierte europäische Topik- und Rhetorikforschung (vgl. Schirren 2000) förderten die wachsende Sensibilität für historische Gesprächs **Aktuelle Frühneuzeitforschung** formationen. Zunehmend wurde auch die Vernetzung der deutschen Literatur im europäischen Kontext erkennbar. Verschiedene Zentren der Frühneuzeitforschung, Zeitschriftengründungen und ein planmäßiges Kongresswesen bewirkten die Internationalisierung der Forschung (→ KAPITEL 15).

1.2 Grundzüge der Frühen Neuzeit

Die Probleme der älteren Forschung zeigen sich schon bei der Epochenbezeichnung. Anders als etwa bei der Aufklärung oder Romantik, wo lediglich Ausmaß und Spezifik der Epoche strittig sind, herrschte im Falle der Frühen Neuzeit lange Zeit nicht einmal bezüglich des Namens Einigkeit. Man zerteilte den Makroraum zwischen Mittelalter und Moderne und konstituierte sogar eigenständige Epochen wie Spätmittelalter, Reformation, Humanismus, Renaissance, Manierismus und Marinismus, Barock (Vor-, Früh-, Hoch-, Spätbarock), Gegenreformation, Absolutismus, galantes Zeitalter und Frühaufklärung. Während „Aufklärung" und „Romantik" als Selbstäußerungen der Epoche eine gewisse Authentizität verbürgen, sind Benennungen wie „Humanismus" (1808) oder „Barock" (1888) spätere und wertende Wortschöpfungen. Unter dem Postulat nationaler Spezifika prägte die Forschung Formeln wie „deutscher Renaissancehumanismus" (Trillitzsch 1981), „deutsche Gegenreformation" (Hankamer 1935) oder „deutsche Eigenrenaissance" (Burger 1969). Auch Kreationen wie „vorbarocker Klassizismus" (Alewyn 1957) oder „halbherziges Randbarock" (Alewyn 1974, S. 271) scheinen kaum dazu geeignet, die Grundzüge der Epoche oder ihrer Literatur zu erfassen.

Mit zunehmender Anerkennung der zeitspezifischen Formen des Literaturbetriebs zeigte sich sehr bald die Unsinnigkeit, hier von Zäsuren und Übergängen zwischen geschlossenen Einheiten wie „Spätmittelalter", „Renaissance" und „Barock" zu sprechen, die sich quasi naturwüchsig auseinander entwickelt hätten. Dieses biologistische Konzept trat in der neueren Forschung zugunsten kommunikationstheoretischer Paradigmen zurück. Rasch wurde deutlich, dass es sich bei der Frühen Neuzeit um ein ausgedehntes Kontinuum handelt, dessen Angelpunkte etwa um 1400 und 1700 zu bestimmen sind. Charakteristisch für diese Zeitspanne erscheint die sukzessive Bildung von Öffentlichkeit: In einer qualitativen wie quantitativen Erweiterung des Kommunikationsradius dynamisieren sich die Diskussionen um Religion, Staatswesen und Bildung in einer bis dahin ungekannten Weise. In Entsprechung zu dieser Pluralisierung der Meinungen und Ausdrucksformen schwindet das Herrschafts- und Deutungsmonopol der alten geistlichen wie weltlichen Eliten. Diese Vorgänge sind jedoch immer wieder auch mit modifizierenden Gegenbewegungen durchsetzt und verlaufen lokal völlig unterschiedlich.

Überholt sind die oftmals ideologisch geprägten Vorstellungen von markanten ‚Paukenschlägen', radikalen Brüchen und personifizier-

Keine Revolutionen

baren Zäsuren: Weder Johannes Gutenberg mit der Erfindung des Buchdrucks (1450) noch Martin Luther mit der Reformation (1517) oder Martin Opitz mit der *Deutschen Poeterey* (1624) waren Revolutionäre, die mit Elementargewalt alles Vorherige beseitigten, um prinzipiell Neues zu begründen. Der Medienwechsel setzte nicht erst mit dem Buchdruck ein, sondern schon um 1390, als die erste Papiermühle in Deutschland ihre Arbeit aufnahm: ein Indiz für den verstärkten Schreibstoffbedarf, was wiederum auf wachsende Produktion und damit auf eine Ausdehnung der Interessentenkreise schließen lässt. Ein Vorgang, der um 1420 die Einrichtung von geradezu fabrikartigen Kopistenbüros erzwang, da die Klöster die drastisch zunehmende Nachfrage nicht mehr decken konnten. Neue Formen der Frömmigkeit machten die großflächige Belieferung mit erschwinglicher Andachtsliteratur notwendig (→ KAPITEL 10.3), sodass der Buchdruck schließlich nur noch die notwendige Konsequenz aus einer bereits bestehenden Bedarfslage war.

Zeitalter der Reformen

Das legt nahe, dass auch Martin Luther kein plötzliches Urereignis war, sondern mit zahllosen Vorläufern und viel radikaleren Mitstreitern und Nachfolgern Teil einer dauerhaft reformbedürftigen Religiosität. Und auch Martin Opitz schuf nicht in einem einzigen poetologischen Akt die deutsche Literatur nach 1624, sondern ermunterte mit vorbildlichen Übersetzungen und einer Kompilation von längst akzeptierten Theoretikern seine Landsleute, die lateinischen bzw. neulateinischen Vorgaben selbstbewusst in deutsche Sprache umzusetzen.

Die Epoche als Übergang

Gutenberg, Luther oder Opitz sind somit als Exponenten eines kontinuierlich verlaufenden Strukturwandels zu sehen. Es gibt bezeichnenderweise keinen exakt datierbaren Wechsel zwischen den Epochen „Mittelalter" und „Moderne". Die frühneuzeitliche Epoche selbst ist gekennzeichnet durch einen Wandel, hier vollziehen sich die Veränderungen, die schließlich zu dem führen, was sich kategorial vom „Mittelalter" unterscheidet und was man als „Neuzeit" und „Moderne" begreift: Vor allem der unterschiedlich verlaufende Prozess der „Inkulturation" (Kühlmann 1993, S. 57) des vielfältigen antiken Schriftguts sorgt für ein heterogenes Bild. Manches überlagert sich, manches amalgamiert, vieles bleibt widersprüchlich nebeneinander stehen und wird in einer veränderlichen christlichen Gesellschaft weiter variiert. Lange besteht ein mehrschichtiges Nebeneinander von Alt und Neu (→ KAPITEL 3). Konsequent wertete die jüngere Forschung die Frühe Neuzeit als Schwellenepoche und Phase des dynamischen Zwischen- oder Vorzustands. Man sprach von der „Krise des Europäischen Geistes" (Hazard 1939), sah eine „Kopernikanische Wende"

(Blumenberg 1965), betrachtete eine „Mittlere Deutsche Literatur"
(Roloff 2000) oder den „Übergang vom Mittelalter zur Neuzeit"
(Röcke / Münkler 2004). Mit der Vorstellung von einem „Herbst des
Mittelalters" (Huizinga 1938) oder einer „Inkubationszeit der Mo-
derne" (Münch 1984, S. 14) versuchte man die Transitorik des Zeit-
alters bildlich zu charakterisieren.

Auch die marxistisch orientierte Wissenschaft betrachtete die Phase
der „frühbürgerlichen Revolution" als Übergang, allerdings vom
„Feudalismus" zur neuen ökonomischen Formation einer „bürger-
lich-kapitalistischen Reproduktionsstufe". Das städtische Handwerk
emanzipierte sich demnach mit seiner Produktivität und organisierten
Wirtschaft vom besitzenden Adel. Dass die damit verbundene Dynamisierung einer Leistungsgesellschaft nicht nur ein ökonomisches
Problem, sondern auch ein kommunikatives, nämlich sprachlich-ar-
gumentatives war, wollten die marxistischen Theoretiker den frühneuzeitlichen Poeten aber ebenso wenig zubilligen wie ihre bürgerlichen Kontrahenten. Auch ihnen galt die Frühe Neuzeit lediglich als
„Vorgeschichte zu großen künstlerischen Gestaltungen" (Schnabel
1976, S. 46f., 106).

Aus soziologischer Sicht steht die Frühe Neuzeit für den Übergang
von der agrarischen zur industrialisierten Gesellschaft bzw. für den
Niedergang des Rittertums bei gleichzeitigem Aufstieg des Stadtbür-
gertums. Entsprechend gilt die Territorialisierung mittlerweile als das
zentrale Epochenkriterium: Der Abschied von der mittelalterlichen
Universalreichsvorstellung mit einem Zentrum in Rom geht einher
mit dem Erstarken der einzelnen Reichsregionen im deutschsprachigen Bereich (→ KAPITEL 12). In der Rechtsgeschichte wird der entscheidende Wechsel darin gesehen, dass das Römische Recht zum verbindlichen Maßstab wird. Dagegen werten institutionengeschichtliche
Studien schon den Wormser Reichstag 1495 mit der Landfriedensord-
nung (Ende der Fehde als Selbstjustiz und Beginn des staatlichen
Machtmonopols) bzw. der Etablierung des Reichstags als ständisches
Gegengewicht zur Macht des Kaisers als den Beginn der Neuzeit
(→ KAPITEL 11).

Die Geschichte der Naturwissenschaften bezieht sich auf Koper-
nikus und seine Nachfolger, die an die Stelle des geozentrischen Welt-
bildes nun das heliostatische setzten. Schließlich bewirkten epochale
technische Erfindungen umfassende geopolitische Veränderungen, sodass sich zwischen 1492 (Entdeckung der „Neuen Welt") und 1776
(Unabhängigkeit Amerikas) eine Situation herausbildete, die im Hin-
blick auf Wirtschaft, politische Macht und Militär noch die Moderne

**Marxistische
Perspektive**

**Historisch-sozio-
logische Ansätze**

**Naturwissenschaft
und Technik**

15

bestimmen sollte. Die folgenreiche Erfindung des Schießpulvers ermöglichte eine bis dahin ungeahnte militärische Schlagkraft, indem der befehligte Akteur nun ein Schussmedium mit erheblich erweitertem Wirkungsradius in Gebrauch nehmen konnte. Sogar den ‚Medienwechsel' von der trüben, dumpfen Biersuppe zum konzentrationsfördernden Kaffee sehen Kulturwissenschaftler (vgl. Standage 2006) als fundamental für den neuen Forschergeist und die Klarheit des Denkens. Schon der Zeitgenosse Konrad Celtis verhöhnte seine geistig unbeweglichen Gegner als Biersäufer und Rübenfresser.

Frühe Neuzeit als eigenständige Epoche

Aus allen diesen Beobachtungen zogen Historiker erstmals in den 1950er-Jahren die Konsequenz und grenzten nun zwischen Reformation und Französischer Revolution eine eigene historische Phase ab, die sie als „frühe Neuzeit" mit Begriffen wie „Konfessionalisierung", „Sozialdisziplinierung" und „Säkularisierung" charakterisierten. Andere Disziplinen schlossen sich dieser Sichtweise an, sodass die „Frühe Neuzeit" nun als eine selbstständige Epoche allgemein anerkannt ist.

Doch welchen Stellenwert hat dabei die Literatur? Es fällt auf, dass schon die älteren Schlagworte der Geschichtsschreibung sie völlig ignorierten: „Reformationszeitalter", „Renaissance", „frühbürgerliche Revolution" oder „Gutenbergzeitalter" beziehen sich auf konfessionelle Spannungen, Antikenrezeption, soziale Veränderungen oder Medienwechsel, sagen aber nichts über Poesie und Sprache der Epoche aus. Viele Literarhistoriker übernahmen sogar stillschweigend die fachfremden Kategorien: „Spätmittelalter" ist ein Begriff der Historiker, „Renaissance" oder „Barock" entstammen der Kunstgeschichte, „Humanismus" oder „Frühaufklärung" sind Anleihen bei der Philosophie und Bildungsgeschichte, „Reformation" und „Gegenreformation" bei der Religionsgeschichte. Dies bezeugt ein weiteres Mal die geringe Bedeutung, die selbst Philologen ihrem Forschungsgegenstand in der Vormoderne beimaßen.

Literarische Epochenkriterien

Ein eigener literarischer Epochenbegriff konnte sich nicht durchsetzen, obwohl es in der Sache völlig berechtigt wäre, von einer „Mittleren Deutschen Literatur" (Roloff 2000) zu sprechen, die als ein eigenes Ausdrucks- und Steuerungssystem zwischen mittelalterlichem Universaldenken und moderner Individualität zu verorten ist. Auch die Sprachwissenschaft stützt diese Auffassung aufgrund ihrer Textbefunde und erkennt zwischen 1350 und 1650 eine eigenständige Sprachepoche an: die „frühneuhochdeutsche Periode", die sich klar vom Mittelhochdeutschen abhebt. In dieser Zeit bildeten sich die überregionalen Kanzlei- und Druckersprachen als Basis der späteren neuhochdeutschen Standardsprache heraus. Mit dem Wechsel vom Latein zur Nationalsprache fundierte die Frühe Neuzeit sogar die Literatur aller Folgeepochen.

Worin besteht also das Epochenkriterium, das primär auf Sprache, Text und Dichtung abhebt? Schon die Autopsie des Druckbilds (→ KAPITEL 2) lässt die Besonderheit frühneuzeitlicher Literatur erkennen: Sie zeigt sich weniger als ein geschlossenes, subjektives Ausdrucksmittel, sondern als ein offenes Kommunikationssystem, das sich aus korrespondierenden Gesprächsbeiträgen zusammensetzt. Das Streitgespräch, sei es nun in einem einzelnen Text unter fiktiven Gegnern oder in der literarischen Öffentlichkeit mit realen Protagonisten, liefert das epochale Grundmuster. Wie kaum eine andere Periode unterscheidet die Frühe Neuzeit zahllose Gebrauchsformen mit Termini wie „Redeactus", „Dialogus", „Zwiegespräch", „Wechselgesang", „Echo und Gegenhall", „Gesprächsspiel" oder „Schäfergespräch".

Der Brief und seine schriftliche Entgegnung gilt wie das Gutachten als ein dialogisches Medium; die Wissenschaft artikuliert sich in Zeitschriften wie den *Monatsgesprächen*. Tagespolitik und militärische Konfrontationen finden ihren dynamischen Schlagabtausch in Flugblättern und Flugschriften. Das höfische Zeremonialwesen und die zwischenstaatliche Diplomatie basieren auf dem Topos von „Feder und Degen": Man erringt durch virtuoses Wortfechten eine bessere Position im politischen Wettbewerb. Die kirchlichen Konzile (*consilium* „Beratung") in Konstanz (1414–18) und Basel (1431–49) etablieren eine Dialogkultur in geistlichen Fragen und der Reichstag als Ständeversammlung agiert seit 1495 regelmäßig als beratendes Forum zwischen Kaiser, Territorien und Städten. Vom lehrreichen Austausch bis zur vernichtenden Agitation ist die Epoche förmlich durchzogen von einem ständigen „Wortkampf" (Stolt 1974). Vielfältigste Probleme der Religion, des Staatswesens, der Bildung, Wissenschaft und Ökonomie werden im Austausch von konträren Argumenten exemplarisch verhandelt.

Sogar dort, wo man es nicht vermuten würde, waltet das Gesprächsprinzip: Seelische Erfahrung und persönliches Glaubenserlebnis vollziehen sich ebenso über das Medium der Wechselrede. Dort, wo das Ich mit seinem quälenden Sündenbewusstsein oder seinen Zweifeln an Gott und der Welt ganz allein ist, helfen ihm Theologen mit dialogischen Textsorten, die sich oftmals schon im Titel zu erkennen geben: Martin Mollers *Soliloquia de Passione Jesu Christi* (Einsamkeitsgespräche über die Passion Christi, 1601) leiten zum heilsbringenden Selbstgespräch an, Johann Michael Dilherr lädt zum

Dialog als Grundmuster

Konkrete Redesituationen

Dialog als Trost und Rat

Herzens=Gespräch eines Christenmenschen (1654) ein und Johann Quirsfeld eröffnet gar einen *Geistliche[n] Myrrhen Garten*, wo „die geängstete Seele [...] in Christo Ihr tröstlich Gespräche hält" (1689). Festigung im Glauben und seelische Erhebung gelingen über besondere Fragetechniken, die Antworten provozieren und somit Nachdenkensprozesse in Bewegung setzen. Die ständige Selbstbefragung erweist sich schließlich als erbauliches Gespräch der Seele mit Gott (→ KAPITEL 13).

Rhetorische Literatur als tragendes Epochenprinzip

Vor dem Hintergrund der aktuellen Forschung kann man es also auch genau umgekehrt formulieren: Nicht der soziale Wandel, nicht der Herrschaftswechsel oder die Reformation bedingen als Primärphänomene eine lediglich begleitende oder randständige Poesie, sondern die rhetorische Literatur selbst lässt sich als das epochentragende Prinzip ausweisen. Sei es der didaktisch grundierte Dramendialog, die kontroverstheologische Disputation oder die agitatorische Flugschrift, es ist der literarische Diskurs, der für die Kommunikation von neuen Ideen sorgt, sodass sie in der aktuellen Lage Wirkung entfalten können. Literatur entsteht nicht als weltfernes Poetenprodukt, sondern dient als flexibles Instrument in einer historisch definierten Gesprächssituation. Die konsequente Differenzierung und Dynamisierung des Dialogischen über formale (antike Muster) und technische Medien (Theater, Flugblatt, Buchdruck) beteiligt immer größere Personenkreise an den Prozessen, die schließlich zu den markanten gesamtgesellschaftlichen Veränderungen führen. Literatur ist damit das zentrale *movens* des Zeitalters. Antikenrezeption, Buchdruck, Reformation, Bürgerkrieg oder Hofkultur sind immer auch Wirkungsfelder oder Anwendungsbereiche einer sich oratorisch konstituierenden Welt.

Datierungsfragen

Die Grenzen der Epoche bleiben Definitionssache. Mit literarhistorischen Argumenten lassen sich die Anfänge schon um 1380 in Böhmen verorten (→ KAPITEL 3.1). Hier zeigen sich erstmals im deutschsprachigen Bereich Ansätze, die sprachliche Kunst für ein öffentliches Dialogisieren verwendungsfähig machen. Genau genommen ist auch die Aufklärung noch ein Zeitalter des Dialogs, der Argumentation und der Belehrung und kann somit sogar als Teilepoche der Frühen Neuzeit gesehen werden (→ ASB D'APRILE/SIEBERS, KAPITEL 1). Erst mit Immanuel Kants *Kritik der Urteilskraft* (1790) endet das Zeitalter der Rhetorik. Der Philosoph verdammt die Rhetorik in platonischer Tradition als „hinterlistig", als eine „Kunst, sich der Schwächen der Menschen zu seinen Absichten zu bedienen". Sie sei nichts als Täuschung und damit das Gegenteil von Aufklärung. Die Beredsamkeit verdirbt nach Kant sogar das gesunde Staatswesen, blühte sie doch immer dann, wenn der Staat „seinem Verderben zueilte und wahre patriotische Denkungsart erloschen war" (Kant 1974, S. 267). Der Königsberger Spätaufklärer initiierte damit die folgende Autonomie-Diskussion, welche die Kunst aus ihren öffentlichen Funktionen zu lösen suchte und Poesie nicht mehr auf eine situative Dialog- und Beratungsliteratur reduziert sehen wollte. Das 19. Jahrhundert scheidet endgültig Dichtung und Politik, Poet und Monarch, Geist und Macht (→ KAPITEL 14.2). Mit der Kündigung des rhetorischen Schreibsystems aber endet die Frühe Neuzeit.

Fragen und Anregungen

- Welche Argumente wurden im Verlauf ihrer Rezeption gegen die Literatur der Frühen Neuzeit gebraucht?

- Nennen und problematisieren Sie Epochenbegriffe, die für die Frühe Neuzeit geprägt wurden.

- Welche Argumente lassen sich für die These anführen, dass die rhetorische Literatur als tragendes Prinzip der Epoche gelten kann?

- Analysieren Sie in verschiedenen Bild- und Printmedien, wie die Epoche der Frühen Neuzeit in der Gegenwart dargestellt wird.

Lektüreempfehlungen

- **Friedrich II. von Preußen: Ueber die deutsche Litteratur, die Mängel, die man ihr vorwerfen kann, die Ursachen derselben und die Mittel sie zu verbessern** [1780], aus dem Französischen übersetzt [von Christian Wilhelm von Dohm], Nachdruck der Ausgabe Berlin 1902, Darmstadt 1968. *Quellen*

- **Wolfgang Stammler: Von der Mystik zum Barock. 1400–1600,** Stuttgart 1927.

- **Heinrich Wölfflin: Kunstgeschichtliche Grundbegriffe. Das Problem der Stilentwicklung in der neueren Kunst,** München 1915, 18. Auflage Basel 1991.

- **Klaus Garber: Stadt-Kultur und Barockbegriff. Zur Kritik eines Epochenbegriffs am Paradigma der bürgerlich gelehrten humanis-** *Forschung* tischen Literatur des 17. Jahrhunderts, in: Kerstin Krüger (Hg.), Europäische Städte im Zeitalter des Barock. Gestalt – Kultur – Sozialgefüge, Köln / Wien 1988, S. 93–119. *Grundlegende Kritik des Barockproblems auf der Basis der städtischen Gelegenheitsliteratur.*

- Klaus Garber: Europäisches Barock und deutsche Literatur des 17. Jahrhunderts. Zur Epochenproblematik in der internationalen Diskussion, in: ders. (Hg.), Europäische Barockrezeption, Wiesbaden 1991, S. 3–44. *Darlegung einer Epochentheorie mit hilfreicher Differenzierung von forschungsgeschichtlichen Entwicklungen.*

- Herbert Jaumann: Die deutsche Barockliteratur. Wertung – Umwertung. Eine wertungsgeschichtliche Studie in systematischer Absicht, Bonn 1975. *Zu Geschmacksbildung und wechselhaften Stereotypen seit Lessing.*

- Marcel Lepper: Die ‚Entdeckung‘ des ‚deutschen Barock‘. Zur Geschichte der Frühneuzeit-Germanistik 1888–1915, in: Zeitschrift für Germanistik 2, 2007, S. 300–321. *Eine Darstellung der Forschungsgeschichte mit Blick auf die jüngeren Fachdiskussionen im Rahmen des Schwerpunkts „Wiederkehr der Frühen Neuzeit".*

2 Archiv und Autopsie

Abbildung 2: Conrad Buno: Herzog August von Braunschweig-Lüneburg (1579–1666) in seiner Bibliothek (1650)

Der zentrale Ort frühneuzeitlicher Dichtkunst ist die Bibliothek: Die Basis der Produktion von Literatur war die Literatur selbst. Jeder Poet des rhetorischen Zeitalters war immer auch Gelehrter, der bei der Erstellung seiner Texte auf die organisierte Sammlung von Quellen und Sachinformationen zugriff, um sie dann zweckgerecht zu kombinieren. Die Bibliothek fungierte als ein großer Argumentationsspeicher, um möglichst wirkungsvoll in die politischen, religiösen oder philosophischen Streitgespräche der Zeit eingreifen zu können. Auch der Fürst handelte als Gelehrter: Der Mann auf Conrad Bunos Kupferstich ist Herzog August d. J. von Braunschweig-Lüneburg (1579–1666). Er sammelte mit Hilfe von Korrespondenten zahllose Schriften verschiedener Wissensgebiete und archivierte sie systematisch mit einem eigens entwickelten Katalogsystem. Der Regent nutzte die wachsende Datensammlung, um in Kooperation mit bürgerlichen Akademikern sein Staatswesen, also Wirtschaft, Verwaltung und Diplomatie, zu optimieren.

Die von Herzog August begründete Bibliothek in Wolfenbüttel gilt heute als Europas umfangreichste Quellensammlung zur Frühen Neuzeit und bietet zugleich eine bedeutende Studieneinrichtung. Es ist eine beeindruckende Erfahrung, sich an einem solchen Ort einmal persönlich mit den originalen Dokumenten der Zeit auseinanderzusetzen. Das folgende Kapitel nähert sich den alten Handschriften, den ungewohnten Druckbildern sowie der bisweilen fremd anmutenden Sprache und führt somit in den eigentümlichen Textbegriff der Frühen Neuzeit ein. Schon die visuelle Wahrnehmung der Texte verweist auf den rhetorischen Kommunikationscharakter dieser Epoche, die auch noch die Nachgeborenen an ihren faszinierenden Debatten teilhaben lässt.

2.1 Originalsubstanz und ihre Fundorte

Die persönliche Begegnung mit der Epoche findet im Archiv statt: Hier lagern ihre authentischen Relikte, und entgegen der Klagen der zeitgenössischen Autoren über die Vergänglichkeit alles Irdischen (*vanitas*) haben zumindest viele ihrer Bücher die Jahrhunderte überdauert. Das Buch in seiner materiellen Gestalt aus Papier, Holz, Stoff oder Leder avanciert damit zu einem interepochalen Nachrichtenmedium und ermöglicht die Kommunikation mit einer vergangenen Zeit. Interepochale Kommunikation

Nichts kann die unmittelbare Wahrnehmung des Originals ersetzen: Keine historisch-kritische Ausgabe, kein Faksimile-Druck, ja nicht einmal die digitalisierte Volltext-Präsenz auf dem Flachbildschirm lässt mit derart sinnlicher Intensität erkennen, welche lange Zeit seit der Herstellung des Objektes vergangen ist. Alterungszeichen wie Wurmfraß, Wasser- oder Feuerschäden künden von einem oft leidvollen Schicksal, und eingetragene Besitzervermerke, Herkunftsangaben oder Stempel ermöglichen bereits erste Rückschlüsse auf die Rezeption. Manchmal finden sich im Buch sogar Lektürespuren früherer Generationen, und nicht selten wird man Zeuge eines epochenübergreifenden Gesprächs, denn da kommuniziert auch schon einmal ein Leser des 19. mit einem Leser des 18. Jahrhunderts und weist ihn etwa auf einen Irrtum hin. Natürlich sollte jeder Benutzer nicht zuletzt daran denken, dass ein solches Objekt auch ihn überleben und seinen Inhalt weiter transportieren wird. Authentizität

Abgesehen von dem sinnlichen Erlebnis findet der ungestörte Dialog mit der Epoche auch deshalb nur mit dem Original statt, weil jede Reproduktion mit einer selbst schon historischen Vermittlerinstanz konfrontiert. Jeder Reprograf oder Herausgeber nimmt durch Selektion und Präsentation der Substanz Einfluss auf deren Wahrnehmung. Damit bleiben die materiellen Überreste immer die letztendlich gültige Prüfinstanz für historische Urteile. Jede wissenschaftliche Aussage bezüglich einer Vergangenheit muss sich vor der Zeugenschaft der vorhandenen Überlieferungsträger, der originalen Handschriften, Drucke, Holzschnitte und Kupferstiche beurteilen lassen. Das Original

Der unmittelbare Zugriff auf die Originale folgt bereits einem Grundgedanken der Frühen Neuzeit: *Ad fontes*, also „zu den Quellen", lautete nämlich der Aufruf der humanistischen Bewegung, sich gegen die Verfälschung antiker Originale durch mittelalterliche Kleriker zu wehren (→ KAPITEL 3). Der eigene Augenschein (*evidentia*), die konkrete Überprüfung am Ursprung sollte die alleinige Erkenntnisbasis bilden. Bis heute gilt: Die Autopsie, die persönlich vorgenommene Sichtung der Eigenarten eines überlieferten Objekts, ist meist ertragreicher als die kritiklose Übernahme einer Wahrnehmung aus zweiter Hand.

Abgesehen davon, dass manche originale Ausgaben der Frühen Neuzeit antiquarisch zu erwerben sind, bleibt die Wissenschaft auf die Versorgung durch öffentliche Archive und Bibliotheken angewiesen. Diese spiegeln als Nachfolger historischer Einrichtungen nicht selten das authentische Interesse der Zeitgenossen wider. Neben den Fürsten sammelten auch Klöster, Kommunen, Sozietäten oder Privatpersonen (→ KAPITEL 9) aus unterschiedlichen Motiven Schriften und fundierten damit Institutionen des kollektiven Gedächtnisses. Und wer den Sinnspruch auf dem Regal (→ ABBILDUNG 2) richtig deutet, erhält die Versicherung, dass der Fürst nicht nur für sich und seinen Schöpfer, sondern auch für die Nachgeborenen archivierte: *Deo et posteritati*, für Gott und die Nachwelt. Neben der Herzog-August-Bibliothek in Wolfenbüttel sind auch andere frühneuzeitliche Gründungen noch heute von großer Bedeutung, vor allem die 1452 im elsässischen Sélestat (Schlettstadt) gegründete Bibliothek der Lateinschule sowie die ehemaligen Ratsschulbibliotheken in Zwickau und Zittau (1498 bzw. 1564 erstmals erwähnt).

Nicht nur Bücher, auch Bibliotheken haben ihre Schicksale. Kriege und Zerstörungen sorgten dafür, dass sich die Besitz- und Bestandsverhältnisse ständig änderten. Gesuchte Bücher können daher überall sein, und besondere Vorsicht ist bei der Online-Recherche geboten: Nicht immer ist im elektronischen Bibliothekskatalog alles erfasst, was eine Einrichtung tatsächlich besitzt. Gerade aber die für das digitale Auge nicht sichtbaren Bestände können hilfreich und geradezu ausschlaggebend für historische Urteile sein. Schon deshalb lohnt ein persönlicher Archivbesuch.

Ein besonderes Problem beim Auffinden eines Werkes stellt sich für die vormoderne Epoche schon beim Begriff des „Buches". Bis in das 18. Jahrhundert weist die Fülle der beschriebenen oder bedruckten Textträger selten eine geschlossene, normierte und identifizierbare Sammlungsgestalt auf, die mit den Parametern Autor, Druckort und Druckjahr zweifelsfrei in ein Suchsystem zu integrieren wäre. Bis etwa 1520 erscheinen entsprechende Hinweise der Handschriftentradition gemäß am Anfang (*incipit*) oder am Ende (*excipit* oder Kolophon „Gipfel") eines Textes. Oft hat man es mit Einzelblättern, gefalteten Bögen oder Bindungsunikaten zu tun. Denn auch nach Erfindung der Druckkunst bleibt eine serielle und verlegerische Einbandausstattung die Ausnahme: Lose Bögen und Blätter waren billiger zu transportieren, der Käufer ließ sie dann nach seinem persönlichen Belieben mit anderen Druckwerken zusammen einbinden. Die Texte verschiedener Verfasser begegnen daher oft in einem einzigen Buchblock versammelt, und nicht selten bieten sich Überraschungsfunde, die nicht im Bibliothekskatalog verzeichnet sind.

Wichtig für die Identifikation eines gesuchten Mediums ist das **Formate** Format: Man unterscheidet, je nach Anzahl der Bogenfaltung, normierte Größen wie Folio (2°), Quart (4°), Oktav (8°) oder Duodez (12°). In den zeitgenössischen Sammlungen (in Wolfenbüttel bis heute) sind die Bücher nicht nach Autor oder Thema, sondern nach dem Format abgelegt. Innerhalb eines Buchblocks sind die gefalteten Druckbögen durchgezählt (Aa bis Zz) und durch „Kustoden" ausgezeichnet, die am Seitenunterrand durch die Vorwegnahme des ersten Wortes der sich anschließenden Seite darüber ‚wachen', dass der Buchbinder die richtige Reihenfolge einhält. Neben die Blattzählung (Foliierung) mit 1^r für die Vorderseite (*recto*) und 1^v für die Rückseite (*verso*) tritt etwa ab 1500 die fortlaufende Seitenzählung (Paginierung). Vorworte oder Widmungsreden werden gerne gesondert mit bestimmten Kennzeichnungen (etwa in kleinen römischen Ziffern oder mit *1) gezählt, was beim Zitieren zu beachten ist.

Der individuelle Bucheinband lässt bereits gewisse Rückschlüsse **Einband und Papier** auf den sozialen Status des Erstbesitzers zu. Nicht selten geriet die Ausstattung mit Leder oder Pergament zu großer Pracht, die mit Vergoldung, farbiger Seide, ziselierten Buchbeschlägen und Buchschließen von der Herkunft eines Bandes kündet. Auch das Papier, aus aufgefaserten Lumpen mit Leimbindung hergestellt und damit weitaus haltbarer als das säurehaltige Material des 19. Jahrhunderts, birgt Hinweise: Seit 1282 gibt es Wasserzeichen, fein durchscheinende Ornamente, die bei der Papierherstellung durch dünne Drähte auf dem Schöpfsieb erzeugt wurden. Sie gestatten es zumindest, die technische Herkunft eines Werkes zu bestimmen, denn die verschiedenen Papiermühlen verfügten über ihr eigenes Wasserzeichen als ein rechtsfähiges und vererbbares Eigentum.

2.2 Der frühneuzeitliche Textbegriff

Das Schrift- und Druckbild frühneuzeitlicher Bücher erscheint dem **Schrift- und** heutigen Leser ungewohnt (→ ABBILDUNG 8): Unterschiedlich groß ge **Druckbild** setzte Texteinheiten sind durchschossen mit visuellen Elementen wie

Schmuckleisten, Vignetten (Rankenornamenten) oder ganzen Bildern. Häufig wechselnde Schriftgrößen, Schriftarten (Fraktur, Antiqua) und Schrifttypen (Fettdruck, Kursivierung) im Satzspiegel stören den Lesefluss, Verse springen unvermittelt in epische Passagen, oder lateinische Zweizeiler zerteilen plötzlich den Schriftblock. Das wirft Fragen auf: Was ist der Text, wo fängt er an, wo hört er auf? Gehören die anonymen oder namentlich gekennzeichneten Vorreden dazu, die Widmungen, die Vorbemerkungen von Autor, Herausgeber oder Drucker? Welchen Stellenwert haben Marginalien, Glossare, Fußnoten? Die heterogenen Bestandteile verwirren zunächst. Aber es handelt sich hier um ein hierarchisch gestaffeltes Präsentationssystem aus verschiedenen Elementen mit spezifischen Aufgaben.

Textparcours Zunächst fallen beim Aufschlagen eines vom Autor konzipierten Bandes die gradualen Ebenen aus Titelbild, Titelei, Vorworten und Widmungen ins Auge. Der Leser hat sie wie einen Parcours zu durchlaufen, bis er dann zum Kerntext gelangt. Dieser Vorlauf erfüllt einen dreifachen Zweck: Zunächst zeigen sich hier einzelne, quasi protokollarische Stufen der Leseransprache, die ein Autor gemäß sozial-hierarchischer Konventionen setzen muss, wenn er den Erfolg seines Werks nicht gefährden will. Darüber hinaus enthalten alle diese Module wichtige Teilinformationen über Zweck und Ziel des literarischen Unternehmens und geben bedeutsame Hinweise zum Verständnis- und Wirkungshorizont. Und nicht zuletzt steht mit suggestiven Bildern und Titeleien auch in der Frühen Neuzeit ein effizientes ‚Marketinginstrument' zur Verfügung, worüber sich schon ein Zeitgenosse mokierte: „Die Titul der Bücher / nicht die Bücher selbst, füllen deß Keuffers und Verkeuffers Augen", deshalb hätten oft „die schlimmsten Bücher die lebhafftigste Titul", so der Pfarrer Aegidius Henning 1666 in seinem *Gepriesenen Büchermacher* (Henning 1981, S. 106f.).

Buchtitel und Titelbild Die oft überlang anmutenden Titeleien bieten jedoch besondere Serviceleistungen: Neben der detaillierten und daher bis heute nützlichen Inhaltsangabe stehen Übersetzungen fremdsprachiger Elemente, Hinweise auf benutzte Vorlagen, klare Abgrenzungen gegenüber anderen, als bekannt vorausgesetzten Werken oder Bezugnahmen auf aktuelle literarische Kontroversen. Die Kennzeichnung des Werkes als Übersetzung mit der Angabe des Originalautors erfolgt ebenso an dieser Stelle. Das Frontispiz, ein oft mit Motto und Unterschrift versehenes Titelbild, zeigt eine visuelle Umsetzung des Buchinhalts und erhält im 17. Jahrhundert häufig eine kleine ikonografische Auslegung: ein erster Text im Buch, der geistreich und gelehrt das Interesse für die Inhalte verstärken soll.

Bedeutsam ist die darauf folgende Einheit der verschiedenen Widmungen. Der sozialen Hierarchie gemäß finden verschiedene Personengruppen jeweils ihre eigene Ansprache. Zunächst ist hier Wesentliches über die Förderinstanzen und Dienstverpflichtungen eines Autors zu erfahren, zu erkennen ist aber auch sogleich das unausgesprochene Vertragsverhältnis zwischen Poet und Mäzen: Jener wirbt mit gelehrten Zitaten und diplomatischer Raffinesse um das Wohlwollen seines Fürsten, Ratsherren oder Akademiepräsidenten. Ganz konkret geht es um eine Gratifikation (Sondervergütung), einen Druckkostenzuschuss oder gar um eine besoldete Stelle, also um den Lebensunterhalt. Dagegen lässt der Dichter aber zugleich auch deutlich erkennen, wer für das Überleben im höheren Sinne sorgen wird, denn die namentliche Widmungsvorrede garantiert schließlich die ‚Unsterblichkeit' des Widmungsträgers (→ KAPITEL 6). Im Anschluss erfolgt eine werbende Vorrede an jeden beliebigen Interessenten. Der Autor gibt Einblick in die Entstehungsumstände seines Werks, seine spezifischen Absichten, zeigt Bezugnahmen auf gängige Themen, aber auch auf andere Autoren, seien es Fürsprecher oder Gegner. Die genaue Lektüre einer solchen Vorrede vermittelt neben den Produktionsbedingungen von Literatur schon erste Anhaltspunkte, um das anvisierte Publikum nach Stand, Beruf oder Konfession zu taxieren. Nie versäumt der Verfasser hier die *captatio benevolentiae*, eine zuvorkommende, gelegentlich geradezu schmeichelnde Anrede des Lesers. Mit einer variationsreichen Bescheidenheitstopik, etwa mit dem Verweis auf Zeitmangel, versucht er, mögliche Kritik vorwegnehmend zu entkräften. Nicht selten wandeln sich die Widmungen von Auflage zu Auflage, ein wichtiger Indikator für historische Differenz und ihre Dynamik.

Das nächste Modul im mehrteiligen Textvorlauf bilden nun die Widmungsgedichte anderer Autoren. Hier gilt es, die eigene Wertschätzung und den besonderen Rang in der *respublica litteraria* (→ KAPITEL 6, 12) zu erweisen, indem man möglichst namhafte Kollegen dafür gewinnt. Neben der Außenwerbung liegt hier zudem eine Möglichkeit, sich mit Hilfe von lebenden Autoritäten und Gewährsmännern gegen die zu befürchtenden Anfeindungen vorsorglich abzusichern.

Für die wissenschaftliche Lektüre sind die genannten Elemente keineswegs ein lästiger oder gar verzichtbarer Bestandteil, denn schließlich steckt der Autor selbst als Stratege hinter diesem Präsentationskonzept: Er möchte das eigene Werk und dessen Inhalte optimal in der öffentlichen Wahrnehmung platzieren. Hier gibt sich eine Spezifik des Zeitalters zu erkennen: Der verfasste Text gilt nicht als beliebige Mitteilung eines subjektiven Sachverhalts, sondern steht als

Widmungen

Widmungsgedichte

27

aktiver oder reaktiver Gesprächsbeitrag in einem festen Kommunikationszusammenhang. Das einzelne Werk wird vom Produzenten in ein zeitgenössisches Bezugssystem eingebettet; dabei bieten „Paratexte" (Genette 1992) wie Titeleien, Widmungen etc. eine unverzichtbare Orientierung bei der Interpretation. Sie indizieren konkret und detailliert das Verhältnis des untersuchten Textes zu seinem sozialen, politischen und poetologischen Entstehungskontext. Über die Titelei und den Vorredenparcours gibt sich das Koordinatensystem zu erkennen, in dem sich Autor und Werk befinden. Damit steht der rhetorische Kommunikationscharakter dieser Literatur schon deutlich vor Augen. Die einzelne Schrift ist als Diskussionsbeitrag zu verstehen, den der Autor zu einem bestimmten Thema anbietet, auch als Herausforderung oder als Widerspruch zu bereits Gesagtem. Diese Texte sind nicht selbstgenügsam und selbstbezüglich, sondern folgen einem dialogischen Prinzip, sie benennen ausdrücklich oder indirekt Sprecher, Thema, Empfänger und Gesprächszusammenhang.

Kommunikation durch Texte

Nach dem Präsentationsvorlauf beginnt nun der eigentliche Autortext. Oft ist er mit rätselhaften Buchstaben wie „I. N. J.", „C. D." oder „C. D. e. M." überschrieben: Dahinter verbergen sich kurze Ergebenheitsformeln, mit denen der Autor sein Schreiben in die Macht Gottes stellt. *In Nomine Jesu* („Im Namen Jesu") oder *Cum Deo* („Mit Gott") haben als Anrufung der Gottheit ihrerseits eine antike Tradition, an die nun die Doppelformel *Cum Deo et Musis* („Mit Gott und den Musen") explizit anknüpft. Hier ergibt sich ein weiterer Hinweis auf das spezifische Literaturverständnis dieser Zeit: Alles gelehrte Sprechen und Schreiben dient nicht dem Selbstzweck oder gar der Selbsterhebung des Autors, sondern allein dem Lob des Schöpfers und der Beförderung seiner Weltordnung (→ KAPITEL 6.1). Als Verneigung vor irdischen Inspiratoren setzt man bisweilen auch das Motto eines antiken Autors über den eigenen Text.

Anrufungsformeln

Die für heutiges Empfinden meist überlang geratenen Überschriften und Unterüberschriften vermitteln wertvolle Erstinformationen zum Argumentationsgang. Oft sind sie mit Illustrationen ergänzt, sodass sich emblematische Konstruktionen (→ KAPITEL 5.1) ergeben können. Die im Buch eingefügten Abbildungen und Bildelemente wirken ebenfalls im Sinne einer erhellenden Belehrung. Jede Text-Bild-Kombination animiert den Benutzer zu einer durchaus vorkalkulierten Deutungshandlung, mit der Inhalte oder Zusammenhänge aktiviert, konkretisiert und vor allem memoriert werden können.

Überschriften

Auch die Konstitution des Textes, ganz unabhängig davon, ob er nun metrisch gebunden, in Prosa oder als Mischtyp formuliert ist,

folgt klaren, ebenso grafisch erkennbaren Strukturprinzipien. Einge-
fügte Ornamente (Vignetten, Ranken oder Schmuckleisten) sollten
nicht als verzichtbares Zierwerk missachtet, sondern als sorgsam gesetzte Gliederungsinstrumente verstanden werden. Im Frühdruck
wurden diese Elemente sogar oft noch durch Rubrikatoren („Rotma-
ler") von Hand eingefügt. Hinzu treten Entscheidungen, das Infor-
mationsangebot auf einzelne Kolumnen und Marginalien zu vertei-
len, sodass der Leser bei Bedarf ergänzende und beiläufig zu
beachtende Zusätze nutzen kann. Ebenso soll der Fußnotenapparat
in Epik und Dramatik nicht etwa nur zeigen, wie gelehrt der Autor
ist. Gerade hier verbergen sich Strategien einer kontrastiven, illustrativen und demonstrativen Zusatzargumentation, um das im Haupt-
text Gesagte abzusichern. Mit dem originalen Wortlaut der entsprechenden Referenzautorität ist auch eine mögliche Kritik leichter zu
entkräften. Glossare und kommentierte Registerlisten gewähren weitere Erschließungsinstrumente, mit denen der Autor die Lektüre seines Lesers vorstrukturiert. Größere epische Zusammenhänge sind
meist in Makrosequenzen (*bücher*) bzw. Mikrosequenzen (*capitulum*)
organisiert, jeweils ausgestattet mit Überschrift und *argumentum* (Inhaltsangabe). Längere Passagen eines ‚allwissenden' Erzählers werden
oftmals von eingeschobenen Differenzerlebnissen durchbrochen: dialogische Streitgespräche, Lieder oder Sentenzen sorgen für ergänzende
oder einfach erfrischende Kontraste. Bei theatralischen Spielformen
sind rhetorisch funktionale Module wie Akte, Szenen, *Reyen* (Chor-
einlagen) und Regieanweisungen grafisch markiert.

Geschmückte oder hervorgehobene Großbuchstaben am Anfang einer Sinneinheit (Initialen), in Handschriften ein *a linea* (grafisches Ab-
satzzeichen) oder ein *item* („ebenso", „desgleichen") markieren für
den Leser inhaltliche Funktionseinheiten, Argumentationskomplexe
oder Zäsuren. Sie steuern damit das Verstehen des Textes. Der stille
Lesevorgang wird darüber hinaus durch häufig wechselnde Schriftgrößen bzw. Schriftauszeichnungen (fett, kursiv) organisiert. Übernahmen
aus anderen Sprachen sind im Druckbild gekennzeichnet, sie stehen in
(lateinischer) Antiquaschrift statt in (deutscher) Frakturschrift. Strophenformen sind optisch kenntlich gemacht, ein Sonett kann neben
der Strukturierung in zwei Quartette und Terzette auch noch ein
Akrostichon anbieten, wenn nämlich die fett gedruckten Anfangs-
buchstaben der Verse vertikal gelesen – als Merkhilfe – ein eigenes
Wort bilden. Weist dagegen eine einzelne Zeile den merkwürdigen
Fettdruck einzelner Buchstaben wie M, D, L, V oder I auf, dann gilt
es, ein Chronogramm zu entschlüsseln, denn die entsprechenden

Visualisierte
Makrostrukturen

Schriftbild und
Mikrostrukturen

Buchstaben ergeben als römische Ziffern in Reihe oder Addition gelesen die Jahreszahl der Textentstehung. Auch die kunstvollen Figurengedichte, die in ihrem grafischen Satz bereits den Inhalt visualisieren (Säule, Sanduhr, Palme), steuern den Lesefluss und unterstützen das Memorieren in besonderer Weise.

Hier ergibt sich ein weiterer Befund: Texte der Frühen Neuzeit sind sichtbar mehrteilige Systeme, in denen heterogene Elemente funktional miteinander verknüpft sind. Der Textkörper gliedert sich in die verschiedenen Überschriftenkategorien, Paragrafen, Motti, Beischriften, Sentenzen, Marginalien, Fußnotenapparate und Bilder. Selten zeigt sich der aus der Moderne vertraute geschlossene Textblock. Schon auf visueller Ebene tritt damit die eigentümliche Kombinationskunst der Epoche hervor (→ KAPITEL 9); die Disposition der Argumente (→ KAPITEL 4.3) macht das Druckbild bereits kenntlich. Präsentationsmodi und sichtbare Steuerungselemente sorgen dafür, dass der Leser während des linearen Durchgangs seine Aufmerksamkeit gemäß vorstrukturierter Bahnen ausrichtet. Das Kommunizierte stellt sich damit aber auch zur Diskussion, es zeigt sich in seinem Verhältnis zu Tradition und Umfeld, indem etwa im Anmerkungsapparat auf korrespondierende Quellen und benutzte Texte verwiesen wird. Eine solche Darbietung der Inhalte befähigt den Leser, am Gedankenprozess mitzuwirken, einen eigenen Standpunkt zu beziehen und diesen dann gegebenenfalls in einer Bezug nehmenden Gegenrede wiederum zu artikulieren. Damit signalisiert bereits das Schriftbild ein dialogisch-argumentatives Grundprinzip, das den Adressaten aktiv beteiligt: Er ist aufgerufen, hier im wörtlichen Sinne kritisch, nämlich unterscheidend an der Erkenntnisfindung mitzuwirken. Dieses visualisierte Denken in Funktionsebenen, das bei Neudrucken oder Editionen oftmals leider verloren geht, lässt sich recht genau auf rhetorische Prinzipien (→ KAPITEL 4, 5) zurückführen. Bei der Interpretation bedürfen diese Phänomene der sorgsamen Bewertung im Blick auf die Inhalte.

Sichtbare Disposition der Argumente

2.3 Lektüreerlebnisse und Verständnishilfen

Handschriften

Das Studium eines frühneuzeitlichen Textes anhand von Handschriften stellt besondere Anforderungen. Man hat sich mit den unterschiedlichen Schreibweisen vertraut zu machen. Allerdings bildeten sich im langen Zeitraum der manuellen Reproduktion gewisse Normen heraus, die das Einlesen erleichtern. Erst die ausgeprägten Indi-

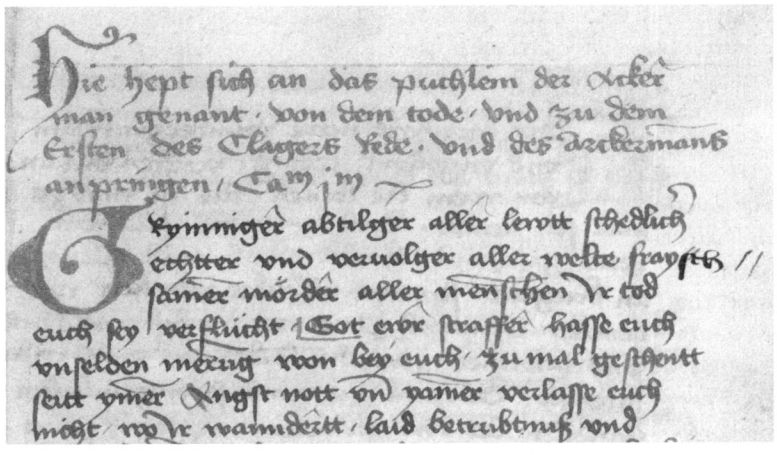

Abbildung 3: Der Ackermann aus Böhmen. Ausschnitt aus der Handschrift C

vidualhandschriften in Briefen und Entwürfen erfordern einen größeren Transkriptionsaufwand.

Die drei gängigsten Standardschriften sind – mit regionalen Varianten – die Textura (Fraktur ohne Ober- und Unterlängen), die Notula (gotische Kursive, flüssige Schreibschrift) und die Bastarda, eine Übergangsform zwischen beiden (→ ABBILDUNG 3), die weit bis in das 16. Jahrhundert Anwendung finden. Aus der Bastarda entwickelt sich die gedruckte Fraktur (‚Schwabacher‘). Aber auch diese hat noch ihre Tücken: Leicht liest sich „Wahl“ statt „Mahl“, noch leichter „Luft“ statt „Lust“, denn das ungewohnte Schaft-S stiftet Verwirrung. Falschlesungen bleiben oft unbemerkt, können aber weitreichende politische Folgen haben: Ob etwas „nunmer“ oder „nimmer“ geschehen wird, ist ein konträrer Sachverhalt.

Eigenarten des frühneuzeitlichen Schriftbilds können zunächst irritieren, sind aber meist konsequent: Statt Komma oder Punkt tritt häufig ein Schrägstrich / (Virgel) auf, der Sinneinheiten, möglicherweise aber auch Atmungsakzente beim Vortrag markiert. Die beliebten Nominalkomposita werden in ihrer Morphologie durch Trennungszeichen (=) sinnfällig gemacht. Platzsparende Abbreviaturen (Wort- oder Zeichenkürzel) wie den Nasalstrich (ūg“ statt -ung) oder „dns“ für *dominus* übernimmt der Druck aus der handschriftlichen Praxis. Die *Ackermann*-Handschrift (→ ABBILDUNG 3) zeigt mit „Ca^m j^m“ in Zeile 4 das *Capitulum primum* an. Diakritische Zeichen (etwa der Umlaut mit klein überschriebenem „e“ über dem Vokal) oder häufige Liga-

Zeichen

31

turen (zwei verbundene Buchstaben) sind ebenso üblich. Ein Sonderproblem stellt die zeitgenössische Orthografie dar. Es gab in der Frühen Neuzeit noch keine verbindliche sprachliche Norm und jede Dialektregion, Schreibschule oder Bildungsinstitution konnte nach eigenem Ermessen verfahren.

Nach kurzer Eingewöhnung ist die frühneuhochdeutsche Sprache gut lesbar und bietet dem Leser eigentümliche Begriffe wie *scheelsüchtig* („neidisch"), *Jungferzwinger* („Kloster") oder *außschreyen* („verleumden"). Gelegentlich verstören fremde Wörter wie *Hornung* („Februar") oder *Zehre* („Träne"), die sich durch das *Frühneuhochdeutsche Wörterbuch* (→ KAPITEL 15) jedoch rasch klären lassen. Schlim-

Konkrete Verständnisprobleme

mer als das Unverständnis ist jedoch das Missverständnis, denn es wird nicht sogleich bemerkt. Wenn man etwa liest, „sie hatte ein blödes Gesicht und bereitete uns ein schlechtes Mahl", dann glaubt der heutige Leser, die Bedeutung dieses Satzes zu verstehen. Gemeint ist hier aber keineswegs, dass eine hässliche Frau nicht gut kochen konnte, sondern dass eine einfache, schlichte Mahlzeit von einer blinden Frau zubereitet wurde: *Blöde* heißt bis ins 18. Jahrhundert „krank", *Gesicht* aber steht nicht nur für das von außen Gesehene, sondern ebenso für das von innen nach außen gehende Sehen, also das Sehvermögen. Bei der Interpretation empfiehlt sich also eine gewisse Vorsicht auch bei scheinbar eindeutigen Sachverhalten, und nicht alles klärt sich unbedingt aus dem Zusammenhang. Der *gemeine Mann* ist keine moralische, sondern eine soziale Kategorie (der „einfache Mann") und wenn der Bauer *witzig* wird (→ KAPITEL 10.2), ist nicht sein plötzlicher Humor, sondern sein intellektuelles Vermögen angesprochen.

Dem heutigen Leser scheinbar vertraute Begriffe haben in der Frühen Neuzeit häufig eine andere Bedeutung. So bezeichnet „Herz" bei Martin Luther nicht etwa den Ort des Gefühls als Gegensatz zum Verstand. Es ist das „geistige Erkenntnisorgan des Menschen", hier vollzieht sich das Denken, hier geschieht „die Begegnung mit Gott"

Semantische Dimensionen

(Stolt 2000, S. 50). Zentrale Termini wie Vernunft, Rechtfertigung oder *Policey* haben im 16. und 17. Jahrhundert eine völlig andere Semantik als im 18. oder 20. Jahrhundert. Der Begriff „Vernunft" steht für das eingeschränkte Verstandesvermögen des Menschen, die „Rechtfertigung" eines Gläubigen für seine Aufnahme in den Status der göttlichen Gnade, und *Policey* bezeichnet keine uniformiert auftretende Exekutive, sondern Form und Zustand einer öffentlichen Ordnung insgesamt. Und nicht zuletzt das zentrale Wort „Literatur", das die Zeit so gar nicht kannte: Der Literat (*homo litteratus*) ist ein Mann der „Buchstaben" (Lettern), er hat studiert und kennt sich als Gelehrter in der schriftlich fixierten Überlieferung aus (→ KA-PITEL 3).

Zur Erschließung der zeitgenössischen Bedeutungshorizonte bedarf es also durchaus der Unterstützung durch entsprechende Hilfsmittel (→ KAPITEL 15). Suchmaschinen und dynamisch anwachsende Enzyklo- **Lektürehilfen** pädien im Internet bieten jedoch nur eine trügerische Sicherheit, vor allem im Blick auf die Frühe Neuzeit. Bei allen Vorteilen, die das Medium zunehmend bietet, bleibt die digitale Datenwelt immer nur eine Teilmenge des tatsächlichen Wissens. Wer diffizile Fälle zu klären hat, Erkenntnisziele außerhalb des Mainstreams verfolgt oder auf verborgenes Wissen angewiesen ist, muss die Alternative zur bequemen Eingabe eines Suchbegriffs im Netz kennen. Nach wie vor bietet nur das ‚klassische Quartett‘ aus Fachautor, Redakteur, Verlag und Rezensent in Bezug auf Qualität, Seriosität und Vollständigkeit der Quellen die größte Sicherheit.

Im Falle einer personenbezogenen Recherche etwa geben gängige **Informationsqualität** Online-Enzyklopädien immer noch Informationen aus längst überholten Nachschlagewerken des 19. und 20. Jahrhunderts an. Wer z. B. nach dem Theologen Erasmus Alber (um 1500–53) fragt, erfährt im Netz von 15 Werken; in der Reihe II des Lexikons *Die Deutsche Literatur* (→ KAPITEL 15) sind dagegen aufgrund neuester Forschung 52 bekannte Einzelschriften genannt, die noch dazu mit ihren figuralen und emblematischen Zusatzinformationen faksimiliert werden. Ferner sind Übersetzungen, Überarbeitungen, Herausgeberschaften und die ausländische Wahrnehmung des Autors zusammengestellt. Das Werkverzeichnis basiert auf flächendeckender Bibliotheksanfrage und Autopsie mit den entsprechenden Standortangaben. Hinzu treten biografische Fakten und eine charakterisierende Analyse des Œuvres auf dem neuesten Kenntnisstand. Wenn es um ein gesichertes Urteil über Autor, Werk und Epoche geht, lohnt sich auch hier der Weg *ad fontes*: Nur die authentische Wahrnehmung der Originale oder die Orientierung an verlässlich geprüften Fakten bewahrt vor Spekulation und Fehlurteil.

Fragen und Anregungen

- Erläutern Sie die Zugangsprobleme bei Texten der Frühen Neuzeit.
- Beschreiben Sie die Funktion und den Informationsgehalt von Widmungen.

- Wie lässt sich der Argumentationscharakter der Texte schon im Schriftbild erkennen?

- Nehmen Sie einen Originalband im Archiv zur Hand und analysieren Sie Aufbau, Abbildungen, Systematik und Inhalte.

Lektüreempfehlungen

Quellen
- **Aegidius Henning: Gepriesener Büchermacher oder von Büchern, und Bücher machen ein zwar kleines, jedoch lustiges und erbauliches Büchlein / der heutigen gelehrten Welt zugeeygnet** [1666], in: Das Buchwesen im Barock, München 1981, S. 26–263.

- **Jesaias Rompler von Löwenhalt: Des Jesaias Romplers von Löwenhalt erstes Gebüsch seiner Reim-Getichte** [1647], mit einem Nachwort, Kommentaren und bibliografischem Anhang, hg. v. Wilhelm Kühlmann und Walter E. Schäfer, Tübingen 1988.

- **Conrad Porta: Jungfrauenspiegel** [1580], hg. und eingeleitet von Cornelia Niekus Moore, Bern u. a. 1990.

Forschung
- **Karl A. E. Enenkel / Wolfgang Neuber (Hg.): Cognition and the Book. Typologies of Formal Organisation of Knowledge in the Printed Book of the Early Modern Period**, Leiden 2005. *Fundierte Studien zu den Möglichkeiten der Lektüresteuerung im Buchdruck der Frühen Neuzeit.*

- **Gabriele Schramm: Widmung, Leser und Drama. Untersuchungen zu Form- und Funktionswandel der Buchwidmung im 17. und 18. Jahrhundert**, Hamburg 2003. *Zeigt die Bedeutung der Widmungen im historisch-politischen und poetologischen Zusammenhang.*

- **Bärbel Schwitzgebel: Noch nicht genug der Vorrede. Zur Vorrede volkssprachiger Sammlungen von Exempeln, Fabeln, Sprichwörtern und Schwänken des 16. Jahrhunderts**, Tübingen 1996. *Anschauliche Darlegung der Autorstrategien mit illustrativen Originalen.*

- **Helmut Zedelmaier: Lesetechniken. Die Praktiken der Lektüre in der Neuzeit**, in: ders. / Martin Mulsow (Hg.), Die Praktiken der Gelehrsamkeit in der Frühen Neuzeit, Tübingen 2001, S. 11–30. *Erläutert Formen des frommen, gelehrten und aufgeklärten Lesens als Bedingungen der Moderne.*

3 Poetik und Literaturbegriff

Abbildung 4: Quintilian. Pultbüste im Chorgestühl des Ulmer Münsters (Fotografie, 2008)

Im Ulmer Münster ist der Übergang vom Mittelalter zur Neuzeit mit eigenen Augen zu sehen: Das Bildprogramm des dort 1474 vollendeten Chorgestühls bietet eine überwältigende Visualisierung des kulturgeschichtlichen Wandels. Noch bestätigt der gotische Präsentationsrahmen des filigranen Schnitzwerks eine streng vertikal ausgerichtete theokratische Weltordnung, allerdings finden sich Apostel, Heilige und Märtyrer in die schwer einsehbare Höhe der Spitzbögen verwiesen. In Augenhöhe der Pulte, sehr präsent und als vollplastische Figuren durchgebildet, erscheinen nun völlig unerwartete Persönlichkeiten: Vergil, Seneca, Ptolemäus, Cicero, Quintilian, Terenz oder Pythagoras. Wo man sonst zu den Heiligen betete, um über deren Fürbitte die Gnade des Weltenrichters zu erlangen, da zeigen sich jetzt scharfsinnige Philosophen, Rhetoren und Komödiendichter, die auf der Theaterbühne wie im Gerichtssaal menschliche Schuldverhältnisse klären. Und es hat durchaus programmatische Züge, dass man in der Hauptkirche der freien Reichsstadt Ulm nicht mehr den christlichen Kirchenvätern, sondern mit Marcus Fabius Quintilian und Marcus Tullius Cicero zwei vorbildlichen Rednern (Oratoren) der heidnischen Antike huldigt. In der Kirche als Raum wie als Institution postuliert man damit nichts Geringeres als die freie öffentliche Rede anstelle von dogmatischen Deutungszwängen.

Mit der antiken *ars oratoria* („Redekunst") ist ein wirksames Instrument zur Herausforderung des starren theokratischen Mittelalters gefunden. Sprache gilt fortan nicht mehr als schmückende Hülle für die ewig gültige Welterklärung einer autoritären Elite, sondern als Kommunikationsmittel, das im dynamischen Wechsel aus Rede und Gegenrede weltliche wie geistliche Probleme erörtert, um sie tatkräftig zu überwinden. Der Poet emanzipiert sich aus theologischer Bevormundung und tritt als Rhetor vor ein Publikum, das er zu belehren, zu beraten und zu bewegen gedenkt.

3.1 Dialog statt Dogma

3.2 Wirkungen der antiken *ars oratoria*

3.3 Sprache und öffentliche Ordnung

3.1 Dialog statt Dogma

Der frühneuzeitliche Dichter erscheint als solcher erstmals in Johannes von Tepls *Ackermann aus Böhmen* (entstanden um 1400): Er stellt sich dort metaphorisch vor als „ackerman", dessen Pflug die Feder ist – keine beliebige oder subjektive Metapher, sondern das Bekenntnis zur Tradition des biblischen Sämanns, der ‚das Wort sät'. Furche um Furche, das heißt Zeile um Zeile, setzt dieser Poet einzelne Samenkörner, aus denen geistig erbauliche Nahrung erwachsen soll. Noch die Autoren des späten 17. Jahrhunderts verstehen ihre Textsammlungen (*silvae*) in Analogie zu einem fruchtbringenden Garten. Der Dichter sieht sich dem Zweck und der Nützlichkeit verpflichtet, er betreibt ein hartes, der Landarbeit entsprechendes Handwerk. Wie der „Nährstand" für das Brot, so sorgt er nun als „Lehrstand" für das geistige Wohl der Gemeinschaft.

Ein schwerer Schicksalsschlag hat diesen Ackermann getroffen: Allzu früh muss er den plötzlichen Tod seiner geliebten Frau Margarethe beklagen. Er nimmt diesen Verlust zum Anlass, um die menschliche Sterblichkeit – die Vergänglichkeit des Individuums wie der Gattung schlechthin – zum Gegenstand eines Streitgesprächs zu machen. Zum Gegner aber fordert er keinen geringeren als den Tod selbst heraus: „Grymniger abtilger aller lewtt schedlicher echtter vnd veruolger aller welte frayschsammer [grausamer; Anm. d. Verf.] mörder aller menschen Jr tod euch sey verflucht" (→ ABBILDUNG 3). Mit dieser schmerzvollen Exklamation wendet sich der Redner gegen eine von höherer Warte getroffene Entscheidung. Er eröffnet einen Disput, eine dialogisch geführte Verhandlung über seine Sache. Die Klage mutiert bald zur Anklage und in den folgenden 34 Kapiteln kämpft ein beherztes Individuum allein mit der Kraft seiner scharfsinnigen Frage- und Argumentationstechnik gegen einen übermächtigen Gegner. Dieser entlarvt sich in seinen Entgegnungen zunehmend als eine unbewegliche, dogmatische Instanz, die einen kritischen menschlichen Geist prinzipiell nicht gelten lassen will.

Im Gesprächsverlauf fällt das Bemühen des für den Tod stehenden Redners auf, seinem Opponenten die Individualität abzusprechen und ihn in die Schablone eines machtlosen Subjekts zu drücken. Der Ackermann soll sich als namenloser und allenfalls exemplarischer Repräsentant der Menschheit erkennen, der sich nichts auf seine einmalige Existenz oder gar sein persönliches Können einzubilden hat. Als „cluger esell" verhöhnt ihn der Tod und mahnt ihn, sich in den göttlichen Heilsplan zu fügen: „was alle lewt leiden müssen, das soll

Prototyp des
frühneuzeitlichen
Dichters

Individualität contra
Kirchenmacht

37

einer nit widersprechen" (Tepl 2000, S. 42). Genau hier aber widerspricht der Ackermann vehement: Er empört sich gegen die Bevormundung und bekräftigt seine Fähigkeiten und Ansprüche mit einem häufigen Gebrauch des Personalpronomens „ich". Vor allem aber postuliert der Mann der Feder das Prinzip des individuellen Widerspruchs. Es ist die Rede, die das Individuum ausmacht, der sprachlich konstituierte und artikulierte Gedanke, der sich auf eine zur Verhandlung stehende Sache bezieht und Entgegnung auf sachlicher Ebene erwartet. Hier manifestiert sich das rhetorische Prinzip der situativen Überzeugung (*persuasio*). Der Autor führt vor, wie der Redner gegen das monologische Diktat einer autoritären Verfügungsgewalt vorgeht und diese zur dialogischen Wahrheitsfindung herausfordert.

Epochendifferenz

Hier liegen offenbar die Grundprinzipien zweier Epochen im Streit. Das Menschenbild, das der Tod zeichnet, entspricht relativ genau den Vorstellungen der katholischen Dogmatik des Mittelalters, sodass diese Figur auch als eine literarische Verkörperung der Römischen Kirche gelesen werden könnte. Die auffällige Selbstbekräftigung als unbezweifelbare Instanz der göttlichen Gerechtigkeit und Verfügungsgewalt bezeichnet sehr deutlich die Position einer allein selig machenden Theokratie. Gott hat dieser Instanz angeblich die irdischen Länder zum Erbteil gegeben und somit säkulare Macht verliehen.

Indirekt angefochten zeigt sich in der Figur des Todes die klerikale Elite mit ihrem Universalanspruch, über den Einzelmenschen, der ihr als unzulänglich, versündigt und vergänglich gilt, Heilsverfügungen zu treffen. Der Ackermann fordert dagegen die Chance, durch transparente Argumentation noch prinzipiell auf den Ausgang eines Verfahrens Einfluss nehmen zu können. Aber gerade gegen die Sprache als situations- und wirklichkeitsveränderndes Medium geht der Tod energisch vor und sucht sie zu entwerten. Er greift zu folgendem Reihenargument: Der Opponent könne nicht recht „messen, wegen, zelen oder tichten". Eine bedeutsame Aussage zur Poesie: Das Dichten („tichten") ist gleichrangig definiert mit nummerischen Größen (messen, wiegen, zählen). Hier zeigt sich die mittelalterliche Scholastik: Sprache, Dichtung und Rhetorik gelten wie die Arithmetik oder Geometrie lediglich als Hilfsmittel, um eine bereits feststehende Wahrheit in eine verständliche Form zu kleiden. Die Scholastik ist ein theologi-

Kritik der Scholastik

sches Denksystem, das im Voraus bereits Aussagen und Schlussfolgerungen festlegt und keinen Zweifel duldet. Ergebnisoffene Kontroversen sind unerwünscht, das individuelle Beobachten, Denken und Urteilen gilt als fehlerhaft und sündig. Für den Tod ist die Rhetorik ein „blüender grunt der liebkosung", reine Schmeichelei mit geblümten Reden, die dem Menschen in seiner Todesbestimmtheit nichts hilft. Sogar die Philosophie, der „acker der weyßheyt", sei mit ihrer Naturerkenntnis wie mit ihrer Sittenlehre so nutzlos wie alle anderen Wissenschaften, von der Physik bis zur Juristerei (Tepl 2000, S. 24, 56).

Die epochale Streitfrage um das menschliche Vermögen (*potestas*) gründet letztlich in der Bewertung der Sprache als Erkenntnis- und Gestaltungsmittel in der göttlichen Weltordnung. Die von der mittelalterlichen Theologie betriebene Erniedrigung des *homo ignorantus* stößt auf den Widerstand einer humanistischen Position, die mit dem Verweis auf die Gottebenbildlichkeit des Menschen auch dessen hohen Rang in der Schöpfung betont. Nach dem Willen Gottes solle das *humanum* als Entsprechung zum *divinum* mit auf Erden herrschen. Gott und die Schöpfung wären also beleidigt, wenn der Mensch so niedrig und schmutzig wäre, wie der Tod behauptet. So baut der Mann der Feder eine logisch wie theologisch begründete Argumentation für ein berechtigtes Lob des Menschen auf, das bezeichnenderweise in der Erhebung seiner Sinne gipfelt, mit denen Gott selbst ihn ausgezeichnet hat: Das empirische Wahrnehmungsvermögen, also Sehen, Hören, Riechen und Schmecken, erheben den Menschen als kritische Urteilsinstanz. Die Zunge aber kann nicht nur feinsinnig prüfen, sondern die individuelle Meinung auch in der Öffentlichkeit bekannt machen. Der Mensch allein ist mit Vernunft begabt, er kann sich seine Gedanken machen und sie artikulieren, um alles, bis zur „gotheyt vnd darvber gar" zu erkennen (Tepl 2000, S. 54).

Empirie und Selbstwahrnehmung

3.2 Wirkungen der antiken *ars oratoria*

Die ältere Forschung wollte den *Ackermann aus Böhmen* gerne als ein ergreifendes Dokument für die hingebungsvolle Liebe und tiefe Trauer des spätmittelalterlichen Autors, des kaiserlichen Notars und Stadtschreibers Johannes von Tepl (ca. 1350–1415) sehen. Allerdings existiert kein urkundlicher Beleg für die Existenz einer Gattin Tepls mit dem Namen Margarethe oder gar für ihren Tod im Jahre 1400. Seine Frau hieß nachweislich Clara und überlebte den Autor. Damit stimmen Wirklichkeit und Textgeschehen nicht überein, obwohl Tepl sich als Mann der Feder ganz ausdrücklich mit dem „ackerman" aus dem „Beheymer land" identifiziert. Es geht dem Autor also nicht um sein persönliches Schicksal, sondern um ein allgemeines Problem. Um dieses anschaulicher zu gestalten, fingiert er eine leicht fassliche

Keine Erlebnisdichtung

und vor allem emotionale Situation. Die fassungslose Ohnmacht eines trauernden Witwers und die herzlose Abfuhr des dafür Verantwortlichen sorgen zunächst für Ergriffenheit. Diese aber koppelt Tepl mit einer anderen Materie, die als solche möglicherweise zu abstrakt und wenig eindringlich gewesen wäre: mit dem Kampf gegen die Dogmatik. Die Kombination aus Anschauung und Abstraktion, aus Bild und Ausdeutung, These und Illustration ist ein didaktisches Prinzip, das schon die antike Rhetorik empfiehlt. So wie der Witwer seine Frau Margarethe der fremden Verfügungsmacht zu entreißen versucht und dabei ein virtuoses Verhandlungsgeschick entwickelt, so streitet der humanistische Gelehrte mit seiner und für seine Redekunst gegen das starre Dogma. Ein mit dem leibhaftigen Tod verzweifelt diskutierender Ackermann wirkt natürlich viel eingängiger als eine theoretische Abhandlung über die menschliche Intellektualität.

Der Autor gibt also keinen herzzerreißenden Einblick in seine Privatsphäre, sondern organisiert eine sachliche Beweisführung unter Zuhilfenahme eines anschaulichen und vor allem affektgeladenen Beispiels. Diese Deutung wird durch ein Widmungsschreiben Tepls (1401) bekräftigt, das man allerdings erst 1933 gefunden hat. Hier zeigt sich, wie entscheidend ein Paratext (→ KAPITEL 2.2) zu einem zeitgemäßen Textverständnis verhelfen kann. Der Autor selbst offenbart seinen Code: Sein Werk ist ein vom Freund erbetenes neues Produkt „ex agro rhetoricalis iucunditatis" („vom Acker rednerischer Anmut"). Tepl betont, nichts als die Grundformen der Rhetorik zum Ausdruck bringen zu wollen, was ein aufmerksamer Hörer auch herausfinden werde (Tepl 2000, S. 83).

Authentische Autorposition

Damit erweist sich der *Ackermann* als Schlüsseltext: Er offenbart die Differenz zwischen zwei Epochen und präsentiert die genuine Neuerung sogleich im Vollzug – er demonstriert Rhetorik als erkenntniskritischen Dialog. Der bilder- und argumentationsreiche Text zeigt, wie menschliche und metaphysische Fragen öffentlich verhandelt werden können. Schon mit seinem Lob der sinnlichen Wahrnehmung benennt der Mann der Feder unverkennbar die Grundkategorien der klassischen *ars oratoria*: Sachkenntnis (*eruditio*), Anschauung (*evidentia*), differenzierte Prüfung des Vorgefundenen (*iudicium*) und die überzeugende Darlegung der entsprechend bewerteten Weltverhältnisse (*inventio, dispositio, elocutio*) (→ KAPITEL 4). Der Ackermann, sowohl der Protagonist als auch der *poeta*, greift mit sprachlicher Kunstfertigkeit in die Zeitläufte ein, um schließlich sogar den Tod selber in Frage zu stellen. Er stellt menschliche Denk-, Sprach- und Ar-

Rhetorik

gumentationskompetenz (*humanum*) als ebenbürtiges Vermögen neben die göttliche Macht (*divinum*) und wertet damit die menschliche Vernunft im Zusammenhang mit der Rhetorik auf. Diese ist nicht mehr Schmuck einer feststehenden Wahrheit (*ars ornandi*), sondern die Kunst, den opponierenden Redner und das richtende Publikum (*iudex*) mit einem so schlüssigen wie evidenten Beweisverfahren zu bewegen (*ars movendi*). In dieser Weise fungiert Rhetorik nun als Erkenntnis vermittelndes Denksystem, mit dessen Hilfe der Mensch als Ebenbild Gottes in die Weltordnung eingreift.

Die Ursprünge der frühneuzeitlichen Rhetorikrezeption liegen südlich der Alpen. Der mit dem italienischen Humanisten Francesco Petrarca (1304–74) befreundete Johann von Neumarkt (ca. 1310–80), Kanzlist am Hofe Karls IV. in Prag, bereinigte und erweiterte die bis dato üblichen Sprachmittel und erstellte Musterbücher für Briefe. Während er jedoch die stilistische Fertigkeit noch als das rhetorische Maximum ansah, übernahm Johannes von Tepl nun auch die persuasive, das heißt überzeugungsorientierte Rhetorik-Auffassung Petrarcas.

Petrarca-Rezeption in Böhmen

Was im *Ackermann* noch singulär und fiktiv verhandelt wurde, sollte sich bald als reales öffentliches Streitgespräch zwischen historischen Personen fortsetzen. In Rede und Schrift opponierte man gegen die starre Dogmatik einer konservativen Theologie und die Denkmuster der Scholastik. Ebenfalls in Böhmen trat der Reformator Jan Hus hervor, der 1415 während des Konzils zu Konstanz hingerichtet wurde. Die Konzile konfrontierten nun auch den absolut regierenden Papst mit einer vielstimmigen Gegenrede, ebenso wie ein gewandelter Reichstag den Kaiser. Mit einer Aufwertung des kirchlichen Laien (*idiota*), der die kreativen Möglichkeiten des menschlichen Geistes und der menschlichen Sinne gegen die verkrustete Schulweisheit verteidigt, forderte der Theologe Nikolaus von Kues 1450 in seinen Dialogen *De sapientia* (Über die Weisheit) oder *De mente* (Über den Geist) die konservativen Kirchenvertreter zu heftigem Widerspruch heraus. In seinem 1440 vollendeten Werk *De docta ignorantia* (Über die gelehrte Unwissenheit) hatte er bereits heftig den Anspruch der Scholastik attackiert, mit logischen Schlüssen Verbindliches über Gott auszusagen. Die Auseinandersetzung mit der römischen Kirchenverwaltung und ihrer theokratischen Bildungspraxis erhielt zunehmend oppositionelle Züge und steigerte sich schließlich bis zur scharfen Polemik in den Konfessionsbewegungen des 16. Jahrhunderts. Hier formierte sich die frühneuzeitliche Literatur: Sie ist zunächst Medium und Sinnbild für den Kampf des Laien, der als rhetorisch geschultes Individuum auftritt und die monologische Kirche

Öffentliches Streitgespräch

zum Dialog über Glaubens- und Herrschaftsfragen herausfordert. Bald aber greifen die Diskussionen auch über den theologischen Problemkreis hinaus und thematisieren politische, soziale und philosophische Fragen.

Rhetorik galt nach antikem Vorbild als eine zu erlernende Kunst (*techne*). Der *poeta orator* erhält daher schon frühe Unterweisung in der Theorie, die er durch eingehende Lektüre, Analyse und Nachahmung der antiken Vorbilder (*imitatio*) ständig verbessert, bis er dann im öffentlichen Leben, im Wettstreit (*aemulatio*) mit anderen Rednern seine Kunst praktisch vervollkommnet. Zunehmend verhelfen Lehrtexte, etwa von Albrecht von Eyb (*Margarita poetica*, 1459) oder von Niklas von Wyle (*Colores rethoricales*, 1464 / 1469) zu einer verfeinerten und zeitgemäßen Anwendung. Konrad Celtis sorgt mit seiner Verslehre *Ars versificandi et carminum* (Die Kunst des Dichtens und der Lieder, vermutlich 1486) zunächst für eine metrische Unterweisung, fundiert diese aber mit dichtungstheoretischen Aussagen. Das besondere Vermögen des Dichters besteht demnach darin, nicht nur die äußere Welt, sondern auch die seelische und geistige Verfassung des Menschen in Wortklang und Rhythmus so nachzubilden, dass dieses ‚wahre‘ Bild der Dinge den Adressaten emotional bewegen und zum Handeln anleiten kann. Mit der Hochwertung des rhetorischen *movere* („emotional bewegen") erhält die Poesie bei Celtis den Rang einer einzigartigen Kunst. Sie allein kann nämlich Erkenntnisse generieren, die eine schlichte logische Aussage oder ein rein inhaltliches Argument nicht zu vermitteln vermag. Poesie gilt Celtis als die Urphilosophie (*prima philosophia*), weil sie Beredsamkeit, Welterfahrung und Weisheit verbindet. Damit verabschiedet er die mittelalterliche Rhetorik- und Poetikauffassung, nach der die Sprache lediglich eine bereits logisch feststehende und damit auch ohne sie existente Wahrheit einzukleiden hatte.

(Randnotiz links: Rhetorik als Theorie und Lehrkonzept)

3.3 Sprache und öffentliche Ordnung

Die im Mittelalter gelehrte Rhetorik war weder Denkschule noch Redelehre. Sie rangierte als Teilbereich der akademischen Grundausbildung (*septem artes liberales*) und verhalf zusammen mit Grammatik und Dialektik zur notwendigen Darstellungskompetenz für die höheren Fächer Theologie, Medizin und Rechtswissenschaft. Man traktierte in feststehenden Mustern lebensferne Zusammenhänge, ohne sie in Frage zu stellen. Sprache galt lediglich als Anhängsel der Wis-

(Randnotiz links: Gegensatz zur mittelalterlichen Rhetorik)

senschaft (*appendentia artium*), Poesie als eigene Disziplin gab es überhaupt nicht. In der Frühen Neuzeit wurde der disziplinäre Zusammenhang gänzlich neu gewertet. Von den elementaren Gedankenoperationen (Logik, Dialektik, Grammatik) bis zu den Formen ihrer wirkungsvollen Kommunikation (Rhetorik und Poetik) bemühte man sich um die pragmatische Ausdifferenzierung einer kritischen Denk- und Sprachkunst. 1439 eröffnete Lorenzo Valla mit den *Dialecticae disputationes* (Dialektische Erörterungen) die Diskussion, die sich über Rudolf Agricola (1444–85) und Melanchthon (1497–1560) bis zu Christian Weise (1642–1708) fortsetzen sollte.

Die genauen Grenzen zwischen Logik, Dialektik, Rhetorik und Poetik blieben jedoch umstritten. Vereinfacht lässt sich die Logik als System der allgemeinen Aussagen begreifen, die unwiderlegbar (axiomatisch) als Wahrheit gelten. Dialektik bietet dagegen die Möglichkeit einer dialogischen Gegenstandserkundung mit dem Ergebnis einer durch ständiges Nachfragen schließlich festgestellten Wahrheit. Die Rhetorik suggeriert nun Wahrheit als Wahrscheinlichkeit durch die Wahl von wirkungsvollen Argumenten. Sie lehrt, einen Adressaten von einer evident und schlüssig vorgestellten, dabei aber auch mit Gegenargumenten bezweifelbaren Wahrheit zu überzeugen und ihn dadurch zum Handeln zu bewegen. Die Poetik schließlich ermöglicht es, einzelne Aussagen emotional zu intensivieren, aber auch Ideen zu suggerieren, indem sie Instrumente wie Wortfiguren (Paradox, Ironie), Gedankenbilder (Metapher) oder musikalische Mittel (Klang, Rhythmus) bereitstellt (→ KAPITEL 5).

Logik, Dialektik, Rhetorik und Poetik

Stufenweise entfernt man sich in der Frühen Neuzeit von dem mittelalterlichen Modell einer formalen, dogmatischen Logik einerseits und einer rein schmückenden Rhetorik andererseits. Die neue *ars movendi* zielt auf einen pragmatischen Nutzen, der sich aus einem ausgewogenen Verhältnis der Teildisziplinen Logik, Dialektik, Rhetorik und Poetik ergibt. Zwischen strenger gedanklicher Kausalität und poetischer Imagination soll ein Redner für seinen Zweck das optimale sprachliche Mittel finden. Gegen die Gefahr einer Verselbstständigung der Poesie, die sich mit Formspielen und Klängen als reine Sprachkunst von den Inhalten entfernen könnte, erheben sich immer wieder kritische Stimmen, vor allem in der Frühaufklärung. Gelehrte wie Christian Thomasius oder Christian Weise forderten um 1700 eine „vernünftige" Redekunst, die auf dem eindeutigen gedanklichen Urteil und nicht auf verbaler Spekulation oder verdunkelnder Umschreibung gründet. Sie setzen die Logik über die Rhetorik und Poetik, das Denken vor das Sprechen.

Logik und Poetik

Für eine Neufassung der Dialektik im Dienste der praktischen Argumentationsfindung hatte bereits der Universalgelehrte Rudolf Agricola mit seiner einflussreichen Unterweisung *De inventione dialectica* (Über die dialektische Findungstechnik; erstmals 1515 gedruckt) gesorgt. Gegen die weltfernen Spitzfindigkeiten und theoretischen Begriffszergliederungen der scholastischen Logik setzt Agricola eine handlungsorientierte und nutzbringende Dialektik. Damit gibt er dieser Disziplin wieder ihre antike Bedeutung als „Disputierkunst" zurück und lehrt sie als Erkenntnis vermittelnde Gesprächsführung. Mit der ergebnisorientierten Frage (*quaestio*) erhält der Schüler ein präzises Instrument, um noch unklare oder strittige Gegenstände in sachlichen Kategorien zu präzisieren.

Dialogische Problemergründung

Durchschlagende Wirkung erhielt die als Rhetorik neu gefasste Dialogkunst jedoch erst durch den Bildungsreformer Philipp Melanchthon, der sie als Unterrichtsfach in den protestantischen Schulordnungen verankerte. Seine Lehrbücher zur Dialektik (1527, 1528, 1529) und seine *Elementa rhetorices* (1531; mit Vorläufern von 1519 bzw. 1521) dominierten den Unterricht der Elementarschule bis weit in das 17. Jahrhundert hinein, bis sie von den spezifizierten *Rhetorices contractae* (1606) des Johannes Vossius abgelöst wurden. Beiden trat dann bald die wirkungsmächtige Jesuitenrhetorik zur Seite (→ KAPITEL 6). Melanchthon institutionalisiert Rhetorik als erlernbare Kunst (*ars*). Er geht davon aus, dass jeder Mensch schon von Natur aus über eine gewisse Grundfertigkeit der sprachlichen Überzeugung verfügt. Die wissenschaftliche Rhetorik soll dieses unbewusste Wissen durch Systematisierung, exemplarische Anreicherung und vor allem stetige Übung verbessern. Mit seiner praxisnahen Beschreibung menschlicher Kommunikation vermittelt Melanchthon seinen Schülern konkrete Hilfe bei vielfältigen Anwendungen.

Rhetorik als Schulprogramm

Abstrakte Zusammenhänge und komplizierte Denkvorgänge bedürfen der Übertragung in eine sprachliche Form. Rhetorik verhilft daher primär zu einer Kompetenz des begrifflich angemessenen Abbildens von Welt und Wirklichkeit und erst sekundär zur Kommunikations- und Überzeugungsfähigkeit. Deshalb ist Rhetorik auch nicht ohne Dialektik und Logik anwendbar. Letztlich resultiert alle Erkenntnis auf stimmigen Aussagen, die durch dialektische Fragetechniken im Sinne Agricolas – Definieren, Klassifizieren und Rubrizieren – zu finden sind. Zu fragen ist nach Größe (*quantitas*), Beschaffenheit (*qualitas*), wesentlichen (*substantia*) und veränderlichen (*accidentia*) Eigenschaften und den Beziehungen (*relatio*) einer Sache zu anderen Sachen. Das durchdachte Verbinden von wahren Argumenten

Stimmige Rede

bzw. die Klärung von Unzusammengehörigem oder auch das Widerlegen falsch erscheinender Zusammenhänge führt zur Erkenntnis des Sachverhalts. Melanchthon erläutert verschiedene Arten der Beweisführung: die Schlussfolge von allgemein anerkannten Wahrheiten auf den speziellen Fall (Deduktion), die Schlussfolge vom Einzelbeispiel auf größere Zusammenhänge (Induktion) oder die Feststellung von Ähnlichkeiten (Analogieschluss). Die Rhetorik bevorzugt allgemein ein zweischrittiges Schlussverfahren (Enthymem) anstelle des sperrigen philosophischen Konstruktes aus drei Einzelsätzen (Syllogismus). Auch die Gefahr von Trugschlüssen und deren Auflösung thematisiert Melanchthon ausdrücklich.

Wie Melanchthon in seinen Lehrbüchern ausführt, wirken die aus der Gedankenarbeit resultierenden Aussagen zu abstrakt und müssen daher mit den Mitteln der Poetik anschaulich dargestellt werden. Reine Belehrung (*docere*) über eine Sache wirkt ermüdend, da sie nicht auf die Verstehensbereitschaft oder die Erkenntnisfähigkeit des Adressaten Rücksicht nimmt. Der logische Sinngehalt muss daher zugunsten seiner Wirkung angenehm aufbereitet (*delectare*) oder gar mitreißend, emotional bewegend ausgedrückt werden (*movere*). Die Klarheit der Sprache zeigt bzw. prägt ihrerseits die Klarheit des Denkens. Eine schöne und ausdrucksvolle Sprache (*elegantia*) ist nicht etwa eine überflüssige Zutat zum Sachverhalt oder gar eine Verbrämung von unliebsamen Inhalten (Schminke), sondern zeichenhafte Entsprechung der gedanklichen Präzision. Unpassende, impulsiv und achtlos gesetzte Ausdrücke bleiben nach Melanchthons Auffassung dunkel und verwirrend und wirken dem Redeerfolg entgegen. Hier argumentiert er gegen die mittelalterliche Scholastik, die durch labyrinthisches Denken und eine konfuse Ausdrucksweise gekennzeichnet ist. Weisheit und Eloquenz stehen für ihn nicht im Gegensatz. Unklare und unangenehme Dinge (*res obscurae et intricatae*) können nur mit sprachlicher Hilfe anschaulich gemacht und damit nutzbringend aufgelöst werden. Dialektik ist keine Erfindung einer gelehrten Elite, sondern verweist auf universal gültige, allen Menschen von Gott eingegebene Sätze (*principia*).

Anschauliche und wirkungsvolle Rede

Die Bedeutung der oratorischen Kunst liegt in ihrem sozialen Nutzen. Erziehung, Sprache und Rhetorik stehen in einem engen didaktischen Zusammenhang. Melanchthon klärt unmissverständlich, dass die Beredsamkeit (*eloquentia*) unabdingbar ist, „um über alle bedeutenderen und schwierigeren Angelegenheiten in dieser ganzen staatsbürgerlichen Lebensform aufzuklären, religiöse Institutionen aufrecht zu erhalten, Gesetze auszulegen und zu verteidigen, Gerichtsbarkeit

Sozialer Nutzen der Rede

auszuüben und das Gemeinwesen in seinen größten Gefahren zu beraten." (Melanchthon 2001, S. 17) Die Bindungskräfte der menschlichen Gesellschaft (*societatis humanae vincula*) basieren in ihrer Qualität allein auf der sprachlichen Kommunikation (*oratio*). Damit liegt in der ausgebildeten und durch permanente Übung verbesserten Sprachfähigkeit des Individuums die Voraussetzung für die Stabilität der öffentlichen Ordnung. Ergänzend zieht Melanchthon Schriften zur praktischen Ethik heran, 1524 liest er über Ciceros *De officiis* (Vom pflichtgemäßen Handeln). Er selbst war vielfältig eingebunden in die Beratung der politischen Handlungsträger auf verschiedenen Ebenen und wirkte als Gutachter sowie als gefragter Berater auf mehreren Reichstagen.

Mit Rhetorik unlösbar verbunden ist damit die Vorstellung von *res publica* im wörtlichen Sinne als „öffentliche Sache". Die öffentliche Rede in Wort und Schrift avanciert zum Medium der gemeinschaftlichen Problemlösung und trägt damit zur Relativierung elitärer Instanzen bei. Vor allem im städtischen Bereich gab es quasi-republikanische Redesituationen mit parteiischer Meinungsbildung. Der wachsende publizistische Sektor sorgte für die sachliche Aufbereitung, aber auch für die agitatorische Überhöhung der anstehenden Fragen. Durchaus konnten Fürst, Patriziat oder Klerus als Entscheidungsträger unter öffentlichen Druck gesetzt werden. Rede und Gegenrede formen ihrerseits den Gegenstand und erzeugen eine historische Dynamik, die von den Zeitgenossen erkannt und bewusst erzeugt wurde.

Öffentliche Wohlfahrt und Gemeinwesen

Selbst die Heilige Schrift basiert nach Melanchthon auf der rhetorischen Umschreibung. Nur das poetische Wort kann den ansonsten nicht fasslichen Sinn des göttlichen Heilsgeschehens, das eigentlich ‚Unsagbare' und den menschlichen Verstand Übersteigende transportieren. Deshalb braucht auch der Exeget, der die biblischen Texte fachgerecht auslegt, rhetorisches Wissen, um sie für die Gemeinde in der Predigt wirkungsvoll vermitteln zu können. In philologischen Kommentaren zeigt Melanchthon, wie die Schrift formal und redetechnisch aufgebaut ist und wie ein Hermeneut die unverständlichen Stellen mit ergänzenden Paralleltexten klären kann. Um die Zuhörer mit dialektischer Hilfe über Ethik und Religion aufzuklären, entwickelte Melanchthon eine spezielle Lehrgattung, das *genus didaskalikon* („Unterrichtungsweise"), das sich stets auf das Prinzip der glaubensfördernden Verbindung von antiker Redekunst und theologischer Norm (*litterata pietas*) bezieht.

Rhetorik und Christentum

Dass Theologie und Beredsamkeit unlösbar verbunden sind, galt als Topos für die gesamte Frühe Neuzeit; noch Martin Opitz bekundet 1624 in seiner *Deutschen Poeterey*, dass die Poesie eine „verborgene Theologie / vnd vnterricht von Göttlichen Sachen" ist. Es ist die besondere Kunst der rhetorisch fundierten Poesie, die Vielheit aller Erfahrungsbereiche in eine sprachliche Ordnung zu bringen: „So ist auch ferner nichts närrischer / als wann sie meinen / die Poeterey stehe bloß in jhr selber; die doch alle andere künste und wissenschafften in sich helt." (Opitz 1991, S. 12, 15) Die Frühe Neuzeit zog keine festen Grenzen, Poesie ist über Rhetorik, Dialektik und Logik stets mit der Philosophie und Theologie verbunden. Vor allem aber sind „Poeterey und Redkunst miteinander verbrüdert und verschwestert / verbunden und verknüpfet", sodass „keine sonder die andre gelehret / erlernet / getrieben und geübet werden kann" (Harsdörffer 1969, Teil III, fol.) (iiij^r).

Poesie und Theologie

Die wachsende Differenzierung von Öffentlichkeit bewirkte zugleich eine Differenzierung der Redeanlässe und Redeformen. Nicht nur Predigt und Seelsorge, auch pädagogisches Theater oder höfische Festkultur bedurften zunehmend eigener Theorien. Anweisungen zur „Wohlredenheit" verhalfen zur Verfeinerung des ereignisgebundenen Sprechens bei Hochzeit, Trauerfall oder politischen Ereignissen. Briefsteller optimierten den schriftlichen Dialog. Darüber hinaus bildete sich sehr bald eine eigene Hofredekunst heraus, die sich auf diplomatische Fertigkeiten im Umgang mit den Regierenden bezog.

**Spezifizierung
und literarische
Anwendungen**

Fragen und Anregungen

- Beschreiben Sie die verschiedenen Positionen, Argumente und Strategien der beiden Figuren im *Ackermann*.

- Erklären Sie die Beziehungen zwischen Logik, Dialektik, Rhetorik und Poetik.

- Erläutern Sie den Zusammenhang von rhetorischer Kompetenz, Frömmigkeit und Gemeinwesen bei Melanchthon.

- In welche praktischen Anwendungsbereiche differenziert sich das rhetorische System im Laufe der Frühen Neuzeit aus?

Lektüreempfehlungen

- **Rudolf Agricola: De inventione dialectica libri tres** [1515], Drei Bücher Über die inventio dialectica. Auf der Grundlage der Edition von Alardus von Amsterdam (1539) kritisch hg., übersetzt und kommentiert v. Lothar Mundt, Tübingen 1992.

- **Joachim Knape / Bernhard Roll (Hg.): Rhetorica deutsch. Rhetorikschriften des 15. Jahrhunderts,** Wiesbaden 2002.

- **Philipp Melanchthon: Elementa rhetorices. Grundbegriffe der Rhetorik** [1531], hg., übersetzt und kommentiert v. Volkhard Wels, Berlin 2001.

- **Johannes von Tepl: Der Ackermann** [um 1400]; frühneuhochdeutsch / neuhochdeutsch, hg., übersetzt und kommentiert v. Christian Kiening, Stuttgart 2000.

- **Eckhard Keßler: Petrarca und die Geschichte. Geschichtsschreibung, Rhetorik, Philosophie im Übergang vom Mittelalter zur Neuzeit,** München 1978, 2. Auflage 2004. *Detaillierte Darstellung der frühneuzeitlichen Auffassung von Philologie und intentionaler Texttheorie.*

- **Joachim Knape: Philipp Melanchthons ‚Rhetorik‘,** Tübingen 1993. *Zur programmatischen Auffassung Melanchthons von Oratorie und Dialektik.*

- **Nicole Kuropka: Philipp Melanchthon. Wissenschaft und Gesellschaft. Ein Gelehrter im Dienst der Kirche (1526–1532),** Tübingen 2002. *Zeigt anschaulich die pädagogischen Ziele und Wirkungen Melanchthons.*

- **Jörg Robert: Konrad Celtis und das Projekt der deutschen Dichtung. Studien zur humanistischen Konstitution von Poetik, Philosophie, Nation und Ich,** Tübingen 2003. *Lehrreiche Studie über Texte und spezifische Dichtungsprogrammatik des Universalgelehrten.*

4 Argumentation als textgenetisches Prinzip

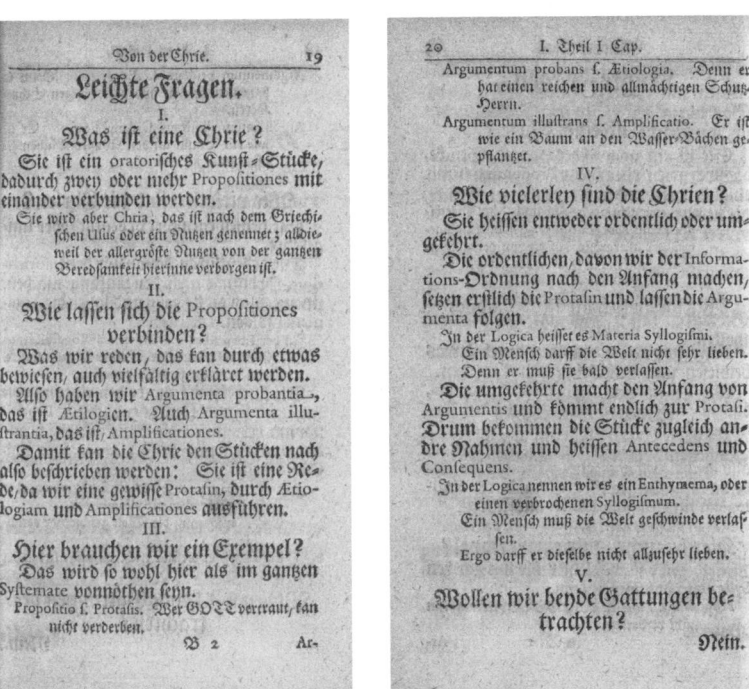

Abbildung 5: Christian Weise: *Oratorisches Systema* (1707). Beispielseiten

Der Rhetoriklehrer Christian Weise (1642–1708) führt in seinem „Oratorisch[en] Systema" (1707) den Schüler zunächst mit „leichten Fragen" an die Bauprinzipien einer rhetorischen Minimalstruktur heran: Die Chrie, ein beliebig zu erweiterndes Kernkonstrukt, besteht aus einer Ausgangsthese („propositio"), die einerseits logisch zu beweisen („aetiologie" oder „argumentum probans") und andererseits anschaulich zu verstärken („argumentum illustrans" oder „amplificatio") ist, bevor dann eine Schlussfolgerung („conclusio") die anfänglich aufgestellte These bestätigt. Ein Autor kann damit seinen Text aus verschiedenen logischen oder illustrativen Argumenten generieren. Nach diesem Verfahren kann er jeden beliebigen Gegenstand aufbereiten, um den Adressaten zu überzeugen. Das Grundprinzip der Rhetorik liegt darin, dass der Autor nicht aus einer Laune heraus oder gar im Affekt rasch etwas herunterschreibt und für vollendet erklärt, sondern dass er in Rücksicht auf Anlass, Gegenstand und Publikum seinen Text nach bestimmten Produktionsschritten sorgsam plant.

Das folgende Kapitel zeigt die konkrete Schreibsituation des *poeta orator* und thematisiert die einzelnen Phasen der Textproduktion (*inventio, dispositio, elocutio, memoria, actio*) bzw. der Textgliederung (*exordium, narratio, argumentatio, peroratio*). Das hier notwendig schematisierte rhetorische System weist in Wirklichkeit zahllose Varianten auf. Die Modifikation der antiken Vorgaben ist abhängig vom jeweiligen Bildungsstand, von der Unterrichtsinstitution, aber auch von der konfessionellen Situation in einem Territorium. Es gibt nicht ,die' Rhetorik, sondern historisch veränderte Erscheinungsformen (Phänotypen), die allenfalls gemeinsame Sachbereiche (Textgliederung, Stilwahl oder Gedächtnisbildung) aufweisen. Diese gilt es knapp zu problematisieren, um für die Textinterpretation ein hilfreiches Raster zu gewinnen. Auch für das eigene Schreiben kann die Kenntnis der rhetorischen Kunstgriffe sehr nützlich sein.

4.1 Rhetorik und Ethik
4.2 Findung der Argumente: *inventio*
4.3 Anordnung der Argumente: *dispositio*
4.4 Konfessionelle Dramatik als Argumentation

4.1 Rhetorik und Ethik

Nicht nur Platon und Kant kritisierten die Rhetorik als unmoralische Täuschung, auch die Frühe Neuzeit hegte ein waches Bewusstsein für die Formen ihres Missbrauchs. Entsprechende Stellungnahmen finden sich oft an unvermutetem Ort. Die Geschichte um den vorgeblichen Treuebruch der schönen Fenicia, die der italienische Dichter Ludovico Ariosto als Episode in seinem *Orlando Furioso* (1521; *Die Historia vom rasenden Roland*, 2002) erzählt, erfreute sich im 16. und 17. Jahrhundert ganz außerordentlicher Beliebtheit: Autoren in ganz Europa griffen auf diesen Stoff zurück und variierten ihn. Das Kernstück der Handlung blieb jedoch stets unverändert. Es handelt sich um eine von den Verleumdern meisterhaft inszenierte Täuschungsszene, die einen ursprünglich felsenfest von der Reinheit seiner Braut überzeugten Grafen Timbreus derart in Raserei versetzt, dass er sie verstößt und ins Grab bringt. Sie erweist sich jedoch als scheintot und tritt nach Aufklärung des Betrugs als gefeierte Tugendperson zurück ins Leben. Bedeutsam ist nun der radikale Meinungswechsel des Betroffenen in einer ihm bislang vollkommen unbezweifelbaren Sache, denn er schwört eingangs auf die Treue Fenicias, die allgemein als Inbegriff der Keuschheit gilt. Wie kann es der gegnerischen Partei gelingen, dieses Grundvertrauen derart ins Gegenteil zu verkehren? Man geht in drei Schritten vor: Zunächst konfrontiert man den Liebenden mit der schlichten Behauptung, dass ihn seine Frau betrügt und weckt auf diese Weise mit psychologischem Kalkül die Möglichkeit des Zweifels. Den so Verunsicherten konfrontiert man anschließend mit einer suggestiven Vorführung – muss er doch sehen, wie ein Mann nachts in das Fenster Fenicias steigt. Als dieser dann nach einiger Zeit zurückkehrt und sich seiner erfolgreichen Männlichkeit rühmt, versetzt man dem Schockierten den letzten Stoß: Du siehst, deine Frau empfängt einen Liebhaber, ergo ist sie treulos.

Missbrauch der Rhetorik

Zielbewusst koppeln die Intriganten drei wesentliche Funktionseinheiten: die Behauptung, die Beobachtung und die Beweisführung. Die These (sie ist untreu) und die Begründung (denn sie betrügt dich) werden verbunden mit einer authentischen Sinneswahrnehmung: Ein Mann steigt ins Zimmer der vorgeblich Treulosen ein. Durch das mit den eigenen Augen Gesehene (*ex evidentia*) und die persönliche Bezeugung (*testimonium*) erfährt die ursprüngliche Behauptung ihre schlussfolgernde Bestätigung. Der Adressat wurde bereits durch die These für die nachfolgende Szene so konditioniert, dass er den Sachverhalt nur noch im Sinne seiner Widersacher bewerten konnte. Wenn

Beobachtung und Beweisführung

man die eingängige Behauptung nun als *propositio*, die vorgespielte Wirklichkeit als verstärkendes *argumentum illustrans* auffasst, die Auslegung schließlich aber als *argumentum probans*, dem eine *conclusio* folgt, dann ergibt sich bereits das vollgültige Grundmodell des rhetorischen Systems, wie es Christian Weise in seinem *Oratorische[n] Systema* als Chrie beschrieben hat. Eine These wird durch ein vorgeführtes Beispiel (*narratio*) so illustriert, dass der dadurch manipulierte Adressat die schlussfolgernde Auslegung (*argumentatio*) im Sinne des Redners übernehmen muss.

Bildung und Moral: *vir bonus*

Nach antiker Auffassung besteht jedoch eine strenge Verpflichtung der Rhetorik auf das gemeinschaftliche Wohl. Sie setzt den moralisch integren Redner (*vir bonus*) voraus, der seine Hörer belehrt, berät und bessert. Hier knüpft die christliche Ethik an: Mit dem oratorischen Instrumentarium darf kein trügerischer Missbrauch zum Schaden des Nächsten getrieben werden. Bildung und Moral stehen in einem ursächlichen Zusammenhang (→ KAPITEL 9). Vom christlichen, insbesondere protestantischen Verständnis her erfüllt der Redner den Auftrag des Predigers. Er agiert als Heilsvermittler, der dem irrenden Menschen dabei hilft, das Gesetz wie den Willen Gottes zu erkennen. Rhetorische Texte etablieren sich zunehmend als Beratungsmedium (*genus deliberativum*) in allen menschlichen und gesellschaftlichen Fragen.

Simulatio und *dissimulatio*

Die Grenzen zwischen Wahrheit und Täuschung sind jedoch fließend und zahlreiche Abhandlungen diskutieren Begriffe wie *simulatio* („Vortäuschung eines Nichtvorhandenen") und *dissimulatio* („Wegtäuschung von etwas Vorhandenem") mit ihren strategischen wie moralischen Implikationen. Im höfisch-diplomatischen Bereich treten Synonyme wie Schmeichelei, Heuchelei und Gleisnerei hinzu. Die menschliche Wahrnehmungsfähigkeit gilt jedoch generell als eingeschränkt, wie der zeitgenössische Topos vom „immer betrügenden Wahn" gemahnt. Sogar theologisch ist die Vorstellung von Wahrheit, Wahrscheinlichkeit und Lüge, ja statthafter Notlüge durchaus differenziert (vgl. z. B. Bogner 1997).

Beurteilung der Lage: *iudicium*

Die erste Maßnahme des Redners liegt in einer Positionsbestimmung: Welches Problem ist der Anlass seiner Rede, wie schätzt er den Fall, die Umstände, die Schuldverhältnisse, die Gegenpartei und den Richter (das heißt: das Publikum) ein? Seine auf fundiertes Wissen, sorgsames Vergleichen und tiefes Nachdenken gegründete Urteilskraft (*iudicium*) verhilft ihm jeweils zu einer angemessenen Entscheidung. Um die eigene Situation oder fremde Handlungen zu klären, steht ihm die sogenannte Statuslehre zur Verfügung. Man unterscheidet:

- *status coniecturae* (Was ist tatsächlich geschehen? Zum Beispiel Tötung oder Unfall einer Person?),
- *status finitionis* (Wie lautet die rechtlich relevante Bezeichnung für die Tat? Zum Beispiel Mord oder Totschlag?),
- *status qualitatis* (Wie ist die rechtliche Qualifizierung der Tat bzw. wurde sie vom Täter schuldhaft begangen?) und
- *status translationis* (Ist das Gericht überhaupt urteilsbefugt?).

In diesem vierteiligen Muster lassen sich Strategien verorten: Man erkennt etwa das Gericht als nicht zuständig an, man bestreitet die Tat oder definiert sie anders oder mildert ihre Schwere. Was für die Gerichtsrede (*genus iudicale*) gilt, ist auch auf die anderen Redetypen übertragbar. Aus der Einschätzung dieser Spielräume resultiert nun die argumentative Taktik und ihre sprachliche Umsetzung.

Die eigentliche Texterstellung vollzieht sich in drei Arbeitsschritten: **Arbeits- und Produktionsphasen**

1. Stoff- und Argumentensammlung (*inventio*),
2. strategische Gliederung der Argumente (*dispositio*) und
3. sprachliche Ausformulierung (*elocutio*) der Gedankenkette.

Später erhalten noch vortragsbezogene Kategorien wie die Gedächtnisfixierung (*memoria*) und die Performanz der Rede (*actio*) großes Gewicht. Alle Entscheidungen des Redners bezüglich der Ausführung basieren auf den ‚Kardinaltugenden‘ der gelungenen Oratorie (Redekunst): *brevitas* („Kürze"), *perspicuitas* („Deutlichkeit") und *argutia* („Scharfsinn").

4.2 Findung der Argumente: *inventio*

Gemäß seiner Einschätzung von Lage und Adressat, sei es nun des urteilenden Richters, des entscheidenden Fürsten oder einer zu beratenden Öffentlichkeit, muss der Redner zunächst geeignetes Material sammeln, das seinem Redeziel dienlich ist: faktische Informationen, Präzedenzfälle und vergleichbare Beispiele, hilfreiche Gesetze, aber auch Sprichwörter oder passende Zitate anerkannter Autoritäten. Als Hilfe steht die Topik zur Verfügung, ein Suchsystem, das durch mechanisches Abfragen bestimmter ‚Orte‘ (Topoi), das heißt fester Grundkategorien, zu brauchbaren Aussagen führt. Geht es etwa um das Lobgedicht auf eine Person, so wäre zu Name, Abstammung, Geschlecht, Nation, Aussehen, Charakter, Erziehung, Stand oder Vermögen etwas Hilfreiches zu finden. Geht es um eine Sache, so wäre nach deren Name, Ursache, Ort, Zeit, Art und Weise, nach ihren Um- **Topik**

ständen, Eigenschaften oder Wirkungen zu fragen. Aber auch im Vergleich lassen sich aufgrund von Ähnlichkeiten bzw. Verschiedenheiten Argumente finden. Neben dieser formalisierten Topik bieten sich dem Redner aber auch alle bislang zum Thema entstandenen Schriften und Bilder an, auf die er kraft seiner Gelehrsamkeit zurückgreifen kann. Ist er hier noch nicht besonders firm, helfen vorgefasste Exempelsammlungen (*loci communes*, Aerarien, Florilegien). Ein geübter Redner schafft sich selbst im Laufe seiner Lektürepraxis ganze Stichwortverzeichnisse mit Exzerpten aus wichtigen Texten, die er bei Bedarf dann nutzen kann.

Hier zeigt sich ein funktionaler Wissensbegriff. Gelehrte der Frühen Neuzeit sammelten ein umfassendes und möglichst detailliertes Weltwissen (→ KAPITEL 9) und stellten es den Interessenten in Enzyklopädien und Bibliotheken zur Verfügung. Die auf diesem Wege zunehmend verfeinerte Topik bezieht sich auf den gesamten Erfahrungsraum der Menschheit und verweist auf Geschichte, Mythologie, Naturkunde, Poesie, Religion und Philosophie. Das Universum aller Kenntnisse sowohl christlichen als auch heidnischen Ursprungs (*philosophia perennis* „die ewig während Philosophie") bildet einen immensen Fundus. Durch die aktiv findende (invenierende) Erfahrung erlangt und verbreitet der Redner Weisheit, er greift auf die Welt zu und offenbart dabei Zusammenhänge. *Inventio* ist damit nicht das Erfinden von Neuem, sondern das Auffinden von Vorhandenem, um es dem aktuellen Redezweck gemäß zu benutzen und zu verbreiten. Auch die kunstvollen Fragen nach dem dialektischen *Quaestio*-Prinzip (→ KAPITEL 3) vermitteln Erkenntnis. Der Autor ‚dialogisiert' mit dem Gegenstand, um dessen spezifische Beschaffenheit zu erfassen.

Im Bereich der literarischen Überlieferung bieten sich als bezugsreiche Präzedenzfälle eine Fülle von Vorgängerformulierungen (Prätexte) an, die in Teilen (Exempel, Zitat, Anspielung) oder als Ganzes (Allegorie) für das aktuelle Redevorhaben genutzt werden können. Die Bibel dominiert natürlich als primäre Quelle, aber auch die Werke der antiken Autoritäten bergen reichlich Stoffe und Motive. Durch die Doppelung von bekanntem Prätext und aktueller Bearbeitung entsteht eine spannungsvolle Inkongruenz, die den Adressaten zum Vergleich reizt. Durchaus im Sinne der modernen Vorstellung einer Dialogizität von Texten (Intertextualität) setzt ein Autor hier Wechselbeziehungen mit begründet ausgewählten Prätexten in Gang, die der zeitgenössische Leser selbstverständlich kannte und als Aussage mit vollzog.

Philosophia perennis

Prätexte und
Intertextualität

54

4.3 Anordnung der Argumente: *dispositio*

Als nächstes hat der Redner die einzelnen Funde in einen schlüssigen und überzeugenden Zusammenhang zu bringen. Nach einem „arthigen", also kunstgerechten Prinzip der „Fugung" sollte alles „an sein gehöriges Ort" gestellt werden. Der Poet achte darauf, so der Theoretiker Georg Philipp Harsdörffer, „was für Ordnung er in der Erzehlung gebrauche / wie er bisweilen ein wenig ausschweife / und etwas anders füglich miteinflechte / wie er wieder auf sein Vorhaben komme / und alles kunstschlüssig binde und ende." (Harsdörffer 1969, Teil I, S. 11) Der Autor bringt die aussagekräftigen Elemente in eine nach seinem Ermessen sinnvolle Reihenfolge. Schon der antike Rhetoriklehrer Quintilian verglich die entsprechende Kunstfertigkeit des Redners mit der des Architekten, der dem Bau seine Statik gibt, indem er unterschiedliche Materialien in einen tragfähigen Zusammenhang bringt.

Zielgerechte
Kombinatorik

Nach den klassischen Regeln der Rhetorik kann der Redner die Argumente in vier funktional definierten Textabschnitten organisieren.

Grundmuster
des Textaufbaus

- Das *exordium* dient als Einleitung, um mit dem Thema, dessen Dringlichkeit (*tua res agitur*) und der geplanten Durchführung bekannt zu machen, aber auch, um Interesse und Wohlwollen (*captatio benevolentiae*) für die Sache wie für den Redner zu wecken. Das Ergebnis wird hier immer schon vorweggenommen. Es geht nicht um Spannung und finale Entwicklung, sondern um Demonstration und Beweis des bereits Ausgesagten (*propositio*). Der Erzähler etwa in Thüring von Ringoltingens *Melusine* (1456) verrät gleich zu Anfang, dass Reymund seinen Eid und seine Treue gegenüber der Gemahlin brechen und sich und die Seinen in großes Leid bringen wird.

Exordium

- Die *narratio* stellt danach einen Sachverhalt vor und führt damit den Fall vor Augen, auf den der Redner sich in der folgenden Auslegung (*argumentatio*) beziehen wird. Im obigen Beispiel erfüllte die vorgeführte Spielszene die Funktion einer anschaulich wiedergegebenen, quasi authentischen Handlung, aus der die *argumentatio* ihre Schlüsse zog. Natürlich hat die ‚neutrale' Erzählung bereits eine parteigebundene Färbung.

Narratio

- Die *argumentatio* erfolgt in zwei Schritten: In der *refutatio* gilt es, die Argumente des Gegners zu entkräften. Diese müssen explizit genannt werden und es ist bei der Interpretation darauf zu achten, dass dem Autor hier keine falsche Meinung zugeschrieben wird. In der *confirmatio* dagegen bekräftigt der Redner seinen Standpunkt mit wirkungsvollen Schlüssen und endet mit einer pointierten *con-*

Argumentatio

clusio, die auch mit Signalbegriffen wie „deshalb" oder „darumb" angezeigt sein kann.

Peroratio

• Die *peroratio* schließlich sorgt für eine wiederholende Bekräftigung, die mit affektischen Mitteln dem Publikum das Ergebnis eindringlich und unvergesslich macht.

Nach dieser Grobgliederung lassen sich die Texte auch analysieren: Vorreden etwa gelten als *exordium*, ein gespieltes oder erzähltes Geschehen steht als *narratio* vor den Augen des Rezipienten, um dann von einem Erzähler oder von den Figuren selbst didaktisch wirkungsvoll in einer *argumentatio* ausgelegt zu werden. Am Ende (*peroratio*) kommt dann meist explizit ein klares ethisches Verhaltensmuster zum Ausdruck.

Spielräume der ars combinatoria

Untersuchungen zeigen, dass frühneuzeitliche Texte dieses Bauschema weitgehend beachten, wenngleich auch eine kreative Variationsbreite und Gattungsspezifik festzustellen ist (vgl. Roloff 1989, Peil 1993, Petrus 1997). Viele Autoren modifizieren das Grundschema (*ordo naturalis*) eigenwillig zu einer künstlichen Ordnung (*ordo artificialis*), mit der sie sensibler auf eine aktuelle Redesituation reagieren können. Wer aus didaktischen oder wirkungspsychologischen Gründen eine andere Textordnung für angebracht hält, kann die Mikrowie Makrostruktur entsprechend verändern. Viele Autoren üben sich im Wettstreit um eine scharfsinnige und originelle Kombinationskunst (*ars combinatoria*), die bekannte Elemente in einen unerwarteten Zusammenhang stellt. Man sollte sich nicht täuschen lassen, wenn Romanautoren wie Johann Beer (1655–1700) im Vorwort beteuern, sie hätten alles „ohne besondere Ordnung" heruntergeschrieben. Hier liegt das Raffinement der Rhetorik, über das mühsame Handwerk des Autors hinwegzutäuschen (*sprezzatura*), um ungestört wirken zu können. Der gelehrte Autor verstellt sich als naiver – und damit vorgeblich authentischer – Erzähler, doch liegt auch seinem Roman eine durchdachte persuasive Strategie zugrunde.

Argumentation als Textgenese

Der Autor reiht beim Schreiben also nicht spontane Einfälle beliebig aneinander, sondern generiert seinen Text aus einzelnen Argumenten, die eine logische oder eine illustrative Funktion erfüllen können. Szenen, Figuren, Einschübe oder Abschweifungen (Exkurse) sind entsprechend als Überzeugungsmittel zu verstehen. Umgekehrt gilt es auch zu bedenken, welche Aussagen zum Thema ein Autor weggelassen haben könnte, weil sie seiner Intention vielleicht zuwiderlaufen oder auf einen ungewollten Tatbestand aufmerksam machen. Das Urteil des Redners (*iudicium oratoris*) entscheidet über die Aufnahme, Positionierung und Einzelgestalt eines Arguments in der Rede.

Aus der Beschaffenheit und Anordnung der Textbestandteile erhält der Interpret konkrete Fingerzeige hinsichtlich der Situationsanalyse, die ein historisches Individuum vornahm. An der Disposition lässt sich ablesen, wie der Redner ein historisch rekonstruierbares Publikum mittels der von seinem Urteil geprägten Textform belehren, bewegen, überzeugen zu können glaubte. Der Autor zerlegt einen authentischen oder fiktiven Fall (*causa*) in mehrere Streitfragen (*quaestiones*), die in unterschiedlichen Textbereichen auf verschiedenen Teilebenen optimal verhandelt werden können. Die Interpretation muss nun die Redeteile und die Kombination der verwendeten Elemente entsprechend auswerten, um Rückschlüsse auf die Sache, die Situation und das Publikum ziehen zu können.

Interpretation

Um die rhetorische Schreibtechnik besser zu verstehen, ist es hilfreich, sich als Modell zunächst die Ursituation der öffentlichen Rede vorzustellen: die Gerichtsverhandlung. Vor Gericht wird eine Sache verhandelt, über die zwei Parteien gegensätzlicher Meinung sind, so-dass sie einen zur Entscheidung befugten Richter von der Recht-mäßigkeit ihrer Position überzeugen müssen. Dies lässt sich besonders gut in der konfessionellen Polemik beobachten, wo die Autoren nicht nur die Geschichte oder aktuelle Ereignisse, sondern auch die literari-sche Grundlage des Christentums, die Heilige Schrift, in überzeugen-der Absicht rhetorisch umarbeiten.

Genus iudicale

4.4 Konfessionelle Dramatik als Argumentation

Besonders die biblische Parabel vom Verlorenen Sohn verzeichnet in der Zeit um 1520 eine auffällige Konjunktur. Das Lukasevangelium lieferte mit dem Muster eines reumütig auf den rechten Weg zurück-kehrenden Protagonisten offenbar ein willkommenes Mittel, um in den Religionsstreitigkeiten ‚verlorene Söhne' zurückzugewinnen. Dass alle Konfessionsparteien mit diesem Stoff für ihre Position warben, ist für die rhetorische Analyse ein Glücksfall: Zwei Redner greifen auf den identischen Prätext zu, um damit ihre kontroversen Standpunkte deutlich zu machen. Die Intention zeigt sich also weniger in der Wahl des Stoffes im Ganzen als vielmehr in seiner zweckgerichteten For-mung, also in der Durchführung von *inventio* und *dispositio*. Der Bi-beltext (Lukas 15, 11–32) gibt bereits eine feste Geschehensfolge vor: die Forderung des väterlichen Erbes, dessen Vergeudung, Elend, Rück-kehr des reumütigen Sohns und dessen Wiederaufnahme durch den Vater. Die ‚neutrale' biblische Vorlage erhält aber durch die Fügung,

Prätextbearbeitung

Gewichtung, Tilgung oder Ergänzung der Bestandteile eine parteigebundene Überzeugungskraft und mutiert zum Agitationsmedium.

Lutheranische Disposition

Für die Ziele Martin Luthers nimmt 1527 erstmals Burkhard Waldis, ein Pfarrer in Riga, die Parabel in Gebrauch. Die Vorrede seines
Dramas *De parabell vam vorlorn Szohn* dient als *exordium*, um Vo-
raussetzungen im Sinne einer Gerichtsrede zu klären. Der Vorredner
stellt als Tatbestand fest (*status coniecturae*), dass ein heftiger Störfall
die von Christus gestiftete Ordnung gefährdet. Verantwortlich dafür
ist die vom Teufel selbst eingesetzte Papstkirche. Das Vergehen besteht
in der vorsätzlichen Entfernung der Menschen von Gott durch die
vorgegaukelte Möglichkeit, sich mit guten Werken von seinen Sünden
freikaufen zu können. Dieses aber ist wider die göttliche Gnade gehandelt, stiftet zur Sündhaftigkeit geradezu an und muss deshalb als
unrecht verurteilt werden. Auf dieser juristisch fundierten Anklage basiert nun der gesamte Spielverlauf. Das Theater soll dabei ausdrücklich keine sinnbetörende Maskerade sein – wie das derb unterhalten-
de Fastnachtsspiel des attackierten Gegners (→ KAPITEL 8.3) –, sondern
sich lehrhaft auf die evangelische Wahrheit richten und an das individuelle Gewissen appellieren: Allein die Heilige Schrift (*sola scriptura*)
führt zu Gott und nur aus Gnade (*sola gratia*), nicht aufgrund seiner
Leistung wird der sündhafte Mensch von Gott aufgenommen. Ein
Kind zitiert hierzu auf der Bühne zunächst den biblischen Originaltext
in Luthers Übersetzung. Das in der Folge aufgeführte Drama fungiert
damit als predigtartige Schriftauslegung (Exegese) nach den Vorgaben
Melanchthons (→ KAPITEL 3.2).

Katholische Disposition

Dagegen arbeitet der Gerichtsschreiber Hans Salat nun denselben
Prätext für die Position der Römischen Kirche um: Seine *parabel oder
glichnus, uß dem Euangelio Luce am 15. von dem Verlornen, oder
Güdigen Sun* wird 1537 in Luzern inszeniert. Vordergründig besteht
zunächst kaum ein erkennbarer Unterschied, sehr wohl aber in der
Wertigkeit der Segmente und ihrer sinnträchtigen Kombination. Auch
hier stellt das *exordium* eine plötzliche Bedrohung der Christenheit
fest. Zwei schwer bewaffnete Jünglinge erörtern mit zwei Alten die
Situation: Eine ketzerische Gruppe verdirbt mit ihrer Irrlehre die bestehende gute Ordnung, deshalb ist die Jugend zum Kampf aufgerufen
(*conclusio*). Mit einem feierlichen Gebet für die ganze Christenheit,
also auch für die im Glauben Irrenden, erhält das Spiel nun die Weihe
einer Messe, mit der man himmlischen Beistand erbittet. Das Stück
wandelt sich damit zu einem sakralen Ritual der Heilsvermittlung und
betont, dass nicht der Glaube des Menschen an die Gnade, sondern
allein der Gehorsam gegenüber der Kirche zur Seligkeit führt.

Beide Stücke zeigen nun in Form einer drastischen *narratio* die Erlebnisse des abtrünnigen Sohnes: er verprasst sein geerbtes Geld bei Völlerei, Spiel und Liebeslust und gerät daraufhin in materielles wie seelisches Elend. Hier zeigt sich nun, wie die Bibel als Argumentations- und Anschauungsvorrat (*inventio*) genutzt, durch die rhetorische Kunst (*dispositio*) aber völlig konträr gedeutet und zwei unterschiedlichen theologischen Auffassungen dienstbar gemacht wird. Schon die Forderung des Erbes unterliegt gegensätzlicher Wertung. Bei den Protestanten ist die Forderung rechtmäßig: Der Protagonist in Waldis' Stück verlangt Freiheit und Selbstverantwortung, was er mit biblischen Exempeln begründen kann. Hier ist die Abkehr vom Vater, den der auftretende „actor" als den allgütigen Himmelsvater deutet, rechtens. Das väterliche Erbe steht für die von Gott gegebene Vernunft, die den eigenverantwortlichen Menschen individuell stärken soll. Die Lehre des Dramas besteht nicht zuletzt in der Erkenntnis, dass diese Freiheit auch vernünftig eingesetzt werden sollte. Dagegen zeigt der katholische Autor Salat die Erbeforderung als Frevel gegen den Vater, denn dieser steht bei ihm für die Römische Kirche, der jeder gute Christenmensch absoluten Gehorsam schuldet. Der ältere Bruder erklärt seine vorbildliche Ergebenheit und stützt die patriarchale Ordnung durch tägliche Arbeit. Auch Salat lässt hier einen theologischen Redner auftreten, der dem Zuschauer das Gesehene nun im Sinne der katholischen Dogmatik ausdeutet: Das von Gott gegebene Vermögen darf vom Menschen nicht für individuelle Ziele verprasst, sondern muss durch ergebene Arbeit auf Erden vermehrt werden. Gott wird im Augenblick des Todes Rechnung fordern, bevor er über Seligkeit oder Verdammnis entscheidet. Gemäß dem katholischen Verständnis ist die Absolution nur vor dem Tod möglich. Nur wer Reue zeigt und seine Schuld tatkräftig verringert (Buße), braucht die Hölle nicht zu fürchten.

Wo die Bibel nur von „Prassen" und „Huren" spricht, führen die Dramenautoren eine lebensnahe Wirtshausszene mit Spielern, Spitzbuben und Prostituierten vor. Auch dieses genrehafte Geschehen dient jedoch der parteidogmatischen Auslegung: Bei Waldis klagt ein „Hurenwirt", dass Martin Luthers Lehre ihm die Existenzgrundlage genommen hat, konnte er sich doch bislang bestens an den lustfrönenden Mönchen bereichern. Eindringlich erscheint somit das Wirken der Reformation *ex negativo*, was die Rechtmäßigkeit, ja Notwendigkeit der lutherischen Bewegung unterstreicht. Der Sündenort, der hier so drastisch vor Augen steht, verdankt sich allein der verderblichen Papstkirche. Betrüger, Dirnen und der abtrünnige Sohn sind zu ihrer

Narratio:
Drastische Handlung

Evidenz
und Deutung

Sünde genötigt, der *status qualitatis* lautet: Die Angeklagten haben die verwerfliche Tat zwar begangen, aber sie wurden durch andere Instanzen dazu gezwungen.

Beim Katholiken Hans Salat sitzen dagegen im Wirtshaus keine Gelegenheitsdiebe, sondern eine bereits bestehende Zweckgemeinschaft, die sich verdächtig macht durch ihren immensen Wohlstand zur Zeit einer Wirtschaftskrise. Weil die sündhaft Irrenden hier ohne Angst um ihr Seelenheil die Güter verprassen, anstatt sich mit gerechten Werken von der Schuld zu befreien, muss die gesamte Menschheit Hunger leiden. Der verfehlte Glaube an Straffreiheit löst eine schwere Kollektivsünde aus, die alle ins Elend bringt. Salat lässt einschüchternde Figuren auftreten, die wirkungsvoll zur Umkehr mahnen, so z. B. freuen sich zwei Teufel, dass Menschen ihnen die Arbeit abnehmen: Die Lutheraner füllen die Hölle, denn wo man *sola fide* predigt, führt das dazu, dass man die Sünde nicht mehr als Sünde wertet. Entsprechend verachtet man Reue, Beichte, Buße und Absolution als Vergebungsinstanzen, weil man ja auf die gesicherte Gnade baut.

In beiden Stücken bildet nun in der *argumentatio* die Rückkehr zum Vater das Kernstück der theologischen Deutung. Beim Protestanten Waldis erblickt der Sohn diesen Ausweg in festem Vertrauen auf die Gnade des Vaters, weshalb ihm diese dann auch sofort zuteil wird. Der Vater vergibt ihm. Dagegen aber empört sich nun der ältere Bruder: Nach seinem Rechtsverständnis vollzog sich hier eine unrechte Belohnung des Sündigen. Damit steigert der Autor das bislang Gesagte, indem er das Geschehen vom Verlorenen Sohn verdoppelt. In Gestalt des älteren (,katholischen') Bruders steht hier nämlich der wahre und endgültig Verlorene Sohn vor den Augen des Publikums. Er will mit erbrachten Leistungen wie Armut, Keuschheit und Gehorsam die ewige Seligkeit einhandeln. Das aber ist nach lutherischer Auffassung eine menschliche Berechnung, die von Gott trennt. Ein selbstgerechter Werkheiliger ist schlimmer als der größte Sünder auf Erden, so schließt das Stück mit der *peroratio*.

Das katholische Stück deutet Umkehr und Wiederaufnahme nun völlig anders: Allein die Besinnung auf die Rückkehr zum Vater ist ein Akt göttlicher Gnade, die darauf folgende Vergebung aber hängt ausschließlich von der Leistung des Sünders ab, nur aufrichtige Reue und tatkräftige Buße reinigen von der Schuld. Nicht die Gnade des Vaters, sondern die Bußfertigkeit des Sohnes bedingt hier das glückliche Ende (*peroratio*), dem der werktätige Bruder natürlich zustimmt.

Eine solche prätextbezogene Vergleichsanalyse zeigt, dass eine äußerlich identische Handlungsabfolge zwei völlig konträre Intentionen umsetzen kann. Die rhetorische Hermeneutik lässt durch die exakte Bestimmung der Textsegmente, ihrer jeweiligen Bedeutung (*inventio*) und ihrer Position in der Argumentationsordnung (*dispositio*) die parteigebundene Aufladung des Geschehens erkennen. Über ein dramatisiertes *genus iudicale* organisieren beide die beweiskräftige Widerlegung des (abwesenden) Gegners und setzen als *genus deliberativum* die Ermahnung hinzu, sich nicht von dem nachweislich falschen Bekenntnis irreleiten zu lassen. Jedes Handlungssegment und jede Figur wird mit dogmatischen Wertigkeiten aufgeladen und erhält somit eine allegorische Tiefe, die zum schlüssigen Nachweis der Rechtmäßigkeit des eigenen Standpunktes führt.

Rhetorische Hermeneutik

Fragen und Anregungen

- Wo liegen die Ansatzpunkte für eine moralische Bewertung der *ars oratoria*?

- Erläutern Sie die Arbeitsphasen der *inventio* und der *dispositio* sowie ihre jeweilige Bedeutung für den Text.

- Charakterisieren Sie die Funktionseinheiten *exordium, narratio, argumentatio* und *peroratio*.

- Wie gelingt es den Autoren Burkhard Waldis und Hans Salat, eine identische Textvorlage für eine jeweils andere konfessionelle Aussage aufzubereiten?

Lektüreempfehlungen

- **Ludovico Ariosto: Die Historia vom rasenden Roland** [1521], übersetzt v. Diederich von dem Werder, hg. und kommentiert v. Achim Aurnhammer, Stuttgart 2002.

Quellen

- **Hans Salat: Eyn parabel oder glichnus, uß dem Euangelio Luce am 15. von dem Verlornen, oder Güdigen Sun mit sprüchen anzeygt, nutzlich vnd kurtzwylig zu lesen** [1537], in: Walter Haas / Martin Stern (Hg.): Fünf Komödien des 16. Jahrhunderts. Mit Erläuterungen, bio-bibliographischem Kommentar und je einem sprach- und literaturgeschichtlichen Essay, Bern / Stuttgart 1989.

- **Burkhard Waldis: De parabell vam vorlorn Szohn Luce amm xv. gespelet vnnd Christlick gehandelt nha ynnholt des Texts, ordent-**

lick na dem geystliken vorstande sambt aller vmmstendlichkeit vthgedacht [1527], Neudruck: Burkard Waldis nebst einem Anhange. Ein Lobspruch der alten Deutschen, hg. v. Gustav Milchsack, Halle 1881.

Forschung

- Friedrich Gaede: Poetik und Logik. Zu den Grundlagen der literarischen Entwicklung im 17. und 18. Jahrhundert, Bern / München 1978. *Zur wechselnden Bewertung des Urteils („iudicium") als Denkform anhand exemplarischer Autoren und ihrem Rezeptionsverhalten.*

- Ursula Geitner: Sprache der Verstellung. Studien zum rhetorischen und anthropologischen Wissen im 17. und 18. Jahrhundert, Tübingen 1992. *Gründliche Darlegung der verschiedenen Formen von „simulatio" und „dissimulatio" im höfischen Kontext.*

- Wilhelm Schmidt-Biggemann: Topica universalis. Eine Modellgeschichte humanistischer und barocker Wissenschaft, Hamburg 1983. *Standardwerk zur praktischen Bedeutung der Topik als Findungs-, Urteils-, Wissens- und Darstellungsprinzip.*

- Volkhard Wels: Triviale Künste. Die humanistische Reform der grammatischen, dialektischen und rhetorischen Ausbildung an der Wende zum 16. Jahrhundert, Berlin 2000. *Grundlegende Darstellung der neu bewerteten „artes" als Interpretationsinstrumentarium.*

5 Poetische Optionen: Bild, Sprache und Stil

DECAS

EMBLEMATUM SACRORUM.

Cernis, ut è *specu lo* radioso *flamma* resultat,
Qvæ multorum oculos attrahit atq; capit:
Pictura est speculum, Lux aurea clara *Poësis*:
His simul artigenus deliciatur amor.

Abbildung 6: Georg Philipp Harsdörffer: Brennglas-Emblem aus dem *Poetischen Trichter* (1648–53)

Das Emblem aus der Sammlung des Dichters Georg Philipp Harsdörffer (1607–58) zeigt, wie ein Brennspiegel das Himmelslicht bündelt, um damit eine Kerze zu entzünden. Dies lädt zu mehrfacher Deutung ein: Die unendliche Lichtintensität des göttlichen Universums, das ewige Allwissen, muss durch ein Brennglas transformiert werden, damit es die begrenzte Vernunft des Sterblichen entflammt. Auch die unendliche göttliche Liebe kann auf diese Weise die menschliche Seele ‚entbrennen‘ und den Glauben ‚entzünden‘. Das Brennglas aber ist das Emblem (Sinnbild) selbst: Es kann als poetisches Medium die kosmische Weisheit und Liebe so fokussieren und projizieren, dass dem Menschen sein ‚kleines Kerzenlicht‘, Vernunft und Glaube, aufgeht. Wie das Emblem wirkt auch die Metapher, ja die Dichtkunst als solche: Sie bringen das Unfassliche in eine fassliche Form, sie übertragen das Außersprachliche in verstehbare Inhalte. Poetische Instrumentarien lassen damit den Menschen trotz seines begrenzten Erkenntnisvermögens an der göttlichen Wahrheit teilhaben, indem sie ihm ein gedankliches Licht entzünden.

Das Vermögen von Sprache und Poesie, das ansonsten Unerkennbare erkennbar zu machen, lässt nach den spezifischen Leistungen von Metapher oder Sinnbild, aber auch von Wort, Satz oder Stilfigur fragen. Unter dem Stichwort *elocutio* diskutieren die rhetorischen Theoretiker die Möglichkeiten der Sprache und geben den Poeten zur Herstellung ihrer Texte systematische Instrumentarien an die Hand. Dabei geht es um mehr als nur um stilistische Kunstgriffe, mit denen der Autor seinem Adressaten einen Gedankengang vermittelt. Das große Programm der rhetorischen Figuren und Tropen, aber auch magische Versformen und Klangspiele, bildliche Suggestion, Assoziation oder gar mystische Imagination können gedankliche Vorstellungen auslösen, die ein logischer Begriff allein oder eine konventionalisierte ‚wörtliche‘ Sprache nicht erzeugt hätte.

5.1 *Res et verba:* **Worte und Dinge**
5.2 **Sprache und Diskursebenen**
5.3 *Ars hermeneutica*

5.1 *Res et verba:* Worte und Dinge

Wenn die Argumente gefunden und in eine schlüssige Ordnung gebracht sind, muss dieses abstrakte gedankliche Konstrukt in Worte
umgesetzt werden. Die *elocutio,* die Lehre von der sprachlichen Ausgestaltung des Gedankens, bietet drei graduelle Möglichkeiten an, die
der Sprachwissenschaftler Kaspar Stieler in seiner *Teutschen Sekreta-*
riatskunst (1673/74) anschaulich beschrieben hat:

- Der schlichte Stil, mit Blick auf Glaubensunterweisung und Bibel-
diktion auch als *sermo humilis* gekennzeichnet, verpflichtet zu einfachen Worten und Sätzen.
- Mehr Kunstgriffe erlaubt der *stilus mediocris,* um einen Gegenstand syntaktisch aufzugliedern und mit Metaphern und Sprach-
figuren anzureichern.
- Die hohe Stilart schließlich, der *stilus gravis,* kennt keine Beschränkungen. Hier darf der Poet das gesamte Arsenal sprachlicher Operatoren aufbieten: komplizierte Sätze, Worthäufungen, Klangzau-
ber und wechselvolle Metrik, bizarre Metaphern, Mythologeme
und Sinnbilder.

Stieler gibt für alle drei Sprechweisen (*genera dicendi*) jeweils ein in-
struktives Beispiel (Stieler 1673/74, Bd. II, S. 334f.), indem er pro-
beweise denselben Sachverhalt in allen Stilen ausführt. Ob „die Sonne
aufgeht", „das Himmelslicht mit seinen goldenen Strahlen die Nacht
vertreibt" oder ob „aus der Bucht des Okeanos der göttliche Helios
der feurigen Rosse Gespann über des Himmels weites Rund herfür-
treibet", bleibt im Tatbestand identisch, in der Aussage aber nicht.

Stiloptionen:
genera dicendi

   Um die sprachlichen Operatoren angemessen in Gebrauch zu nehmen, ist Beurteilung (*iudicium*) auf zwei Ebenen nötig. Zunächst
muss die Würde der Worte der Sache entsprechen (*aptum internum*).
Über lapidare Alltagsangelegenheiten in geschraubten Sätzen und
pompösen Worten zu sprechen, kann schnell verfehlt und lächerlich
wirken. Über einen hohen Würdenträger mit umgangssprachlichen
Wendungen in plumpen Sätzen zu handeln, verbietet sich demgemäß.
Das *aptum externum* stellt dagegen bei der Wahl der sprachlichen
Stilebene das Publikum in den Mittelpunkt: Es gilt, die Gedanken
möglichst so zu formulieren, dass sie dem Adressaten vertraut, angenehm und instruktiv erscheinen. Ungelehrte in gedrechseltem Latein
anzureden ist ebenso falsch wie dialektale Deftigkeit in feingeistigen
Kreisen. Wirkungspsychologisch hängen Satzbau und Wortwahl davon ab, ob man belehren (*docere*), erfreuen (*delectare*) oder seelisch

Sprachliche
Angemessenheit:
aptum

bewegen (*movere*) will, sodass man entsprechend zu einfachen, mittleren oder großen Formen greift.

Kongruenz von res und verba?

Die Überlegungen zur Beachtung des inneren *aptum* verweisen auf die Frage, ob Gegenstand und Wortgestalt stets kongruent sind. Kann die Poesie lediglich Worte (*verba*) für bereits vorhandene Dinge (*res*) liefern, oder kann sie auch ihrerseits ‚Dinge', gedankliche Bilder und Zusammenhänge generieren, die ohne sie nicht existent oder vorstellbar wären? Insbesondere im Bereich von Seelenerfahrung, Glauben und Metaphysik spielt diese Frage eine entscheidende Rolle. Imaginationen und suggestive Klänge, also Visualisierung und Phonetisierung, können entsprechende Wirkungen entfalten. Damit wäre die *elocutio* als Sprachgebung eben auch ein ideenmächtiges Medium (→ KAPITEL 6.1). Die Theoretiker der Frühen Neuzeit (z. B. Konrad Celtis, August Buchner, Friedrich Spee) billigten – wie schon ihre antiken Vorgänger – dem Poeten hier Möglichkeiten zu, die einem Philosophen oder Historiker verwehrt bleiben müssen.

Wortwahl

Die Freiheiten des Autors beginnen bei der Wortwahl, Wortfügung und Satzstellung. Ob er das gängige Wort gegen ein altertümliches austauscht (Archaismus), ob er sich ein neues, aber verstehbares Wort ausdenkt (Neologismus) oder ob er das eigentliche Wort (*verbum proprium*) gegen einen bildhaften Ausdruck (*verbum translatum*) austauscht, hat Gründe. So ist es z. B. in der neulateinischen Dichtung von großer Bedeutung, ob ein Verfasser für das Wort „Kirche" das christliche *ecclesia* wählt oder sich für den antiken Begriff *templum* entscheidet, der ihn durchaus dem Verdacht des Neuheidentums aussetzen könnte.

Wortfiguren

Wirkungsvolle Wortfiguren kann der Autor durch Hinzufügung, durch Auslassung oder durch Umgruppierung einzelner Wort- und Satzglieder bilden. Durch Inversion (Wortumstellung) lassen sich etwa Sinnzentren und Fokussierungen herstellen. Die Anapher z. B., die jeweils am Vers- oder Satzanfang eine identische Phrase wiederholt, schafft eingängige Rhythmen, das Zeugma (Worteinsparung) strafft eine ausladende Syntax mit überraschenden oder komischen Effekten, indem disparate Gedanken auf ein einziges Verb bezogen werden. Durch variierte Wiederholung (Echo), Paradox und Widerspruch (Oxymoron) kann der Dichter auf anregende Weise scheinbar unvereinbare Haltungen kombinieren, die aber dialektisch miteinander korrespondieren.

Gedankenfiguren

Um die Wirkung einer Aussage zu modifizieren, ohne ihren logischen Gehalt zu verändern, greift der Redner zu einer der Gedankenfiguren. Durch die häufige Verwendung einer Formel wie „mir scheint" kann er zu harte Inhalte abfedern, ohne diese grundsätzlich zu ändern. Das betonte und damit zugleich doch gebrochene ,Verschweigen' durch eine Vorsatzphrase wie „ich will nicht sagen, dass" macht es möglich, Unzumutbares oder Tabuisiertes auszusprechen, ohne dass der Sprecher beim Wort genommen werden könnte. Auch das scheinbare Anzweifeln (*dubitatio*) oder das vorgebliche Zugestehen (*permissio*) macht eine explizite Aussage keineswegs rückgängig, sondern verstärkt ihren Inhalt. Entsprechendes gilt für vorgeblich ausgelassene, aber dennoch gesagte und dadurch besonders betonte Aspekte. Sehr beliebt ist die Selbstkorrektur oder die reuevolle Zurücknahme eines unpassenden oder übertriebenen Ausdrucks, der dann aber gerade besondere Wirkung entfaltet. Somit kann der Autor im geschickten Wechselmanöver aus Sagen und Verbergen polemisieren, agitieren oder provozieren und bleibt dennoch unangreifbar.

Vor allem im metrischen und phonetischen Bereich, durch Rhythmus und Klang, lassen sich Inhalte akzentuieren, intensivieren und modifizieren. Ob ein semantisch zentraler Terminus ganz oder mit der entscheidenden Silbe in einer Senke liegt, also unbetont ist, kann bei einem mündlichen Vortrag über den Rezeptionserfolg entscheiden. Eine logisch identische Aussage kann durch Versetzung der metrischen Akzente eine völlig veränderte Färbung erhalten. Mit der Wahl eines Synonyms aufgrund seiner klanglichen Qualität dominiert die Phonetik über die Semantik. Auch die Memorierung ordnet die Wortfolge entgegen dem natürlichen Satzbau nach eingängigen Betonungsfolgen und entscheidet damit über die Wirkung der Gedanken. In Beachtung antiker Lehren zur Tondauer stellen viele Autoren unterschiedlich lange Lautelemente in ein bestimmtes Zahlenverhältnis. Klang und Rhythmus können auf musikalische Weise affektisch-bewegende, ja magische Wirkungen erzielen und innere Bilder wecken, was einem abstrakten Begriff selten gelingt. Wer Wörter gleichen Stammes oder Klanges mit unterschiedlicher Bedeutung reiht (Paronomasie), steigert das Sinn- durch ein Klangmuster, so etwa bei der Koppelung von „Reformation" mit „Deformation" oder „gelehrt" mit „verkehrt". Andere phonetische Mittel wie Binnenreim, Alliteration (Gleichklang der Anfangskonsonanten oder Vokale betonter Silben), Assonanzen (Gleichklang der Vokale verschiedener Silben) oder Echo (Sinnbildung durch reduzierte Wortwiederholung) erlauben ein suggestives Spiel mit Begriffsverbindungen.

Der Einsatz der angesprochenen Mittel unterliegt jedoch dem historischen Wandel. So entfernte man sich mit dem Verfall der ritterlichen Welt von dem strengen romanischen Vers- und Strophenbau

Klang und Rhythmus

Wechselnde Wertungen

und orientierte sich allein an den Erfordernissen der Euphonie (Wohlklang). Mit dem Meistersang nach 1450 traten dagegen wieder stark reglementierende Vorgaben (Tabulaturen) in den Vordergrund, die mit der Sozialdisziplinierung in den Städten zusammenhingen. Die durchgreifende Kontrolle bei der formalen Produktion von Texten sollte Ab- und Ausschweifungen verhindern. Da man die Melodie oder das feste Tonschema im Meistersang höher wertete als das Wort, kam es zu zahllosen Tonbeugungen, das heißt der natürliche Wortakzent fiel nicht mit dem Versakzent zusammen. Das strikte Wechselschema aus Hebung und Senkung (Alternierung) führte zur völligen Missachtung von Wortbetonung und Satzstruktur, die äußere Ordnung dominierte das natürliche Sprechen. Die Sprechverse in Fastnachtsspiel, Drama oder Spruchdichtung stehen meist im leichten Knittelvers, der eine freie Füllung der Zeile mit vier Hebungen und Reimpaaren gewährt, aber ebenso zu Tonbeugungen neigt. Ulrich von Hutten wählte 1520 dieses bündige Versmaß in *Klag und Vormanung*, um seine agitatorischen Inhalte zu straffen. Als Synonym für den Meistersang verfiel dieses Metrum später der Verachtung; in Andreas Gryphius' *Peter Squentz* (1658) sprechen die törichten Handwerker in Knittelversen.

Im Laufe des 16. Jahrhunderts entwickelten sich jedoch verschiedene lokale Ansätze einer freieren, durch Dialekt und Soziolekt bestimmten Verskunst. Diese recht kreative Vielfalt in der metrischen bzw. phonetischen Praxis verengte nun Martin Opitz mit einer Liste von Verboten. Im 6. und 7. Buch seiner *Deutsche[n] Poeterey* (1624) möchte er alles unterbinden, was sinnliche Wirkung durch großzügigen Umgang mit sprachlichem Potenzial erzeugen könnte: unreine Reime, aufeinander prallende Betonungen (Hiat), Wortkürzungen aus metrischen Gründen (Apokope und Synkope), Hinzufügungen von Lauten aus metrischen Gründen (z. B. Sohne statt Sohn), dialektale Formen, Fremdworte, Wortumstellungen oder die Häufung einsilbiger Worte im Vers. Vor allem aber fordert er strenge Alternierung und die kompromisslose Beachtung von Wort-, Satz- und Versakzent. Daktylen sind generell nicht erwünscht. Damit greift der ,Vater der deutschen Dichtung' massiv in das Gestaltungsreservoir des deutschen Poeten ein. Wer keine doppelte Senkung zulässt, schließt vieles aus dem deutschen Wortschatz aus. Opitz versuchte, den ästhetischen Rang der deutschen Dichtung zu heben, indem er sich von der holprigen Handwerkerdichtung distanzierte und die wilden, unsauberen Auswüchse durch die Maßregeln eines strengen Purismus ersetzte. Dieser orientierte sich wiederum an der antiken Klassik bzw. an der

Martin Opitz: Versreform 1624

Romania (Italien, Frankreich, Spanien) und den Niederlanden. Opitz hoffte mit seiner Reform eine elitäre Dichtkunst zu fördern, die sich in Kooperation mit den Fürsten zu einer international konkurrenzfähigen deutschen Nationalkultur entwickeln sollte (→ KAPITEL 12.1). Mit seinen *Teutsche[n] Poemata* (1625) praktiziert Opitz ein geregeltes Verhältnis von Wort, Zeile und Strophe. Meist sind es vierzeilige Strophen mit vierhebigen Versen, deren spannungsloses Gleichmaß bei seinen Zeitgenossen auch Kritik hervorrief. Der Inhalt bleibt ohne rhythmische Bewegung in die einzelne Zeile gebannt, weder Brüche noch Sprünge über die Versgrenzen lockern hier auf. Zusätzliche Enge und Starre erwuchsen um 1600 aus der häufigen Verwendung des Alexandriners, der alsbald Sonett, Epos und Drama beherrschte: Ein sechshebiger Vers mit Zäsur nach der dritten Hebung, der für eine schroffe und statische Zweiteilung der Inhalte sorgt (→ ASB FELSNER/ HELBIG/MANZ).

Erst im Laufe des 17. Jahrhunderts traten wieder Verskünstler hervor, die den Rhythmus durch bewusste Verstöße bereicherten und schließlich auch die zweisilbige Senkung (Daktylus) praktizierten. Vor allem die „Pegnitzschäfer", ein 1644 in Nürnberg gegründeter Dichterkreis, haben diesen Dreitakt einfallsreich eingesetzt, um in Verbindung mit klanglichen Effekten Natur, etwa fließende Gewässer, zu imitieren (→ KAPITEL 13). Die Verse erhalten damit einen fröhlichen, regelrecht tanzenden Charakter, den man mit suggestiven Binnenreimen, Paronomasien und Lautmalereien verstärkte. Dagegen opponierte wiederum das frühe 18. Jahrhundert und forderte erneut Strenge in Versmaß und Strophenbau. Eine Dominanz der sprachlichen Mittel über die inhaltliche Aussage – also eine Tendenz zur ‚gegenstandslosen' musikalischen Verskunst – war in der Frühaufklärung verpönt. *Poetische Freiheiten*

Die poetische Theorie der Frühen Neuzeit betonte immer wieder, dass das Sehen ein schärferer Sinn ist als das Gehör und dass visuelle Informationen länger im Gedächtnis bleiben. Zunächst stehen dem Autor die sprachlichen Bilder (Tropen) zur Verfügung, die er durch Übertragung gewinnt (*verba translata*). Anstelle des *verbum proprium* greift er zu einem bildhaften Ausdruck. Dies geschieht zum Beispiel beim Synonym, bei der Umschreibung (*periphrasis*) oder bei der Verneinung des Gegenteils (*litotes*). Auch die Ironie gehört in der Rhetorik zu den Tropen, sie sorgt dafür, dass genau das Gegenteil des Gemeinten sprachlich realisiert wird. In der Eulenspiegel-Tradition zeigt der Narr durch ganz bewusste Verstöße gegen die Konventionen die subtilen Funktionsweisen der Sprache, indem er etwa Ironie oder Bedeutungsübertragung ignoriert. Die Synekdoche verengt die Bedeu- *Sprachbilder* tung des *verbum proprium* und nennt einen Teil für das Ganze, das Einzelne für die Gattung, das Nachfolgende für das Vorausgehende oder den Singular für den Plural. Die Antonomasie ersetzt den Eigennamen durch einen charakteristischen Gattungsnamen, etwa „der Erlöser" für Jesus Christus. Die Metonymie ersetzt den eigentlichen Begriff durch einen anderen, der zu diesem eine reale Beziehung aufweist: So steht z. B. Ursache für Wirkung, ein Behälter für dessen Inhalt, ein Bewohner für einen Ort. Die Hyperbel als bewusste Übertreibung und Verstoß gegen die Logik bringt besonders unfassliche Tatbestände zum Ausdruck: „Wir sind nun gantz, ja mehr denn gantz verheeret." (Gryphius 2005, S. 116)

Metapher

Eine zentrale Rolle bei der sprachlichen Erzeugung der Gedanken spielt die Metapher. Die Poetica der Frühen Neuzeit bieten nicht nur zahllose Beispiele und theoretische Unterscheidungen, sondern erheben die Metapher sogleich zum spezifischen Vermögen der poetischen Kunst. Der italienische Philosoph Emanuele Tesauro (1592–1675) verdeutlicht in seiner 1654 erschienenen Schrift *Il Cannocchiale Aristotelico* (Das aristotelische Fernrohr) ihren Rang ebenfalls durch eine Metapher: Wie ein Fernrohr erlaubt sie perspektivische Durchblicke auf eine höhere Wirklichkeit und schlägt eine erkenntnisstiftende Verbindung zwischen dem Sagbaren und dem Unsagbaren. Der Dichter lässt seinen Leser das ansonsten mit bloßem Auge – also mit dem bloßen Wort – Nicht-Sichtbare erkennen. Dadurch können entfernteste Phänomene in eine Bedeutung stiftende Beziehung gesetzt werden. Der Dichter muss die entsprechende Analogie zwischen zwei Sinnbereichen erkennen und die vergleichende Beziehung (*tertium comparationis*) herstellen. Damit erzeugt er Erkenntnis, die ohne ihn nicht verfügbar wäre. Die Allegorie schließlich gilt in der rhetorischen Tropenlehre als eine weitergeführte, eine zusammengesetzte Metapher (*metaphora coniuncta*), indem ein komplexes Handlungskonstrukt als Ganzes einen verborgenen Zweitsinn aufweist.

Exempel und Personifikationen

Auch effektvoll erzählte Exempel als in den Text eingeschobene Kurzformen können eine Bildfunktion übernehmen. Sie dienen konkret als Illustration des bereits Gesagten oder stehen zu ihrer Umgebung in einem besonderen Auslegungsverhältnis. Einen abstrakten Begriff kann der Autor bildhaft in den Text einbringen, indem er ihn als konkrete Person handeln und sprechen lässt. Als eine solche Personifikation (Prosopopoiie) begegnet etwa der Tod im *Ackermann* (→ KA-PITEL 3.1), die Gicht als *Fräulin Podagra* bei Johann Fischart (1577) oder die Ewigkeit im Prolog zu Andreas Gryphius' *Catharina von Georgien* (1657). Die *sermocinatio* („fingierte Rede") dagegen ermöglicht es dem Autor, allzu gewagte Aussagen einer erfundenen oder historischen Figur in den Mund zu legen.

Sind einem Wort konkrete Bilder beigegeben, wird seine Anschaulichkeit gesteigert: Sebastian Brants *Narrenschiff* (1494) wäre ohne Dürers Holzschnitte weit weniger erfolgreich gewesen. Von der Illustration zu unterscheiden ist die besondere Wort-Bild-Kombinatorik im Emblem (Sinnbild) (→ KAPITEL 8), das in einer zunächst scheinbar bezugslosen Zusammenfügung beider Medien ganz bewusst Rätsel aufbaut. Das Emblem besteht aus Inschrift (*inscriptio*), Bild (*pictura*) und Unterschrift (*subscriptio*), zwischen denen der Leser eine sinnträchtige Beziehung herzustellen versucht. Auch ohne konkrete Visualisierung (Zeichnung, Holzschnitt oder Kupfer) weisen viele Texte eine mit verbalen Mitteln erzeugte Emblemstruktur auf: Einer mottoartigen Eingangssentenz folgt eine darstellende Schilderung, die dann die Basis für eine explizite Ausdeutung bietet.

Illustration und Emblematik

Wie alle anderen Epochen kennt auch die Frühen Neuzeit nicht nur eine einzige Schreibart, sondern verschiedene Stilebenen *(genera dicendi)*, auf denen sich der Autor bewegt und – je nach Intention, Situation und Publikum – die geeigneten sprachlichen Mittel auswählt. Eine rein stilgeschichtliche Betrachtung der Frühen Neuzeit, die auf der Absolutsetzung eines einzigen sprachlichen Stils als Epochensignatur basiert, kann deshalb nicht überzeugen. Genau dies tat jedoch die ältere Forschung (vgl. Jaumann 1975), die eine einheitliche „schwülstige Barockzeit" konstatierte, nur weil im 17. Jahrhundert vorgeblich viele Texte im *stilus grande* zu finden sind. Dagegen hat man auch schon im 13. Jahrhundert vom Stil des „Blümens" gesprochen, der durch ausgefallene oder ‚dunkle' Metaphern gekennzeichnet war. Und ebenso gab es um 1500 einen hohen barocken Stil, denn – so der Germanist Winfried Barner – „barocke Phänomene hängen davon ab, wer welche römischen Autoren rezipiert" (Barner 1970, S. 66). Und auch Johann Fischarts manierierte Sprachspielereien um 1580 oder ein Gedicht von Marullus aus dem Jahr 1561 können stilistisch als barock gelten. (Conrady 1962, S. 146)

‚Schwulst' als Epochensignatur?

Zugleich gibt es zwischen 1650 und 1700 aber zahllose Texte (Briefe, Kirchenlieder, Liebeslyrik), die einen schlichten Stil aufweisen. Der Schlesier Daniel Czepko (1605–60) braucht nur vier einsilbige Worte, um das literatursoziologische Problem des Mäzenatentums zu komprimieren: „Wo Gunst da Kunst" (Czepko 1989, S. 230). Czepkos Epigramm wird in vielen Schulbüchern immer noch einem Zeitraum zugeordnet, den man pauschalierend als „Schlesischen Barock" bezeichnet. Ausschlaggebend ist jedoch die Rednerabsicht: Czepko

Schlichter Stil vor 1700

71

will in schlagkräftiger Reduktion (Ellipse, *brevitas*) einen Umstand mit kritischer Schärfe benennen.

Schreibsituation und Stilwahl

Es ist also problematisch, aus der Wortwahl und Stilistik einzelner Texte das Etikett für ein ganzes Zeitalter zu gewinnen. Ein Autor entscheidet sich in der Regel aus bestimmten Gründen für eine Stilebene; diese Gründe gilt es im Einzelfall zu rekonstruieren. So kann die Stilwahl von territorialpolitischen Strategien abhängen, wenn eben die schlesischen Diplomatendichter zu arguten (spitzfindigen) Wortkonstruktionen greifen, um sich im Konflikt zwischen den eingesessenen Protestanten und der Habsburger Landesherrschaft wirkungsvoll zu behaupten. Dagegen orientieren sich etwa die Autoren in Brandenburg aus politischen Gründen an dem schlichten Stil des französischen Klassizismus.

Auch dürfen Texte nicht nur nach ihrer äußeren Erscheinung bewertet werden: Ein sprachlich schlichter Text ist nicht automatisch „nicht rhetorisch" im Sinne von „natürlich", „volkstümlich", „wahr" oder „ehrlich"; und ein komplizierter Text darf nicht prinzipiell als „rhetorisch" gelten im Sinne von „gekünstelt", „täuschend" und „unwahrhaftig". Gerade die scheinbare Einfachheit orientiert sich oft an den Regeln rhetorischer Kunst. Das gilt insbesondere für die von gelehrten Theologen verfassten Gebete, Lieder und Andachtstexte, ebenso aber auch für Flugschriften (→ KAPITEL 8.2). Grundsätzlich gilt, dass Rhetorik unbemerkt bleiben soll (*sprezzatura*). Es ist die Pflicht des Redners oder Autors, seine Technik möglichst versteckt einzusetzen, damit sie umso ungestörter wirken kann.

Sprezzatura

5.2 Sprache und Diskursebenen

Zwischen Mittelalter und Neuzeit gab es im deutschen Sprachraum keine zentrale Norm oder Standardisierung. Stattdessen zeigt sich eine wechselvolle Sprachlandschaft zwischen Latein und Nationalsprache, Hochsprache, Regionalsprache und Dialekt. Die Dialekte in den verschiedenen Gebieten galten als eigene Norm. Für das Sprachverhalten des frühneuzeitlichen Autors hatte aber vor allem Latein eine maßgebliche Bedeutung. Vom 15. bis zum 18. Jahrhundert war es unangefochten die universale Kommunikationsform der Gelehrten in Europa. Der intellektuelle Austausch basierte in allen Disziplinen auf dem antiken Idiom, ebenso Wirtschaft, Diplomatie, Politik und Verwaltung. Das Publizieren in Latein öffnete einen großen Resonanzraum, während die noch als unvollkommen geltende Nationalsprache ledig-

Latinität

lich eine lokale Rezeption ermöglichte. Sebastian Brants *Narrenschiff* (1494) konnte erst als *stultifera navis* (1497) europäischen Rang erwerben. Abgesehen von den literarischen Vorlagen prägte auch das strenge Lateingebot an den Schulen das Sprachbewusstsein. Lehnbildungen, Übertragungen oder auch Neologismen sind die überall zu beobachtenden Ergebnisse einer faktischen Zweisprachigkeit (Diglossie oder Bilingualität).

Das etwa zwischen 500 und 1500 verwendete Mittellatein war ein grob vereinfachtes, durch mündlichen Gebrauch und volkssprachliche Einsprengsel stark entstelltes Idiom und geriet als verballhornte Form des klassischen Latein zunehmend in die Kritik. Dagegen pflegte die humanistische Bewegung eine an den Originalen der antiken Klassik geschulte Kunstsprache, die von den formalen Verfehlungen des Mittelalters bereinigt war. Lorenzo Valla (1405–57), ein römischer Rhetoriker, setzte mit seiner Schrift *De elegantia latinae linguae* (1471) einen lange gültigen Maßstab für den lateinischen Ausdruck. Unter italienischem Einfluss bildete sich daraufhin auch in deutschen Regionen eine eigenständige neulateinische Literatur heraus. Ein wichtiges Kennzeichen ist der ehrgeizige Wettstreit (*aemulatio*) mit den antiken Vorbildern, aber auch mit den Zeitgenossen, vor allem im romanischen Ausland. Man rang um geschliffene Form, geistreiche Einfälle und überraschende Wendungen. Die ‚Humanisierung' als Kultivierung des Menschen erfolgte über die klassische lateinische Literatur und ihren Sinn für das Schöne: *Eruditio, eloquentia* und *civilitas,* also „Bildung", „Sprachfähigkeit" und „Kultur", bedingen einander.

Neulatein

Neben der antikisierenden Verskunst dominierte das neulateinische Drama – als Humanistendrama, Schul- bzw. Universitätsdrama und vor allem als Ordensdrama – den Kulturbetrieb der gesamten Epoche. Die antiken Vorgaben, insbesondere die Komödie, erfuhren produktive Nachahmungen, die auf hohem stilistischen wie intellektuellen Niveau nun ganz spezifische Probleme der Gegenwart in Deutschland behandelten. Erziehungsfragen, Moralphilosophie oder konfessionelle Agitation wurden situationsbezogen in ein wirkungsvolles Sprach- und Bühnengeschehen umgesetzt.

Neulateinisches Drama

Viele Autoren arbeiteten parallel in beiden Sprachen, sodass große Teile ihres Werkes aus lateinischen Texten bestehen, die damit selbstverständlich auch zur deutschen Literatur gehören. Die neulateinische Dichtung wirkte vor allem als Transformationsmedium für die wachsende nationalsprachige Literatur: Viele thematische und formale Möglichkeiten wurden hier rezipiert und als Muster erprobt, bevor sie im Laufe des 17. Jahrhunderts auch eine deutsche Literatursprache

Diglossie

konstituierten. Auch im Neulateinischen waren selbstverständlich alle Stilebenen bekannt, sodass schon das 16. Jahrhundert einen *stilus grande* praktizierte, dem die späteren deutschen Formen des Hohen Stils nacheiferten.

Übersetzung

Die Bereicherung der Nationalsprache erfolgte durch Analogiebildungen und Nachahmungen des Lateinischen. Maßgeblichen Einfluss hatten hier schon die Transferleistungen der frühhumanistischen Übersetzungsliteratur. Zunächst übersetzte man nicht nach dem Prinzip „Sinn aus Sinn", sondern „Wort für Wort". Der Diplomat und Lehrer Niklas von Wyle (1410–78) fürchtete, dass die „latinische subtilitet durch grobe tütschung wurd gelöschett", und unternahm daher das exakte „vmreden" der einzelnen lateinischen Wörter in jeweils deutsche Äquivalente (Wyle 1968, S. 9f.). In seinen 1462 erschienenen *Translatzen* oder *Teutschungen* bot er von ihm übersetzte antike Texte, die als Schulung für ein städtisches oder aristokratisches Publikum dazu beitragen sollten, im Deutschen zu einer komplexen Syntax zu erziehen. Allmählich verbreitete sich auch die „Sinn-aus-Sinn"-Technik, etwa bei den Boccaccio-Übersetzungen Heinrich Steinhöwels, der den Akzent primär auf die Inhalte setzte, die er mit deutschen Umschreibungen in kreativer Entfernung vom lateinischen Wortlaut wiedergab.

Nationalsprache und Literatur

In den konfessionellen Debatten erschien es zwecks größerer Resonanz bald geboten, nur noch deutsch zu schreiben. Die protestantischen Autoren zeigten einen beachtlichen sprachlichen Erfindungsreichtum, um ihre Kritik an der Römischen Kirche mitreißend und plausibel zu machen und damit möglichst viele Adressaten in allen sozialen Schichten zu überzeugen. Im Verzicht auf das Gelehrtenidiom wuchs zunehmend auch das Vertrauen in die Muttersprache bzw. in die Möglichkeiten ihrer ständigen Verbesserung. Die Sprachgeschichte des Frühneuhochdeutschen belegt die schrittweise Erweiterung und Anpassung des Deutschen an die komplexen gedanklichen Erfordernisse durch Bezeichnungsvielfalt, syntaktische Sinnstaffelung und Bildfiguren. Auch die faktische Variantenfülle der deutschen Sprachlandschaften erwies sich als Vorteil für das Deutsche als Literatursprache. Neben den Anregungen durch europäische Kontakte wirkte nicht zuletzt auch das Konkurrenzverhältnis zwischen lutherischen und katholischen Sprachregionen als dynamischer Faktor.

5.3 *Ars hermeneutica*

Jeder Autor machte von dem System der Rhetorik seinen ganz persönlichen Gebrauch. Bei der Interpretation eines Textes sind daher die einzelnen Arbeitsschritte sukzessiv rückgängig zu machen, um dessen strategische Bauweise zu erkennen:

Fragen
zur Textanalyse

- Welche Bestandteile ergeben sich im Text (*inventio*)?
- Wie sind diese Bestandteile zusammengefügt? Durch welchen argumentativen Parcours lenkt der Autor seinen Adressaten (*dispositio*)?
- In welcher sprachlichen Ausgestaltung präsentiert der Verfasser die einzelnen Gedanken (*elocutio*)? Schreibt er zum Beispiel nieder-, mittel-, oberdeutsch oder Latein? Orientiert er sich am Idiom und Vorstellungsschatz bestimmter sozialer Schichten, experimentiert er, pflegt er raffinierte Anspielungen oder übt er einen unaufdringlichen Stil, um den Rezeptionsradius nicht einzuschränken?

In der Umkehrung der rhetorischen Arbeitsschritte ergibt sich eine Entschlüsselungs- und Verstehenstechnik (*ars hermeneutica*). Schon Philipp Melanchthon (1497–1560) lehrte seinen Schülern die Kunst der wirksamen Rede (*ars bene dicendi*) auch mit der Absicht, dass sie daraus eine *ars bene legendi*, also eine verbesserte Lektürefähigkeit entwickeln und ihren Blick für komplexe Textkonstruktionen und sprachliche Feinheiten schärfen. Und Christian Weise führte in seinem *Ausführliche[n] Bericht an den Liebhaber der Politischen Beredsamkeit* (1693) sogar eine rhetorische Selbstinterpretation vor (vgl. Knape 1994).

Fragen und Anregungen

- Diskutieren Sie die Eigenarten der drei Stilebenen *sermo humilis*, *stilus mediocris* und *stilus gravis* und suchen Sie Beispiele.

- Welche metrischen Fragen diskutieren die Theoretiker der Frühen Neuzeit?

- Erläutern Sie die Zusammenhänge zwischen der *elocutio* und der frühneuzeitlichen Mehrsprachigkeit.

- Wählen Sie einen frühneuzeitlichen Text mit überschaubarem Umfang aus und analysieren Sie ihn nach dem beschriebenen Verfahren einer Umkehrung der rhetorischen Arbeitsschritte.

Lektüreempfehlungen

Quellen
- Albert Ölinger: Vnderricht der Hoch Teutschen Spraach [1574], Nachdruck Hildesheim / New York 1975.

- Adam Puschmann: Gründlicher Bericht des deutschen Meistersangs [1571], Texte in Abbildung mit Anhang und einleitendem Kommentar, hg. und eingeleitet v. Brian Taylor, 2 Bände, Göppingen 1984.

- Kaspar Stieler: Teutsche Secretariat-Kunst, Nürnberg/Weimar 1673/74.

Forschung
- Wilfried Barner: Barockrhetorik. Untersuchungen zu ihren geschichtlichen Grundlagen, Tübingen 1970, 2., unveränderte Auflage 2002. *Standardwerk zur Rezeption und Anwendung aller oratorischer Sparten.*

- Markus Hundt: „Spracharbeit" im 17. Jahrhundert. Studien zu Georg Philipp Harsdörffer, Justus Georg Schottelius und Christian Gueintz, Berlin 2000. *Zeigt die zeitgenössischen Sprachauffassungen von der Lautebene bis zur Textsortenproblematik und behandelt Fragen der kommunikativen Muster.*

- Eckhard Keßler / Heinrich C. Kuhn (Hg.): Germania latina – Latinitas teutonica. Politik, Wissenschaft, humanistische Kultur vom späten Mittelalter bis in unsere Zeit, München 2003. *Fallbeispiele und generelle Darlegungen zeigen eindrucksvoll die Bedeutung der Latinität im nationalen wie europäischen Rahmen.*

- Wilhelm Kühlmann: Nationalliteratur und Latinität. Zum Problem der Zweisprachigkeit in der frühneuzeitlichen Literaturbewegung Deutschlands, in: Klaus Garber (Hg.), Nation und Literatur im Europa der Frühen Neuzeit, Tübingen 1989, S. 164–206. *Hilfreiche Darlegung der Zusammenhänge von Bürgerkultur, Nationalbewusstsein und Latinität.*

6 Autorbegriff und Autortypen

Abbildung 7: Albrecht Dürer: *Erasmus von Rotterdam* (1526)

Albrecht Dürers Kupferstich von 1526 zeigt den großen Universalgelehrten Erasmus von Rotterdam im Dialog: Er beantwortet, die Schreibfeder in der einen, das Tintenfass in der anderen Hand, den links vom Schreibpult liegenden Brief. In Griffnähe aufgeschlagen die entsprechenden Belegstellen, um die es gerade geht, weitere Bände in Bereitschaft, die Fundorte für zusätzliche Argumente mit Merkstreifen gekennzeichnet. In der Vase stehen Maiglöckchen und Veilchen – Sinnbilder für Demut und Bescheidenheit. Erasmus von Rotterdam (1466–1536) gilt als europäische Zentralfigur der Frühen Neuzeit. Der Reformation war er anfänglich zugeneigt, aufgrund der Kontroversen mit Martin Luther trat er ihr jedoch bald schroff entgegen. Mit seinen theologischen Reformgedanken wie mit seinen satirischen Provokationen, vor allem aber mit seiner editorischen Grundlagenarbeit hat er viele Autoren auf mannigfache Weise angeregt. Seine außergewöhnliche Produktivität steht im Zusammenhang mit einer kaum vorstellbaren Mobilität zwischen den Niederlanden, England, Frankreich, Norditalien, Rom und dem Oberrhein. Als Vermittler, Dialogpartner und Kritiker zeigte er permanente Präsenz und Wirkung.

Die Vorstellung vom Autor als einem isolierten, gänzlich seinen Stimmungen hingegebenen Sonderling, der seine individuellen Gefühle möglichst originell zu Papier bringt, ist der Frühmoderne weitgehend fremd. Der Poet ist dem Gemeinwohl verpflichtet, und der Unterricht in sozialen oder völkerrechtlichen Fragen erfordert ebenso wie die praktische Seelsorge einen umfassenden, überpersönlichen Wissens- und Bezugshorizont. Stets muss sich die *eruditio* („Gelehrsamkeit") an der *pietas* („Frömmigkeit") orientieren. Wer die eigene Person zu stark kultivierte, setzte sich dem Verdacht der hochmütigen Selbsterhebung (*superbia*) aus und lief Gefahr sich zu versündigen. Nur in der Bezugsetzung mit höheren religiösen, ethischen und historischen Ordnungen erschien die Selbstbeobachtung statthaft. Dennoch beweisen viele innovative Leistungen, dass die Poeten der Frühen Neuzeit auf ihre Weise originell sein konnten und einen souveränen Umgang mit den Vorbildern und Vorgaben der Tradition pflegten.

6.1 Normen und Gestaltungsfreiräume
6.2 Exemplarische literarische Existenzen
6.3 Poetische Sozietäten und Gemeinschaftsbildung

6.1 Normen und Gestaltungsfreiräume

Das gängigste Vorurteil der älteren Forschung gegenüber dem ‚rhetorischen Zeitalter' zielte auf die vorgeblich fehlende ‚Originalität' der Autoren (vgl. z. B. Scherer 1883). Keineswegs aber unterwarfen sich hier talentlose Verseschmiede einer fruchtlosen ‚Regelpoetik'. „Sind wir an die Ordnung allemahl gebunden?", so fragt schon der Pädagoge Christian Weise (1642–1708), um dann generös zu antworten: „Ach nein. Die Ordnung ist nur nöthig, wenn wir es lernen sollen: nicht aber wenn es zur PRAXI kömmt, da gebrauchen wir was wir haben." (Weise 1707, S. 24) Das oratorische System (→ KAPITEL 4, 5) ist als ein offenes Angebot zu verstehen, aus dem der Autor die für den jeweiligen Zweck dienlichen Mittel auswählen und einsetzen kann.

Regelpoetik?

Der variationsfreudige Einsatz von Klang und Rhythmus, Wort- und Gedankenfiguren, Tropen, suggestiven Sprachbildern oder Emblemen (Sinnbildern) zeigt, wie einfallsreich und feinsinnig die frühneuzeitlichen Autoren mit den verfügbaren Formen umgingen. Die poetische Freiheit (*licentia poetica*), die Norm zu verlassen, diskutiert die zeitgenössische Literaturtheorie ausführlich unter dem Stichwort Digression (Abweichung) (vgl. Wesche 2004). Die genutzten Spielräume geben ein überwältigendes Zeugnis von der poetischen Potenz der frühneuzeitlichen Spracharbeit, die sich auch von strengen Klassizisten wie dem Dichtungsreformer Martin Opitz (1597–1639) kaum einschränken ließ (→ KAPITEL 5.1, 7.2).

Poetische Freiheit: licentia poetica

Zunächst äußert sich das persönliche Vermögen eines Autors in seinem besonderen Scharfsinn (*argutia*), mit dem er die Sachlage, Präzedenzfälle und argumentative Möglichkeiten einschätzt. Auch die sinnreiche Zusammenfügung (*ars combinatoria*) erweist sein intellektuelles Niveau, das ihn über das bloße Handwerk hinaushebt. Man begibt sich in einen ehrgeizigen Wettstreit (*aemulatio*) mit den Zeitgenossen, um sie mit verblüffenden Gedankenverbindungen und treffenden Formulierungen zu übertrumpfen. Auch der produktive Dialog mit den antiken Autoritäten steht kaum im Verdacht einer leblosen Nachahmung oder gar sklavischen Aneignung. Mit der Übernahme von Themen, Gattungen und Stilfiguren klären die Autoren zeiteigene Sachverhalte, die den antiken Vorbildern völlig fremd gewesen wären. Das viel zitierte Bienengleichnis des römischen Philosophen Seneca macht es anschaulich: Wie die Bienen sich die besten Blüten aussuchen und die (Roh)Stoffe in etwas Neues umwandeln (Honig und Wachs), so ‚lesen' die Dichter aus den lateinischen Blüten das Geeignete für ihre eigene Produktion aus.

Argutia und aemulatio

Die poetischen Lehrbücher stellen stets klar, dass sie nur Hilfestellung beim Schreiben geben, aber noch niemanden zum Dichter machen können. Darüber entscheidet allein die Natur: Die Sensibilität und Schärfe, mit der ein Autor auf ein akutes Problem reagiert, wie er die effektiven Ansatzpunkte für sein Eingreifen erkennt und schließlich die adäquaten sprachlichen Mittel wählt, verweisen auf seine angeborene Begabung (*ingenium*). Schon das persönliche Urteilsvermögen (*iudicium*) bei der Einschätzung der Lage wie bei der Auswahl geeigneter Materialen zeigt ein besonderes Können, das nicht erlernbar ist. Ein überraschender Einfall oder ein unkonventioneller Kunstgriff darf jedoch niemals der Selbsterhebung, sondern allein der Sachvermittlung dienen.

Ingenium

Manche Begriffe der frühneuzeitlichen Poetik suggerieren eine gewisse Vorstellung von Originalität: Man diskutierte „enthousiasmós", „phantasía", aber auch „Intuition" und „Inspiration". Zunächst wirkt hier die platonische Vorstellung des göttlichen Furor nach, wie sie der italienische Neuplatonismus aktuell entwickelte. In einem entrückten, oftmals tatsächlich ,ekstatischen' Zustand erhält der Dichter als Seher (*vates*) Eingebungen von göttlicher Seite. Dichtungstheoretiker von Konrad Celtis (1459–1508) bis Sigmund von Birken (1626–81) gehen jedoch davon aus, dass diese „Feuer-Flut des himmlischen Geistes" (Birken 1679, Vorrede) für die Menschheit unverständlich wäre und deshalb in kommunizierbare Formen übersetzt werden muss. Aus christlicher und insbesondere protestantischer Perspektive festigte sich die Vorstellung des alttestamentarischen Propheten, der den Auftrag erhält, Gottes Willen dem Volke mitzuteilen. Die katholische Tradition kennt zudem die Idee der *lactatio*: Nach der Legende habe der heilige Bernhard von Clairveaux seine Beredsamkeit erhalten, als ihm Maria mit den Engeln erschienen war und ihm ihre Milch zu trinken gab.

Intuition und Inspiration

Es ist vor allem die jesuitische Poetik, die seit den 1570er-Jahren das ingeniöse und visionäre Sprechen legitimiert und die Einbildungskraft (*vis imaginativa*) wie die scharfsinnige Kombinatorik (*argutia*) als schöpferisches Vermögen etabliert. Der Kölner Pater Friedrich Spee wies 1649 darauf hin, dass

Vis imaginativa

„[...] vnsere Fantasey eine solche krafft hat, dass sie auss denen bildnussen, die sie allbereit ihr gantzes leben durch eingenommen hat, widerumb durch deren vilfältige vermischung vnd zusammenfügung, auch zertrennung, veränderung, vermehrung etc. newe andere seltzame, manigfältige, vberaus wunderliche vnd herrliche vorbildungen machen kann." (Spee 1968, S. 462)

Auch die niederösterreichische Protestantin Catharina Regina von Greiffenberg (1633–94) praktizierte eine imaginative Versenkung, etwa in das Leiden Christi. Sie erlebte eine innere Schau seelischer Bilder und fasste ihre mystischen Wahrnehmungen dann mit der kunstvollen Kombination sich ausschließender Begriffe (Oxymora), mit animierenden Paradoxien oder geheimnisvollen Mehrdeutigkeiten in eine suggestive Sprache.

Der Versuch, mit geeigneten Sprachformen visionäres Erleben zu protokollieren, um es auch dem Leser zu vermitteln, steht in Verbindung mit der mittelalterlichen Mystik. Der Kardinal Nikolaus von Kues hatte mit seinem Traktat *De visione Dei* (Vom Sehen Gottes, 1453) eine theologische Vorgabe konzipiert. Auch die neuplatonisch beeinflusste *Theologia deutsch* (anonym um 1400) förderte – noch auf kirchlicher Grundlage – den Versuch, Gott in allen Dingen, in der Natur, in der Geschichte und auch in sich selbst zu erleben. Die Nürnberger Bürgerin Katharina Tucher verfasste von 1418 bis 1420 ein mystisches Tagebuch und schildert dort, wie sie in ihrer Vision Gespräche mit Christus, Maria und den Heiligen führt. **Mystisches Sprechen**

Die Spiritualisten des 16. Jahrhunderts (→ KAPITEL 10) opponierten gegen die Wort- und Vernunftreligion Martin Luthers und seine Vorstellung eines verborgenen Gottes. Der lutherkritische Theologe Sebastian Franck spricht in seinen *Paradoxa* (1534) immer wieder vom „inneren Wort", dessen „Hauchen" er im Grunde der stillen Seele vernehme und das in die unsichtbare Gemeinde der wahren Christen führe. Der Geist Gottes (*spiritus*) sei in jedem Menschen spürbar und wirksam. Im Laufe des 16. Jahrhunderts traten zahllose Persönlichkeiten auf, die die biblische Schriftreligion und die klassische Bildung ablehnten und stattdessen die unmittelbare Kommunikation mit Gott suchten. Als auserwählte ‚Apostel' und ‚Jünger' erlebten sie in Träumen, Visionen und Verzückungen die ‚direkte Eingießung' des Heiligen Geistes. Dieses Kontakterlebnis mit der Göttlichkeit versuchten sie dann sprachlich nachzuahmen. Meist traten sie wie der Kürschner Melchior Hoffman (um 1500–43) als inspirierte Laienprediger auf, die das „innere Wort" Gottes höher werteten als die akademische Theologie. **Spiritualismus**

Mystiker wie Caspar von Schwenckfeld (1490–1561), Paracelsus (1493–1541) oder Valentin Weigel (1533–88) suchten Gott in der Natur. Auch der Görlitzer Schumachermeister und Philosoph Jakob Böhme (1575–1624) fand das göttliche Wort nicht in der abstrakten Schrift, sondern vernahm es mit allen Sinnen in den Elementen der Schöpfung, in Pflanzen und Gesteinen, aber auch über Licht und **Naturmystik**

Klang – alles löste in ihm innere Bilder aus. Der verborgene Geist offenbart sich auch im „Hall des Wortes", da die Stimme Gottes überall in der Natur nachklingt. Jedes Ding hat in der Schöpfung seinen eigenen Mund zur Offenbarung. Böhme beobachtet deshalb die Phonetik besonders genau und versucht ihre Varianz und Eigentümlichkeiten als Zeichencharakter zu begreifen. Sein erstes Werk *Morgenröthe im Aufgang* (1612), das sein Erlebnis der Schöpfung nachzeichnet, kursierte lange Zeit nur handschriftlich, weil die lutherische Kirche ihn mit Schreibverbot belegt hatte.

Auch der Jurist Quirinus Kuhlmann (1651–89) entschloss sich zu einer radikalen Abkehr vom orthodoxen Luthertum. Die fanatische Suche nach neuen religiösen Formen schlug sich poetisch in seinem *Neubegeisterten Böhme* (1674) nieder, in dem er nach den vier antiken Weltreichen nun die fünfte Monarchie, das Reich Gottes ausruft.

Poeten als Propheten Für dieses „Kühlreich", in dem alle Religionen und Konfessionen zusammenfinden sollen, sieht er sich nun selbst als Prophet berufen. Er steigerte sich so sehr in diese messianische Rolle, dass er sich zum neuen Gottessohn erhob, der als „Kühlemann" die teuflische Hitze auf der Welt löschen soll. Sein zwischen 1677 und 1686 entstandenes Hauptwerk, der *Kühlpsalter*, setzt seinen Lebensweg und seine Visionen in Dichtung um. Seine bizarr anmutenden Dispositionsschemata, seine ungewöhnlichen Verbformen, dazu suggestionsstarke Nominalkomposita, Wortauftürmungen, Satzbrüche, metrische Unregelmäßigkeiten und immer wieder entrückte Ausrufe erwecken den Anschein eines ekstatischen Erlebens. Als er 1689 in Russland versucht, seine „Kühlmonarchie" zu errichten, lässt ihn der orthodoxe Patriarch als Ketzer verbrennen.

Die mystischen Laienprediger, aber auch die jesuitischen und protestantischen Theoretiker sehen das poetische Individuum zwar relativ frei von formalen Regeln, nicht aber vom Ziel der Rede: der heilsfördernden Vermittlung des göttlichen Willens. Ob der Dichter meditiert, ob er inspiriert wird oder innere Gedankenbilder montiert, er hat einen seelsorgerlichen Auftrag zu erfüllen. Dieser verpflichtet ihn, die Auffassungskapazität des Rezipienten (das innere *aptum*; → KAPITEL 5) nicht zu vergessen. Der göttliche Furor steht damit nur

Poetischer Furor und Rhetorik scheinbar im Widerspruch zum rationalen Regelwerk der Rhetorik. Der Poet muss das göttlich Empfangene in die zwischen Menschen gebräuchlichen Kommunikationsformen umsetzen, und das ist Handwerk. Wie die Vorstellung von einem Brennglas oder Fernrohr (→ AB-BILDUNG 6) deutlich macht, muss der Dichter ein künstliches, quasi technisches Übertragungssystem (Metapher) so einrichten, dass es eine Verbindung zwischen unsagbarer Göttlichkeit (Gegenstand) und dem unwissenden, nicht sehenden Leser (Adressat) erfolgreich herstellt. Das Prinzip der göttlichen Inspiration kann mit dem mechanischen Abfragen der Fundstellenverzeichnisse bei der *inventio* (→ KAPITEL 4.2) in eine produktive Konkurrenz treten. Den Abschluss bildet jedoch immer die sorgfältig auf den Adressaten abgestimmte Präsentationsform (*dispositio* und *elocutio*). Das Inspirationserlebnis steht zeitlich immer vor dem eigentlichen, stets kalkulierten Schreibprozess.

Damit ist die Poesie nun nicht mehr die Dienerin von Philosophie und Theologie. Sie kann mit genuin sprachlichen Mitteln Erkenntnisniveaus erreichen, die anderen Disziplinen (Logik, Dialektik) verschlossen sind. Schon im 15. Jahrhundert etablierte sich mit Konrad Celtis die Poesie als Ausdrucksmedium des Unsagbaren. Sie bezieht sich auf die platonische Vorgabe und postuliert nach der Auffassung, dass Gott in allen ist (*est deus in nobis*), die Potenz des göttlichen bzw. gottgegebenen und Gott erkennenden Sprechens. Natürlich resultiert hieraus eine spannungsreiche Statuskonkurrenz mit den akademischen Theologen, die sich mit dem Vorwurf von Ketzerei, Heidentum oder Atheismus gegen dieses als Anmaßung betrachtete Selbstverständnis der Poeten zur Wehr setzten.

Souveräne Poesie

6.2 Exemplarische literarische Existenzen

Auch der begeisterte Seher bleibt weitgehend *poeta doctus et eruditus*, ein gelehrter und kenntnisreicher Dichter. Zum eigenen Erlebnis tritt zugleich das Wissen über die Welt, mit dem der Poet das aktuelle Gemeinwohl befördert. Friedrich Spee z. B. verfasste mystische Meditationen (*Trutz=Nachtigall*, 1649), gleichermaßen aber auch eine spitzfindige juristische Kampfschrift gegen die Hexenverfolgung (*Cautio criminalis*, 1631).

Poeta doctus

In der Frühen Neuzeit gab es keine freien oder hauptberuflichen Schriftsteller: Vom Publizieren allein konnte niemand leben. Aufgrund der fehlenden Urheberrechtsregelung erbrachte der Buchverkauf den Autoren nur mäßige Einkünfte. Barhonorare waren selten, bezahlt wurde in Freiexemplaren, die der Urheber auch selbst weiterverkaufte. Wichtiger war es jedoch, diese mit den entsprechenden Widmungen (→ KAPITEL 2) an mögliche Förderer zu senden, um Geldgeschenke, eine Pension oder gar eine feste Stellung einzuwerben. Die Mehrheit der Autoren war über besoldete Ämter institutionell in Stadt, Schule, Universität oder Kirche eingebunden oder lebte von einer Pension aus

Wirtschaftlicher und rechtlicher Status

der Fürstenschatulle. Für die „Poeterey" blieben nur die „Nebenstunden", und man versuchte durch Auftragswerke die Einkünfte zu verbessern. Von literarischen Einkunftssorgen befreit waren dichtende Aristokraten oder Handwerker: Jakob Böhme war Schuster und erfolgreicher Garnhändler, Hans Rosenplüt fertigte als Büchsenmeister Kettenhemden, Waffen und Messingwaren, Melchior Hoffman war Kürschner und Sebastian Franck übte die durchaus einträgliche Tätigkeit des Buchdruckers aus. Auch ohne akademische Bildung verfügte ein Handwerker nach einer Elementarschulbildung über rudimentäre Kenntnisse und hatte über städtische und kirchliche Bibliotheken Zugang zu verschiedenen Texten.

Dichterkrönung und Statushebung

Poetische Leistung fand Anerkennung seitens der Herrschenden: Wer mit Arbeitsproben die Prüfung durch kaiserlich bestallte Gelehrte bestand, wurde durch das Reichsoberhaupt mit dem Dichterlorbeer ausgezeichnet. Dieser war keineswegs nur eine Äußerlichkeit: Ein *poeta laureatus caesarius* („kaiserlich gekrönter Dichter") war juristisch dem niederen Geburtsadel gleichgestellt und erhielt das Recht, auf allen deutschen Universitäten über Poetik und Rhetorik zu lesen. Als Verpflichtung blieb natürlich die Loyalität gegenüber dem Kaiser, die sich in der anlassgebundenen Produktion von Panegyrik, also in positiver Würdigung der Herrschaft, zu bekunden hatte. Der Herrscher ermöglichte dem Dichter das Überleben im Diesseits, wofür dieser ihm den gegenwärtigen Ruhm, vor allem aber das ‚ewige Nachleben' zu garantieren hatte. Blutsadel und Bildungsadel rückten damit auf eine Stufe. Dem Gelehrten stand der Aufstieg zum Hofbeamten offen. Die humanistische Bildung war bald sogar die unabdingbare Voraussetzung für eine Tätigkeit in den städtischen oder territorialen Verwaltungen, weshalb die Landesherren entsprechende Lehrstühle für Rhetorik und Poetik einrichteten.

Akademische Laufbahn

In der Regel hatten Autoren bürgerlicher Herkunft ein Studium vorzuweisen. Manche unternahmen weite Studienreisen an europäische Universitäten oder begleiteten als Hofmeister junge Adlige auf deren Kavalierstouren, die eine standesgemäße Bildung fundieren sollten. Viele Autoren bezogen im Schuldienst unterschiedliche Einkünfte. Nicht wenige waren gezwungen, ihr Salär mit anlassbezogenen Dichtungen (Kasualia) oder Theaterinszenierungen zu verbessern. Als Wanderlehrer zogen Peter Luder (1415/16–72) oder Michel Beheim (1416–74) von Universität zu Universität, um ihr Wissen über römische Kultur und italienischen Humanismus anzubieten. Luder geriet dabei mit deutschen Scholastikern in Konflikt und musste sein Einkommen als promovierter Mediziner in Basel erwerben.

Als *poeta et secretarius* („Dichter und Amtsschreiber") erscheint
Niklas von Wyle (um 1415–79) im Totengedächtnisbuch des Züricher Großmünsters. Diese Doppelformel umreißt prototypisch die
Funktion, in der zahllose Autoren in der Frühen Neuzeit tätig waren.
Als Stadtschreiber, Notare, Kanzlisten, Räte oder Rechtskonsulenten
waren die Literaten als Fachleute eng in das städtische, aber auch in
das territorialfürstliche Verwaltungsleben eingebunden. Kanzleisprache und Literatursprache, Recht und Poesie standen somit in einem
fruchtbaren Wechselverhältnis. Der *Eulenspiegel*-Verfasser Hermann
Bote (1467–1520) arbeitete in Braunschweig als Zollbeamter, der
Ratsherr Willibald Pirckheimer war in Nürnberg für Stadtverteidi-
gung, Feuerbekämpfung und das Erziehungswesen verantwortlich. Er
wirkte auch in diplomatischer Mission und kämpfte 1498 als Feld-
obrist unter Kaiser Maximilian gegen die Schweizer, wovon sein bio-
grafisches Geschichtswerk *Bellum Helveticum* (Schweizerkrieg) be-
richtet. Um ein florierendes Gemeindeleben am Oberrhein machte
sich der Stadtschreiber Jörg Wickram verdient. In seinen Dramen und
Romanen diskutiert er die bürgerliche Selbstständigkeit in Handel,
Pädagogik und Sozialwesen. Um die melancholischen Gemüter zu er-
muntern, verfasste er 67 unterhaltsame Geschichten für sein *Roll-
wagenbüchlein* (1555).

Der Boccaccio-Übersetzer Heinrich Steinhöwel praktizierte als an-
gesehener Arzt in Ulm und publizierte ein Rat gebendes *Pestbüchlein*
(1446). Auch der Meistersänger und Fastnachtsspieldichter Hans
Folz (1435–1513) war als Barbier und Wundarzt mit Heilkund-
lichem befasst und legte ein *Branntweinbüchlein* (1493) vor. Der Jurist Albrecht von Eyb (1420–75), der an der angesehenen Universität
zu Bologna studiert und in Pavia abgeschlossen hatte, eröffnet die
lange Reihe der Rechtsgelehrten und Diplomatendichter. Im Dienste
des Bischofs zu Bamberg verfasste er neben Rechtsgutachten das viel
gelesene *Ehebüchlein* (1472) und den *Spiegel der Sitten* (1474). Der
Narrenschiff-Verfasser Sebastian Brant (1457–1521) war Ordinarius
für Kirchenrecht und praktizierte auch als Advokat und Richter der
freien Stadt Straßburg. Die Tradition der poetischen Transformation
komplizierter Rechtsverhältnisse zum Wohle einer städtischen oder
territorialen Gemeinschaft reicht bis zu den Schlesiern Andreas Gryphius (1616–64) und Daniel Casper von Lohenstein (1635–83), die
als Syndici (Rechtsberater) in Glogau und Breslau tätig waren. Juristen hatten durch die Verwandtschaft von Recht und Rhetorik (*genus
iudicale*) ein besonderes Verhältnis zur evidenten Beurteilung von
Handlungen und Rechtsfällen. Viele Autoren waren von Haus aus

Städtische Bediente

**Mediziner, Juristen
und Theologen**

Theologen: Vom Diakon und Dorfpfarrer bis zum Generalsuperintendenten und Hofprediger schrieben sie alle zumindest Kasualia und Predigten und engagierten sich darüber hinaus mit erbaulichen oder polemischen Schriften für die Festigung ihres jeweiligen Bekenntnisses. Prediger wie Geiler von Kaysersberg (1445–1510) oder Abraham a Santa Clara (1644–1709) verschrifteten ihre Vorträge, die in engem Kontakt mit den Gemeinden entstanden waren und entsprechend anschaulich aus dem Leben schöpften.

Poeten und Regenten

Das Verhältnis zwischen Herrscher und Dichter ist kaum angemessen beschrieben, wenn man der älteren Forschung folgt, die hier meist abwertend vom „Hofpoeten" als einer schmeichelnden Kriechernatur spricht (Haertel 1910, S. 81). Tatsächlich leisteten die studierten und sprachgewandten Poeten einen grundlegenden Beitrag für eine effiziente Regierungspraxis. Als Sekretäre sorgten sie für die innere Verwaltung wie für den außenpolitischen Schriftverkehr in lateinischer Sprache. Die Einführung des Römischen Rechts als verbindliche Rechtsnorm im Laufe des 15. Jahrhunderts machte humanistisches Wissen unabdingbar. Regierende Fürsten brauchten die rhetorisch ausgebildeten Gelehrten, um Diplomatie, Militär- und Gerichtswesen, aber auch die höfische Repräsentation und die dynastische Geschichtsschreibung erfolgreich zu etablieren. Aus der Tradition des Pritschmeisters, der als Moderator des fürstlichen Festes auftrat und auch sprachliche Beiträge zu leisten hatte, entwickelte sich das Amt des Zeremonienmeisters, der über protokollarische Abläufe genauso wie über Theater, Oper und Ballett die gestalterische Oberaufsicht hatte. Er organisierte die visuelle wie verbale Selbstartikulation des Hofes und konnte dabei durchaus die personelle Kommunikation und die Außenwirkung seines Dienstherren mitgestalten.

Dichtende Fürsten

Auch die Personalunion aus Fürst und Dichter, in Gestalt des antiken Kaisers Augustus idealiter vorgegeben und immer wieder durch die Verbindung von Mars (Gott des Krieges) und Apoll (Gott der Dichtkunst) beschworen, war in der Frühen Neuzeit Realität. Der von Konrad Celtis als *rex litteratus* („gelehrter König") gefeierte Maximilian I. förderte nicht nur Künste und Wissenschaften, sondern diktierte seinen Fachleuten auch eigene literarische Entwürfe in die Feder, die sie dann auszuarbeiten hatten.

Dem dichtenden Adel gehörte auch Elisabeth von Nassau-Saarbrücken (1393–1456) mit ihren erfolgreichen Huge-Scheppel-Übersetzungen an, ebenso Eleonore von Österreich (1498–1558) mit ihrer Übertragung des französischen Abenteuerromans *Pontus und Sidonia* (verfasst vor 1469) oder Liselotte von der Pfalz (1652–1722) mit ihren Briefen über den französischen Hof. Gelehrte Frauen waren den männlich dominierten Kreisen der Frühen Neuzeit suspekt. Der Zugang zu Bildung und Wissensbeständen war Frauen, insbesondere nichtadligen, entsprechend erschwert. Unter den bürgerlichen Autorinnen wären für das 16. Jahrhundert Margarete Peutinger und Caritas Pirckheimer mit ihrem Engagement für weibliche Intellektualität zu nennen, für das 17. Jahrhundert die Dichterinnen Sybilla Schuster und Gertrud Moller oder die Orientalistin Anna Maria van Schurman mit ihrer Autobiografie *Eukleria* (1673).

Autorinnen in männlich dominierter Umgebung

6.3 Poetische Sozietäten und Gemeinschaftsbildung

Die gelehrte Textproduktion in der Frühen Neuzeit trägt sehr stark gemeinschaftliche Züge. Man schließt sich zu lockeren Gruppierungen zusammen, um sich im Dialog zu unterrichten, poetologische Fragen zu klären oder Einzelwerke gegenseitig zu besprechen. Aber auch Kollektivprojekte (Editionen, Übersetzungen) bis hin zu Dichtungen ohne erkennbare Urheberschaft sind durchaus üblich, wie die *Dunkelmännerbriefe* (1517), das *Pegnesische Schäfergedicht* (1644) oder der *Aramena*-Roman (1669–73) zeigen. Luther hinterließ Predigtentwürfe, die andere Autoren ausarbeiteten, seine eigenen Predigten existieren dagegen nur noch in veränderten Nachschriften. Auch Redakteure, Herausgeber und Drucker haben oft unbemerkt in Texte eingegriffen. Überlieferungsgeschichtlich verunklaren Nachdrucke und Raubdrucke ohne Autorisation das Text- und Autorbild der Frühen Neuzeit.

Gesprächskreise und Autorschaft

1495 gründete Konrad Celtis in Heidelberg eine literarische Akademie nach italienischem Vorbild, die „Sodalitas Rhenana". Dieses Forum sollte eine Alternative zur scholastisch geprägten Universität bieten, um die neuen humanistischen Ideen frei zu diskutieren. In Johann von Dalberg, dem Bischof von Worms, besaß man ein einflussreiches Mitglied, mit dem Landesherrn Philipp von der Pfalz einen großen Förderer. In Wien konstituierte sich die „Sodalitas litteraria danubiana", die überregional organisiert war und Standorte in Olmütz, Ofen, Krakau, Augsburg und Nürnberg unterhielt. Weitere Zirkel bildeten sich in Augsburg, Nürnberg, Ingolstadt, Straßburg, ebenso in Tübingen, Freiburg und Basel. In Erfurt fand sich ab 1506 ein Humanistenkreis um Mutianus Rufus (1470–1526), Georg Spalatin (1484–1545) und Eobanus Hessus (1488–1540). Mit der

Humanistische Zirkel und Akademien

„Sodalitas Celtica" versuchte Celtis, eine Art Dachverband für alle regionalen Freundschaftsbünde zu gründen.

Das verbindende Interesse an den *studia humanitatis* (→ KAPITEL 9) stiftete eine ideelle Gemeinschaft. Wer sich durch besondere Leistungen auf dem Gebiet der Rhetorik und Poetik auszeichnete, dazu das Klassikerstudium, die Geschichtswissenschaft und die Moralphiloso-

Res publica litteraria

phie betrieb, gehörte dazu. Als *nobilitas litteraria* („Wissenschaftsadel") erhob man aber auch den gesellschaftlichen Anspruch, dem Geburtsadel wie dem Schwertadel gleichrangig zu sein. Man half sich gegenseitig beim Ämtererwerb und förderte Bewerbungen mit Empfehlungsschreiben. Gegen den mittellateinischen Klerus, aber auch gegen das nationalsprachige Volk grenzte man sich im Streben nach klassischer Latinität ab und stiftete Gruppenidentität durch latinisierte bzw. gräzisierte Namen. Statt „Köpfel" nannte man sich „Capito", statt „Müller" „Molitor". Der Bildungsreformer Melanchthon (1497–1560) wurde als Philipp Schwarz-erd (*melanch-thon*) geboren. Im 17. Jahrhundert versuchte man sich dagegen mit Schäfernamen eine gleichrangige Identität zu schaffen, ähnlich wie in einem geistlichen Orden. Mit seinem Gedicht *Ad poetas germanos* (An die deutschen Humanisten, 1510) unternahm es Ulrich von Hutten, in etwa 50 biografischen Kurzdarstellungen deutscher Humanisten ein gemeinschaftliches Bewusstsein zu dokumentieren. Zentraler Topos ist immer wieder die viel besungene Freundschaft. Das Stammbuch als Freundschaftsbuch (*album amicorum*) verzeichnete die entsprechenden Standesgenossen mit persönlichen Widmungen und diente der Selbsteinbringung wie Selbstbestätigung in der Gelehrtenrepublik.

In Heidelberg formierte sich um den Juristen Georg Michael Lingelsheim ein späthumanistischer Kreis, der sich etwa zwischen 1590 und 1620 um die Erziehung bzw. Beratung der pfälzischen Kurfürs-

Sprachgesellschaften im 17. Jahrhundert

ten verdient machte. Mit einer neu strukturierten Bibliothek (Palatina), weit ausgreifender Korrespondenz und mustergültigen Dichtungen in lateinischer wie deutscher Sprache unterstützten die Gelehrten, zu denen später auch die Poeten Julius Wilhelm Zincgref (1591–1635) und Martin Opitz hinzukamen, das politische Bemühen des calvinistisch-protestantischen Herrscherhauses, sich gegenüber dem katholischen Kaiser als Territorialmacht zu behaupten. Auch die böhmischen Pläne und Aktionen des ‚Winterkönigs' Friedrich V. begleiteten sie publizistisch. Fürst Ludwig von Anhalt gründete 1617 auf Schloss Hornstein bei Weimar die dem protestantischen Adel vorbehaltene „Fruchtbringende Gesellschaft". Deren kulturpolitisches Ziel lag in der elitären Verbesserung der Nationalsprache (Orthografie, Grammatik, Sprachreinheit) wie der Dichtkunst. Die Gesellschaft, zu der nur zögerlich auch bürgerliche Autoren zugelassen waren, konnte jedoch keine besondere Wirkung entfalten und wurde 1680 aufgelöst. Bürgerliche Poetenkreise mit ähnlichen Zielen und größerem Erfolg bildeten sich in Königsberg (Kürbishütte), Nürnberg (Pegnitzschäfer), Hamburg (Elbschwanenorden) und Straßburg (Tannengesellschaft).

Neben dem 1534 gegründeten Jesuitenorden, der den katholischen Glauben durch Schulwesen und öffentliche Mission (Predigt, Theater) wieder etablieren bzw. stärken wollte, wirkten auch andere katholische Orden, jeweils mit poetologischen Programmen, Institutionen und Strategien der Wissensvermittlung. Geheime Bruderschaften wie die Rosenkreuzer verlegten sich auf die Pflege von magischem, unaussprechlichem und verschlüsseltem Wissen (*arcanum*) mit spiritualistischen Zielen (→ KAPITEL 13).

Geistliche Orden und Kollektive

Fragen und Anregungen

- Welche Formen ‚inspirierter' Dichtung kennt die Frühe Neuzeit?

- Beschreiben Sie das Spannungsfeld zwischen Inspiration und Rhetorik.

- In welchen Professionen waren die Autoren der Frühen Neuzeit tätig und wie wirkte sich das auf ihre Poesie aus?

- Charakterisieren Sie die unterschiedlichen Gruppenbildungen von Gelehrten und Poeten in der Frühen Neuzeit.

Lektüreempfehlungen

- **Die deutsche Akademie des 17. Jahrhunderts. Fruchtbringende Gesellschaft. Kritische Ausgabe der Briefe, Beilagen und Akademiearbeiten, Dokumente und Darstellungen**, begründet v. Martin Bircher und Klaus Conermann, Tübingen 1991ff.

Quellen

- **Quirinus Kuhlmann: Der Kühlpsalter** [1684], hg. v. Robert L. Beare, 2 Bände, Tübingen 1971.

- **Erdmann Neumeister: De poetis Germanicis** [1695], hg. v. Franz Heiduk in Zusammenarbeit mit Günter Merwald, Bern / München 1978.

Forschung

- Barbara Becker-Cantarino: Der lange Weg zur Mündigkeit. Frauen und Literatur in Deutschland von 1500 bis 1800, München 1989. *Standardwerk zur gesellschaftlichen Stellung von Ehefrauen, Witwen und Ledigen mit Verweis auf zeitgenössische Emanzipationsansätze.*

- Klaus Garber: Der Autor im 17. Jahrhundert, in: Zeitschrift für Literaturwissenschaft und Linguistik 42, 1981, S. 29–45. *Kontrastive Vergleichsstudie zu Autoren wie Opitz, Birken und Weise.*

- Klaus Garber (Hg.): Europäische Sozietätsbewegung und demokratische Tradition. Die europäischen Akademien der frühen Neuzeit zwischen Frührenaissance und Spätaufklärung, Tübingen 1996. *Generalinventur der verschiedenen frühneuzeitlichen Gelehrtenassoziationen.*

- Ralph Häfner: Götter im Exil. Frühneuzeitliches Dichtungsverständnis im Spannungsfeld christlicher Apologetik und philologischer Kritik (ca. 1590–1736), Tübingen 2003. *Zu Fortleben und Modifikation der heidnisch-antiken Poetenauffassung im Zeitalter der christlichen Konfessionen.*

- Alberto Martino: Barockpoesie, Publikum und Verbürgerlichung der literarischen Intelligenz, in: Internationales Archiv für Sozialgeschichte der deutschen Literatur 1, 1976, S. 107–145. *Grundlegende Informationen zum sozialen und wirtschaftlichen Status der Autoren.*

SCHAEFERGEDICHT.
Auf dem vierten/der viel grösser als die andern war/sahen sie

Und sagte die Schrifft des Kürbß:
Wann ich auch bin halb geschrunden /
Werden diese Liebeszeichen/
Welche Tugendhuld verbunden /
Nie von meiner Härte weichen.

Nach diesem schwang sich das Gerüchte wieder in die Höhe / er-
griff die Trompeten und versprache/solche/als einen Preis aufzuwerf-
fen und dem zu überreichen/welcher unter ihnen beyden das schiflichste
Gedicht von gedachten Herren herstammenden Hochzeitern und Hoch-
zeiterinnen zu Ehren werde hören lassen.

Sie errinnerten sich/daß solches Theil ihre Pflichtschuldigkeit
erforderte / theils die hohe Gunstgewogenheit / welche obberührte
Herren und anjetzo getrauete liebe Angehörige zu ihren Liedern fragen.

Nachdem sie dem Gerüchte gebührliche Ehrerbietung erwiesen/
satzten sie sich unter den nechsten Baum/und fieng Strefon an also zu
fragen:

Was ist die Lieb' ? — — — —
Klaj. — — — — ein ungeheure Glut /
Die glimmt und flammt in jedem jungen Blut.
Was ist die Lieb'?
— — Stref. Ein brünstiges Verlangen/
In Gegenhuld die Liebste zu umfangen.

Was

Dieses ist
abgesehe
auß dem
Tasso und
Lope de
Vega Ar-
cadia f.
351. Oyd
la defi-
nicion de
Amor,
del, &c.

Abbildung 8: Georg Philipp Harsdörffer/Sigmund von Birken/Johann Klaj: *Pegnesisches Schäfergedicht* (1644). Beispielseite

Welcher Gattung soll man das abgebildete Produkt, eine Seite aus dem 1644 von Georg Philipp Harsdörffer, Sigmund von Birken und Johann Klaj anlässlich einer Hochzeit kollektiv verfassten „Pegnesischen Schäfergedicht", zuordnen? Es finden sich gereimte Verse, erzählende Prosa und ein Dialog zwischen zwei Figuren. Dazu kommen ein magisch wirkendes Bildobjekt, das die verschlungenen Initialen der zu feiernden Eheleute zeigt, und eine Marginalie, die auf die verwendeten Prätexte verweist. Angesichts der heterogenen Fülle von Formen und Elementen, die hier in absichtsvoller Kombination versammelt sind, gestaltet sich die eindeutige Bestimmung der Textgattung schwierig. Alles scheint sich den gattungspoetischen Klassifikationsprinzipien späterer Zeiten – Lyrik, Epik und Dramatik – zu widersetzen. Das „Pegnesische Schäfergedicht" stellt sich in die im 15. Jahrhundert wiederbelebte Tradition des antiken Hirtengesprächs (Ekloge): Hier treten Vers, Prosa, Dialog und Bild auf engstem Raum in einen Wirkungsverbund, der keiner puristischen Etikettierung gehorchen will.

Um eine Epoche zu erkunden, sind sachfremde Rubriken wenig hilfreich. So muss etwa die Frage nach der „Lyrik" der Frühen Neuzeit Probleme aufwerfen, da es in dieser Phase keinen einheitlichen oder gar programmatisch verbindlichen Begriff von „Lyrik" gab, wohl aber vielfältige Vers- und Strophenformen vom Zwei- bis Zehnzeiler. In der klassizistischen Gattungstrias, die zwischen Epik, Lyrik und Dramatik unterscheidet, gilt das „Lyrische" als monologische Fassung von subjektiven Gefühlserlebnissen. Diese Definition ist eine zur Konvention erstarrte Idealvorstellung des 19. Jahrhunderts, die den eigentümlich dialogischen Prinzipien des humanistischen Gelegenheitsschrifttums oder auch den Formen des geistlichen Liedes fremd gegenüber steht. In der Frühen Neuzeit finden sich neben unzähligen Eklogen auch Elogen und Elegien, Enzyklopädien, Epicedien und Epigramme. Die effektive Gattungsvarianz der Epoche, auch ihr freies Spiel mit Formzitaten und Formkombinationen ist verblüffend und steht in keinem Verhältnis zu den kargen Nennungen in den poetologischen Theorien. Der folgende kursorische Überblick über verschiedene Textsorten verschafft eine erste Orientierung.

7.1 Topik als Öffnung der Gattungsgrenzen
7.2 Theoretische Formdiskurse
7.3 Dialog, Gespräch und Drama
7.4 Didaktik in Prosa und Vers

7.1 Topik als Öffnung der Gattungsgrenzen

Ertragreicher als eine anachronistische Formenklassifikation erscheint die Frage, welche Schwerpunkte oder poetische Ordnungen eine Zeit selber setzt. Mit diesem empirischen Verfahren ergeben sich unabhängig von punktuellen Betrachtungen zu Autor, Werk oder Gattung strukturelle Hinweise auf die Eigentümlichkeit einer Epoche. Das Interesse der Forschung richtet sich hier auf werkübergreifende Musterbildungen (Topik) oder gesprächsartige Themenvernetzungen (Diskurse) (vgl. Schirren 2000). Ein exemplarischer Diskurs der Frühen Neuzeit zeigt sich im Paradigma des Narren. Als sündhafter Schelm, als lächerliche Kontrastperson oder als naiver Betrachter figuriert der Narr in unterschiedlichen literarischen Formen. Aber auch als fürwitziger Erfinder oder als der ,wahrhaft Weise' spielt er eine didaktische Rolle. Der historische Zeitpunkt seines Auftretens kann wie der seines Verschwindens als Epochenmarke gelesen werden: Als „Eulenspiegel" übernimmt der Narr erstmals in der anonymen Satire des 15. Jahrhunderts seine lehrhafte Appellfunktion, bevor ihn der Frühaufklärer Johann Christoph Gottsched um 1720 als handlungsstörenden „Hanswurst" von der Bühne verbannt.

> Topik und Diskurs

Die provokativen Handlungen und Sprechakte des Till Eulenspiegel, von Herman Bote gesammelt und 1510/11 erstmals gedruckt, unterhielten zeitgenössische wie moderne Rezipienten durch ihren bisweilen unflätig übersteigerten Witz. Ihr tieferer Sinn liegt jedoch in einer zielgerechten Stände- und Sozialkritik. Der Narr als Held verweigert sich der starren Ordnung einer Gesellschaft, die sich in ihrer floskelhaften Sprache konstituiert – also nicht mehr das meint, was sie sagt. Die kritische Vernunft des Narren entlarvt Verschleierungen und verdeckte Inhalte, die dem bürgerlichen Gemeinwohl schaden, wenn Denken und Sprechen nicht mehr übereinstimmen. Ähnliches gilt auch für die „Schildbürger" in den Geschichten des anonymen *Lalebuch* (Erstdruck 1597), die mit ihrer Narrheit auf die Probleme kommunaler Selbstverwaltung verweisen. Noch in Grimmelshausens Schelmenroman *Simplicissimus* (1668) bewältigt ein Ich-Erzähler als ,einfältiges' Subjekt mit Sprachwitz Situationen, an denen sozial Höherstehende scheitern.

> Narrendiskurs

Als abschreckendes Gegenbild zur christlichen Wohlfahrt tritt der Narr in Sebastian Brants *Narrenschiff* (1494) hervor: Hier ist er nicht die listig-komische, sondern eine zutiefst sündhafte Figur, die zur Einhaltung der Gebote Gottes ermahnen soll. Die Narren sind aufgrund menschlicher Schwachheit vom Weg der göttlichen Vernunft abge-

> Verkehrte Welt

kommen und reisen nun gemeinsam nach „Narragonien". Sie verkörpern jeweils verschiedene Sünden wie Wollust, Völlerei, Ehebruch oder Glaubensträgheit. Auf das Laster einer angemaßten Weisheit als der wahren Narrheit konzentriert sich Erasmus von Rotterdam in seinem ironischen *Lob der Torheit* (1511): Hier tritt die personifizierte *stultitia* („Torheit") auf, um sich durch massives Eigenlob selbst zu entlarven. In seiner *Narrenbeschwerung* (1512) treibt der katholische Geistliche Thomas Murner den sündhaften Subjekten den Teufel aus. 1522 sieht sich derselbe Autor genötigt, mit seinen satirischen Waffen nun dem *Große[n] Lutherische[n] Narr* den Teufel auszutreiben. Noch im *Narrenspital* (1681) von Johann Beer führen der faule Lorenz und sein Diener exemplarisch ein törichtes Leben in Müßiggang, von dem sie erst nach dem Besuch einer Anstalt voller Narren ablassen.

Bühnennarren

Die Dramen der Frühen Neuzeit sind geradezu übervölkert mit Narrenfiguren wie „Klaus Narr", „Knappkäse", „Hans Wurst" oder „Pickelhering", die ihr nonkonformistisches Handeln didaktisch wirkungsvoll gegen die Normerfüllung der tugendhaften Haupthelden setzen und die Zuschauer mit ihrem derben Scherz belustigen. Der prahlerische Soldat (*miles gloriosus*) z. B. will mehr sein, als er ist (*superbia*), und macht sich mit falsch gebrauchten Fremdwörtern lächerlich, der lüsterne Greis dagegen verstößt gegen die Anstandsregeln seines Lebensalters.

7.2 Theoretische Formdiskurse

In der traditionellen Rhetorik galt zunächst die Einteilung in die drei Stilebenen (*genera dicendi*) (→ KAPITEL 5.1), die sich auf den Status von Gegenstand bzw. Adressat (nieder, mittel, hoch) und die Funktion (belehren, erfreuen, bewegen) eines Textes beziehen. Eine poetische Differenzierung erfolgte gelegentlich in ungebundene Rede (Prosa) oder gebundene Rede (Metrik), auf der Ebene der Affekte unterschied man Komisches von Traurigem. Nach dem Fiktionalitätsgrad trennte man Erfundenes (*fabula*) von Faktendarstellungen (*historia*). Erst mit der zunehmenden Rezeption der aristotelischen Poetik im Original, die der italienische Rhetoriker Julius Caesar Scaliger (1484–1558) angestoßen hatte, festigte sich ein Gattungsschema, das sich an der angemessenen Nachahmung (Mimesis) von Handlungen orientierte. Epos, Tragödie und Komödie traten mit nationalsprachlichen Vorgaben (Erzählung, Trauerspiel, Freudenspiel) in einen produktiven Zusammenhang.

Unterscheidung nach Stil und Funktion

In seinem programmatischen *Buch von der Deutschen Poeterey* (1624) unterscheidet Martin Opitz streng nach Aristoteles „geticht und erzählung" als fiktive und „historien" als tatsachengebundene Gattung. Nach ständischen Kriterien etabliert er „tragedie" und „heroische getichte", in denen niedere Personen und geringe Probleme keinen Platz haben, sondern nur Herrscherfiguren und Grausamkeiten wie Krieg, Kinds- und Vatermord, Blutschande etc. Dagegen besteht die „Comedie" aus „schlechtem wesen vnnd personen: redet von hochzeiten /[...] / betrug vnd schalckheit der knechte /[...] / leichtfertigkeit der jugend /[...] kuppeley vnd solchen sachen / die täglich vnter gemeinen Leuten vorlauffen" (Opitz 1991, S. 27). Als drittes nennt Opitz noch die „Satyra" mit dem „Epigramma" als einer kurzen Untergattung: Beide zielen als Lehrdichtung mit „stachligen vnd spitzfindigen reden" auf moralisches Fehlverhalten. Schließlich thematisiert er „Eclogen oder Hirtenlieder", die ihre Themen (Liebe, Buhlschaft, Heirat, Tod) mit einer ländlichen Personenstaffage verschlüsseln. „Elegien" dienen dem Ausdruck von Trauer, unerfüllter Liebe und Sehnsucht nach dem Abwesenden. „Echo" als Klangspiel erscheint auch als eigene Gattung, gefolgt von „Hymnen" (Lobgesänge an die Götter) und „Sylven" (Sammlung von Gelegenheitsgedichten). Hiervon zu unterscheiden sind „Lyrica" als „getichte die man zur Music sonderlich gebrauchen kan" und die zur Fröhlichkeit anleiten sollen (Opitz 1991, S. 30).

Gattungen bei Martin Opitz

Das *Buch von der Deutschen Poeterey* gilt für die zeitgenössischen Autoren keineswegs als verbindlich, auch wenn Opitz einzelne Gestaltungsvarianten rigide für „falsch" erklärt. Theoretische Poetik und tatsächlich geübte poetische Produktion erweisen sich als zwei verschiedene Systeme, die nebeneinander existieren. Gegen die epochenfremde Gattungstrias aus Lyrik, Epik und Dramatik, aber auch gegen Opitz' schmalen Gattungskatalog tritt eine unüberschaubare Vielfalt von Textsorten. Wichtige Hinweise zum Gattungsverständnis geben auch die anspruchsvollen Vorreden, in denen die Autoren oftmals theoretische Überlegungen anstellen, bevor sie diese dann im Text umsetzen. So klärt z. B. Sigmund von Birkens „Vor-Ansprache" zum *Aramena*-Roman (1669) die Möglichkeiten eines „Geschicht=Gedichts" (→ KAPITEL 12).

Vielfalt von Textsorten

Nach dem gelehrten Poesie-Begriff (→ KAPITEL 3) gilt Literatur als universales Transformationsprinzip, das mit sprachlichen Mitteln disziplinäres Einzelwissen aus Naturwissenschaft, Theologie, Staatswesen oder Ethik vermittelt und damit nicht an scharfe Gattungsgrenzen gebunden ist. Informationen etwa zum Herrschaftsdiskurs können sich auch in einem agrarwissenschaftlichen Fachbuch finden,

Fehlende Gattungsgrenzen

Romane belehren über Theologie und Schiffsbautraktate gehen historischen Reflexionen nach. Vor allem können verschiedene Gattungsformen aus Antike oder Lokaltradition auch frei kombiniert werden, ein Verfahren, das spätere Epochen, denen Gattungsreinheit als Ideal galt, häufig attackierten (→ KAPITEL 1.1).

Ein Autor in der Frühen Neuzeit mischte unbefangen Prosa und Vers, Ernstes und Lächerliches, Text und Kupferstich oder Flugblatt und Roman, immer legitimiert durch die Lizenz der rhetorischen Kombinationskunst (*ars combinatoria*) (→ KAPITEL 5, 6). Ganz bezeichnend ist es daher für die Epoche, dass sich die Gattungen Komödie und Tragödie wie auch die Affekte Lachen und Weinen nicht antithetisch gegenüberstehen, sondern unterschiedliche Formen der Vermittlung finden. Man kombinierte komische und tragische Elemente in einer typen- und bezeichnungsreichen Dramenpraxis: Die Gattungszuordnungen „Comedi" und „Tragedi" erscheinen wie auch ihre Mischformen „tragicomedia" und „comicotragedia" recht beliebig verwendet. Ebenso finden sich Bezeichnungen wie „Schimpf- und ernstliches Schauspiel", „trauriges Frewden vermängtes Schauspiel" oder gar „lustige tragedi", ohne dass hieraus bereits Form und Absicht der jeweils aktualisierten Kombination ablesbar würde.

In vielen Dramen besteht lediglich ein heterogenes Nebeneinander von Episoden nach dem Prinzip „Haupthandlung mit korrespondierendem Zwischenspiel", so etwa in Johann Rists *Friedejauchzendes Deutschland* (1652), wo die Aktgrenzen die hohen Standespersonen von den Vertretern niederer Stände isolieren. Bei Johann Sebastian Mitternacht oder Christian Weise, Pädagogen des 17. Jahrhunderts, treten die Stände jedoch direkt in einen wirksamen Handlungszusammenhang und sind durch einen dramatischen Konflikt verbunden (→ KAPITEL 11). Andere Stücke zeichnen sich dadurch aus, dass plötzlich ein Narr in ein ernstes Geschehen tritt. Ein finaler Mischtyp ändert im Spielverlauf seine Ausrichtung: ein tragisches Geschehen endet dann glücklich, ein komisches in der Katastrophe. Schließlich erfolgt auch die Mischung von hoher und niederer Sprache, nicht selten wählen Autoren einen mittleren, die soziale Hierarchie überspielenden Stil. Dadurch gelingt es, verschiedene gesellschaftliche Schichten in einem gemeinsamen Handlungsraum zu vereinen und die jeweiligen Befugnisse der einzelnen Stände vorzuführen. Das Mischspiel eröffnet dem rhetorischen Autor ein freies Schaltfeld zwischen hoch und niedrig, versöhnlich und katastrophal, ernst und lustig.

Es ist vorrangig die Poetik der Jesuiten, die die vielfältigen Möglichkeiten der Mittelgattungen diskutiert. Neben dem Böhmen Jacob

Gattungskombinatorik

Kombinatorische Parameter

Theorie der Mittelgattungen

Pontanus (1542–1626) ist hier vor allem der Rheinländer Jacob Masen zu nennen. Masen realisiert die Theorien auch umgehend in eigenen Stücken wie dem *Rusticus imperans* (Der herrschende Bauer, 1657). Unter der Maxime des *movere, der erschütternden Überwältigung des Zuschauers*, mit der die katholische Glaubenspropaganda als *ecclesia militans* („kämpfende Kirche") agiert (→ KAPITEL 10), entfallen formale oder soziale Beschränkungen: Hohe Personen gehen einem freudigen Ausgang entgegen, niedere stürzen rettungslos in die Katastrophe. Protestantische Theoretiker stehen der Gattungsmischung eher zurückhaltend gegenüber. Martin Opitz nennt 1624 lediglich das Satyrspiel und verbietet niedere Personen im Trauerspiel. Einen Beweis in Dramenform unternimmt Andreas Gryphius in seinem *Peter Squentz (1658)*: Angehörige niederer Stände zeigen sich grundsätzlich unfähig zur Tragödie und müssen sie zwangsläufig zur Komödie machen.

Vor allem aber aus wirkungspsychologischen Gründen erscheint die Kombination verschiedener Elemente geboten. Um eine sensorische Abstumpfung des Publikums zu vermeiden, sollen Affekte konträr aufeinanderfolgen, sodass die Aufmerksamkeit durch ständige Veränderung und unerwartete Kombination von Personen und Handlungen erfrischt bleibt. Durch Überraschungseffekte ist die emotionale Beteiligung, die Leidenschaft des Zuschauers stets zu erneuern. Wenn sich die Verwicklungen bis zu einem unerwarteten Ende steigern, prägen sich auch die didaktischen Inhalte umso nachhaltiger ein. Damit dominiert auch hier das *movere* über das *docere*. In seiner *Dichtkunst des Spaten* (1685) entwickelt der Protestant Kaspar Stieler eine entsprechende Theorie des Mischspiels und zeichnet erstmals seine *Ernelinde* (1665) mit dieser Gattungsbezeichnung aus. Eine auffällige Zusammenführung bzw. Nivellierung aller Stände und Stilarten zeigt vor allem die in der Frühen Neuzeit beliebte Form des Hirtengesprächs (Ekloge). Dieses in der zeitlosen Ideallandschaft Arkadien angesiedelte Genre mischt Verse und Prosa, Dialoge, Sentenzen und Zitate und bietet damit ein prototypisches Demonstrationsobjekt für die Möglichkeiten der *ars combinatoria*.

Wirkungsästhetik

Ekloge als Mischform

7.3 Dialog, Gespräch und Drama

Konstitutiv für das Gattungsspektrum des rhetorischen Zeitalters sind Formen, die den korrespondierenden Wechsel zwischen Redner und Respondent (Gegenredner) voraussetzen: Brief, Disputation, Tisch-

Gespräch und Dialog

gespräch, Gesprächsspiel und ähnliche Termini signalisieren das oft schon im Titel. Fast ließe sich die ganze Epoche mit ihren Dialogen erfassen: In Johannes von Tepls *Ackermann* tritt um 1400 der gelehrte Poet gegen den Tod an (→ KAPITEL 3.1), in Heinrich Wittenwilers *Ring* (um 1400) diskutieren die Bauern ihre Eheprobleme, in Heinrich Bebels *Dialogus de optimo studio iuvenum* (Über die beste Lernweise der Jugend, 1501) verteidigt der „Poeta" die Dichtung gegen ihren Verächter, Johannes Reuchlin gestaltet sein Grundwerk *De verbo mirifico* (Das wundertätige Wort, 1494) als dramatisierte philosophische Unterredung mit Lehrcharakter. Die *Dunkelmännerbriefe* (1517), das romkritische *Gesprächbüchlein* Ulrich von Huttens (1521), die moraldidaktischen Dialoge von Erasmus, Hans Sachs oder Jörg Wickram setzten den disputatorischen Formdiskurs fort, der sich dann in der Konfessionspolemik mit verschärften Mitteln zu ungekannter Varianz steigerte (→ KAPITEL 10.2). Auch die Tagespolitik (Krieg, Königsmord, Herrscherentscheidungen) diskutieren fiktive Gesprächsteilnehmer in Dialogen, die über die Flugblätter (→ KAPITEL 8) weite Verbreitung fanden. Die realen militärischen Konfrontationen wachsen sich in schriftlicher Form zu förmlichen Argumentationskriegen aus.

Bildung und Dialog

Als didaktisches Medium greift die Wechselrede nahezu auf alle Lebensbereiche zu: Gesundheitspolitisch hilft etwa ein *Gesprech uber den Arzten und jhre Arztney* (anonym, 1607), das ein gelehrter Bürger und ein Handwerker über Ärzte, Pest und Heilmittel führen. Der Nürnberger Georg Philipp Harsdörffer präsentiert mehrbändige *Frauenzimmer=Gesprächsspiele* (1641–49), die sowohl poetische Fragen diskutieren als auch allgemeine Weltkenntnis vermitteln und das Urteilsvermögen der Leser schärfen sollen. Die Zeitschrift *Monats=Gespräche* (1688–90) des Christian Thomasius zeigt schließlich, dass der Frühaufklärer hier nur leichte Modifikationen bereits eingeführter Formen vornimmt. David Fassmann beschließt die Reihe mit seinen *Gespräche[n] aus dem Reiche derer Todten* (1718–39), in denen nach dem Vorbild des römischen Satirikers Lukian zwei prominente Personen über historische, politische oder moralphilosophische Themen plaudern.

Akademie und Dialog

Die akademische Form des Streitgesprächs ist die Disputation: eine kontroverse Erörterung einer wissenschaftlichen Frage ohne zwingende Einigung. Ebenso kann ein Gutachten bzw. Gegengutachten als Gesprächsbeitrag gewertet werden, wenn in einer strittigen Sache das Urteil von Sachverständigen helfen soll, ein Problem zu lösen. So wurden z. B. zahllose Gutachten eingeholt, um zu klären, ob die Dramen des heidnischen Römers Terenz der christlichen Sitte entsprechen oder ob sie als obszön aus dem Unterricht zu entfernen seien. Damit avanciert diese Textsorte sogar zum literaturanalytischen Instrument der Zeit.

Als Korrespondenz zwischen Partnern oder Gegnern, als publizierte Selbstdarstellung oder aber auch als Instrument zur gezielten Einflussnahme auf Entscheidungsträger nimmt die frühneuzeitliche Briefkultur einen besonderen Rang ein. Das Spektrum reicht von der kurzen Mitteilung einer aktuellen Neuigkeit („zeitung") bis zur umfangreichen theoretischen Abhandlung über lebenspraktische Fragen. Die 4 000 erhaltenen Briefe der am französischen Hof lebenden Liselotte von der Pfalz (1652–1722) gelten etwa als erstrangige Quelle für die Interna im Umfeld des Sonnenkönigs Ludwig XIV. Als gemeinschaftsbildendes Medium half der Brief, Kontakte zu knüpfen und die Zugehörigkeit zur *republica litteraria* („Gelehrtenrepublik") zu erweisen. Entsprechende Sorgfalt verwandte man auf sprachlichen Ausdruck, Zitate und Anspielungen, man schrieb immer schon für Publikation und Publikum, auch wenn man im Brief nur eine einzelne Person ansprach.

Brief

Kaum wundert es, dass die Frühe Neuzeit den Dialog auch in sichtbare Handlung performativ umsetzt und auf das Drama bzw. das Theater als die wichtigste innovative Leistung verweisen kann. Was der gedankliche Gehalt eines Zwiegesprächs vorgibt (Logik, Dialektik), kann die poetische Invention (Findung) mit zusätzlichen Szenen und Figuren, die Disposition (Anordnung) aber mit spannungsvollen Umstellungen wirkungsvoll steigern. Vor allem können leibhaftig handelnde Gestalten und eine authentische Sprache (*elocutio*) stärker beeindrucken, indem sich das Geschehen glaubhaft vor den Augen des Adressaten abspielt. Die sinnliche Steigerung (*amplificatio*) mit Kostümen, Requisiten, Kulissen und visuellen Effekten, schließlich durch Musik und Gesang in Oper und Festspiel, leistet ein Übriges. Rasch differenzierte sich nach 1450 eine umfassende Palette von dramatischen Darbietungsformen aus. Auf der Basis lokaler, nicht selten heidnischer Spieltraditionen, entwickelten städtische Akteure und Rhetoren das geistliche Schauspiel und das Fastnachtsspiel. Parallel dazu und ohne zwingenden Zusammenhang transformierte das neulateinische Gelehrtentum die römische Komödie (nach Terenz und Plautus) für den aktuellen Gebrauch, bald auch schon mit eigenen Nachbildungen. Volkssprachige Komödienformen belegen die erfindungsreiche Praxis der Autoren. Man überzeichnete Stereotypen wie den versoffenen Dorfschulmeister, die gerissene Verleumderin oder

Dramatische Formen

den ausfälligen Studenten, damit das Publikum die entsprechenden menschlichen Laster verlachen konnte.

Geistliches Theater

Mit dem geistlichen Drama und seinen inszenierten Bibelstoffen oder mit den Trauerspielen um historische, legendäre oder mythische Figuren (Märtyrerdrama) intensivierte man metaphysische, moralphilosophische oder staatstheoretische Fragen als dramatisches Erlebnis. In der Frühen Neuzeit orientierte sich das Trauerspiel zwar an antiken Vorbildern, man kannte jedoch nicht die damit verbundene Vorstellung von Tragik. Die christliche Erlösungsgewissheit schloss die hoffnungslose Vernichtung einer positiven Figur und damit die Tragödie als dramatische Form aus. Ein noch so jammervolles Dramengeschehen kann nicht rettungslos im Untergang enden, denn Passion und Auferstehung Christi zeigen die Überwindung von Schrecken und Tod. So darf auch der Märtyrer nach irdischer Qual und Tod das ewige Leben für seine bewiesene vorbildliche Stärke (*constantia*) im Glauben und für den Glauben erwarten. Die christliche Heilsauffassung in Verbindung mit dem antiken Stoizismus, der die Verachtung irdischer Glückgüter lehrte, verlegte den Dramenausgang damit in die Ewigkeit, die für den Tyrannen Verdammnis und Höllenqual, für den Märtyrer aber den Himmel bedeutete.

Tragikomödie als Theologie

Noch konsequenter erfüllt das Mischspiel die theologische Vorgabe. Gerade die Tragikomödie kann sinnfällig zeigen, dass die Gerechtigkeit Gottes immer einen guten Schluss bewirkt. Das Mischspiel holt die Rettung noch in den Spielverlauf des Dramas herein. Die geänderte Finalität, der Umschwung vom Jammer in die Freude, entspricht adäquat der Erlösung aus dem Übel und der Überwindung der sündhaften Welt. Dies zeigen etwa Johann Christian Hallmann mit seinem *Trauer=Freuden=Spiel Antiochus und Stratonica* (1684) oder August Adolph von Haugwitz mit seinem *Mischspiel von der Obsiegende[n] Tugend / oder der bethörte, doch wieder bekehrte Soliman* (1684). Zwar geben sich diese Stücke im hohen Stil (*genus grande*) als Trauerspiele und verzichten auf komische Elemente oder niederes Personal, der versöhnliche Ausgang macht sie jedoch zu einer Variante des Mischspiels. Die Protagonisten erkennen die Zeichen der göttlichen Liebe, sie erweisen Beständigkeit und überwinden vorbildlich die menschliche Schwachheit und Schuld (Erbsünde).

Neulateinisches Drama

Das neulateinische Drama vermittelt neben der antiken Sprache vor allem die großen mythologischen und historischen Stoffe, dramatische Strukturen und Personaltypen. Das Gefundene kann hier wirksam für die gesellschaftlichen Erfordernisse der Gegenwart transformiert und genutzt werden, sei es nun im pädagogischen oder politischen Bereich. Diente das Hoftheater der dynastischen Repräsentation, das geistliche Drama der Glaubenspropaganda, so zielte das Schuldrama primär auf die didaktische Heranführung des Schülers zum Dialog. Durch die agierende und reagierende Fragetechnik erarbeitete sich der schauspielende Schüler neben dem Repertoire auch die Sicherheit des Auftretens. Der Tübinger Rhetoriker Nicodemus Frischlin nutzte seine *Rebecca* (1576) oder die *Hildegardis Magna* (1579), um in wirkungsvoller Kombinatorik aus derb-lustigen und ernsthaft belehrenden Szenen den lokalen Adel zurechtzuweisen. Auch gegen verderbtes Latein und scholastische Beschränktheit des Denkens polemisierte er, etwa in seiner grammatischen Komödie *Priscianus vapulans* zum Tübinger Universitätsjubiläum 1578.

7.4 Didaktik in Prosa und Vers

Effektive Belehrung mit minimalen Mitteln gewährt das Epigramm. Als Grabinschrift in der Antike entstanden, blieb es der Kürze und Prägnanz verpflichtet, auch als Scherzfrage, Merkspruch, Anekdote oder Rätsel. Von dem Psalmendichter Ambrosius Lobwasser (1515–85) über den Neulateiner Simon Lemnius (1511–50) bis zu dem Diplomaten Christian Wernicke (1661–1725) zeigen sich zahllose Autoren als Meister der Wortspiele und Zweideutigkeiten. Hier brilliert die *argutia* („Scharfsinnigkeit"), gefragt sind paradoxe Wendungen oder witzige Trugschlüsse. Stets geht es gegen menschliche Laster, aber auch um nationale Konfrontationen, Hof- oder Ständekritik, Geschlechterdiskurs oder Kriegsablehnung. Mystische Sinnreime, wie etwa in der Sammlung *Cherubinischer Wandersmann* (1675) des Angelus Silesius, erweisen auch den geistlichen Nutzen von Epigrammen, die sich nicht nur in Büchern, sondern auch als Inschriften an öffentlichen Gebäuden finden.

Mehr Raum zur Ermahnung gewährte die Predigt, ob sie nun als Auslegung der Heiligen Schrift den Glauben verkündet (*fides ex auditu*) oder als *propaganda fidei* („Glaubenspropaganda") mit allen rhetorischen Lizenzen agitiert. Die Homiletik (Predigtlehre) sorgt als didaktische Spezialisierung der Rhetorik für die entsprechende Ausbildung. Untergattungen wie Huldigungs- oder Krönungspredigt zeigen den anlassbezogenen Charakter im weltlichen Geschehenszusammenhang. Leichenpredigten erhalten bisweilen besonders biografische Züge und bieten eine wichtige Quelle für die frühneuzeitliche Persönlichkeitsforschung.

Epigramm

Geistliche Unterweisung

Neulateinische Versdichtung

Persönliche Gefühle haben in der weitgehend didaktisch geprägten Dichtung der Frühen Neuzeit kaum einen Platz. Allerdings eröffnete die gehobene Diktion des klassischen Latein hier gewisse Möglichkeiten. Nach den Vorbildern der antiken Dichter Horaz, Pindar oder auch Anakreon gab man, mit spielerischer Varianz in die anstrengungslose Form des Lyrischen – also des Sangbaren (*lyra* „Leier") – eingepasst, gefühlvolle Oden, euphorische Hymnen oder ausgelassene Dithyramben (Chorgesänge). Hinzu trat die elegische („traurige") Poesie in Distichen (Verspaare). Lateinische Versdichtung kann sich wie die spätere deutsche auf unzählige Anlässe (*casus*) beziehen: Man schrieb dem Herrscher huldigende Eklogen (Hirtengedichte) oder Herioden (Heldenbriefe), verfasste Lob auf eine Person, Stadt oder Landschaft und erprobte dabei im freien Wettbewerb eine Fülle von virtuosen Versformen, Gattungen und Stilmitteln. Biografische Ereignisse waren willkommen, um sie mit lateinischen Formen kunstgerecht zu stilisieren, Gelegenheiten wie Geburt, Taufe, Hochzeit (Epithalamien) und Tod (Epicedien), Krankheit und Genesung, Reiseabschied (Propemtica), Reiseverlauf (Hodoeporicon), Glückwünsche zu Examen, Amtsantritt oder Jubiläum. Auch erotische Elegien nach antiken Vorbildern (Titull, Ovid, Properz) erfreuten sich großer Beliebtheit und wirkten vermittelt auch auf den deutschsprachigen Petrarkismus.

Elegien und Lied

Die Elegien, die der Hesse Petrus Lotichius Secundus (1528–60) im Schmalkaldischen Krieg verfasste, artikulieren auf außergewöhnliche Weise die Gedanken und Seelenverfassung eines unmittelbar betroffenen Individuums. Obwohl Lotichius hier eine Kunstform für die subjektive Erfahrung (Liebe, Krieg, Politik) ausbaut, bricht er doch nicht in ‚genialische Originalität' aus, sondern bleibt im Dialog mit den antiken Vorgaben. Die deutsch schreibenden Autoren greifen dagegen auf die lokalen Traditionen der Lied- und Spruchdichtung zurück, auf das Meisterlied wie das Kirchenlied, und bemühen sich um metrisch anspruchsvolle, sangbare Formen auch in der Nationalsprache. Vom lutherischen Gemeindelied bis zu den erotisch gefärbten Dichtungen des Pietismus zeigt sich eine immense Variationsbreite. Der Text dominiert und isoliert den Singenden als Individuum: Der Liebende, der Betende lenkt die Aufmerksamkeit auf sein emotionales Erleben. Auch hier tritt aber immer wieder ein imaginäres „Du" hinzu, mit dem der Sprecher dialogisiert, durchaus mit Verbindungen zu Singspiel, Opernlibretto und Oratorium.

Kürzere Prosaformen wie Mären, Legenden, Novellen, Schwänke oder Fabeln erwiesen sich als effektives Mittel der moralischen Unterweisung. Umfangreicher ist der auf französischen Vorlagen basierende Prosaroman, der seit Aenea Silvios Schlüsselnovelle *Euryalus und Lucretia* (1444) auch mit politischen Geschehnissen in Verbindung steht. Alle Prosaromane haben einen (wenn auch meist anonymen) historischen Verfasser, sodass es sich verbietet, hier ein „Volksbuch" zu mystifizieren, wie es in der Romantik etwa der katholische Publizist Joseph Görres tat. Mit Verspätung differenzierte sich nach 1600 auch ein Spektrum epischer Großformen aus, über das die europäischen Nachbarn längst verfügten: der Picaro-Roman, der höfisch-historische Roman, der Schäferroman, schließlich der politische und galante Roman. Gebrauchs- und Sachprosa wie Kalender, Diarium (Tagebuch) oder Chronik, Lebenslauf, Reisebericht oder Festbeschreibung bietet Einblick in Wissensbestände und Werturteile, die intertextuell auch jederzeit mit anderen Gattungen in Verbindung treten können. Systematische Wissenssammlungen (→ KAPITEL 4, 9) wie Enzyklopädien, Wörterbücher oder Titularbücher (Anredeformen) sind als zuliefernde Textsorten über die *inventio* ebenso an der rhetorischen Produktion beteiligt. Fachprosa zur Astrologie, Arzneikunde, Fortifikationskunde (militärische Befestigung), aber auch Kräuterbücher und Publikationen zum Garten- und Weinbau sind nach dem Literaturbegriff der Zeit genauso zu berücksichtigen wie Texte aus der Verwaltung (Schulordnungen, Universitätsstatuten, Zunftsatzungen).

Epische Formen und Sachprosa

Fragen und Anregungen

- Erläutern Sie, warum die klassische Trias aus Lyrik, Dramatik, Epik für die Frühe Neuzeit zu einer verfälschten Sicht auf die Epoche führen könnte.

- Charakterisieren Sie die Formen der theoretischen Gattungsdiskussion der Frühen Neuzeit.

- Welchen Rang nimmt die Gattungskombinatorik vor dem Hintergrund der rhetorischen Theorie ein?

- Beschreiben Sie die Zusammenhänge zwischen den Textsorten der Frühen Neuzeit und dem antiken Gattungssystem.

Lektüreempfehlungen

Quellen

- Manfred Brauneck / Alfred Noe (Hg.): Spieltexte der Wander-
  bühne, Berlin / New York 1970ff.

- Maria Fürstenwald (Hg.): Trauerreden des Barock, Wiesbaden
  1973.

- Eva Klesatschke / Horst Brunner (Hg.): Meisterlieder des 16. und
  17. Jahrhunderts, Tübingen 1993.

Forschung

- Ernst Rohmer: Das epische Projekt. Poetik und Funktion des
  „carmen heroicum" in der deutschen Literatur des 17. Jahrhunderts, Heidelberg 1998. *Entwickelt eine detaillierte Geschichte der
  Heldenepik und ihrer Theorie seit der Antike.*

- Hans-Gert Roloff: Neulateinisches Drama, in: Reallexikon der
  deutschen Literaturgeschichte, Bd. 2, Berlin 1965, S. 645–678.
  *Vermittelt einen detaillierten Überblick über die Gattung zwischen
  dem 15. und 18. Jahrhundert.*

- Hans-Jürgen Schings: Consolatio tragoediae. Zur Theorie des
  barocken Trauerspiels, in: Reinhold Grimm (Hg.), Deutsche Dra-
  mentheorien, Köln 1971, 3., verbesserte Auflage 1980, S. 19–55.
  *Grundlegende Darstellung der Besonderheit des christlichen Tragö-
  dienbegriffs mit illustrativen Beispielanalysen.*

- Wulf Segebrecht: Das Gelegenheitsgedicht. Ein Beitrag zur Geschichte der Poetik der deutschen Lyrik, Stuttgart 1977. *Standardwerk zu allen relevanten Problemaspekten der zentralen frühneuzeitlichen Gattung.*

- Stefan Trappen: Gattungspoetik. Studien zur Poetik des 16. bis
  19. Jahrhunderts und zur Geschichte der triadischen Gattungslehre,
  Heidelberg 2001. *Hilfreiche Einführung in die Gattungsproblema-
  tik der Frühen Neuzeit mit Blick auf die Antike und die Bewertung
  des Klassizismus um 1800.*

8 Medien und literarische Institutionen

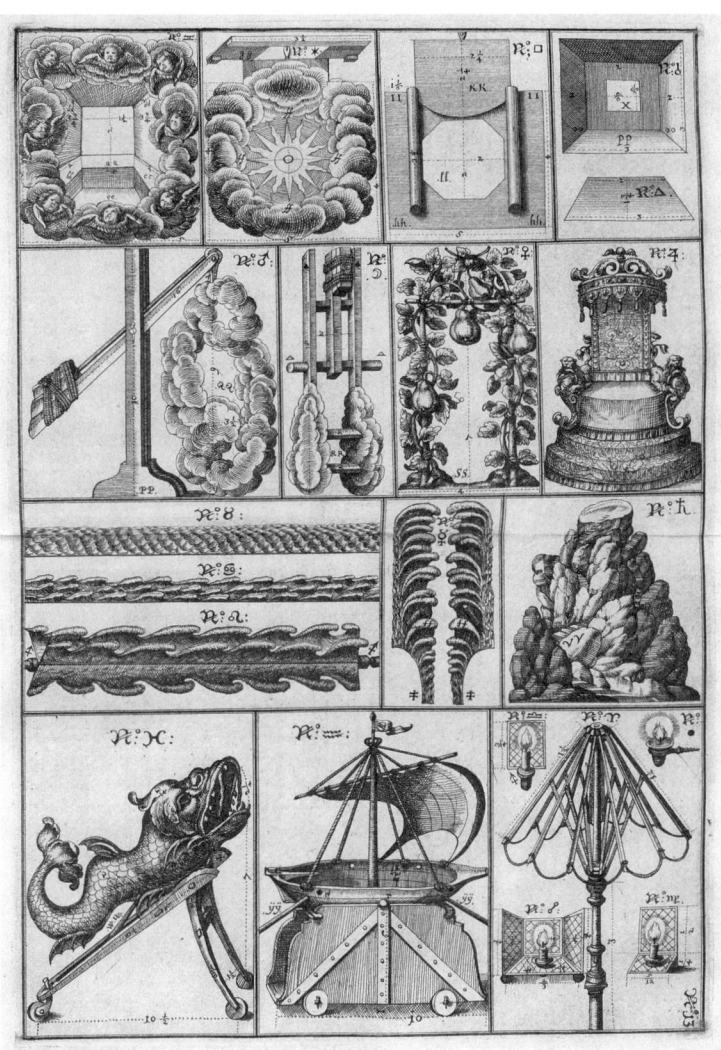

Abbildung 9: Theatermaschinen aus Joseph Furttenbachs *Mannhaffter Kunst=Spiegel* (1663)

Sprache und Text sind selbst bereits Medien. Sie übermitteln Außersprachliches oder konkretisieren mit ihren rhythmischen, klanglichen und bildlichen Ausdrucksmöglichkeiten allzu abstrakte Aussagen. Was aber passiert, wenn diese Medien nun nochmals medial transformiert werden? Wort und Text können mit Abbildung und Druck, als Flugblatt oder Theaterinszenierung verstärkt und weitreichender wirksam werden. Joseph Furttenbach gibt in seinem „Mannhaffte[n] Kunst=Spiegel" (1663) Einblick in das Arsenal der mechanischen Kunst. Raffinierte Theatermaschinen unterstützen die Vorstellungskraft, das Illusionstheater kann mit Seilzügen, Geräusch produzierenden Apparaten oder Luft- und Lichtzirkulationen das Unerwartete real vor die Augen des Zuschauers bringen. Die verbale Gedankenlogik eines Textes erfährt durch sinnliche Zusatzerlebnisse eine ungekannte affektische Steigerung, die den Adressaten überwältigen muss.

Der Medienbegriff der Frühen Neuzeit lässt sich nicht allein auf die Erfindung des Buchdrucks (1450) reduzieren. Die auf Überzeugung einer wachsenden Öffentlichkeit angelegte Textproduktion machte einen umfassenden qualitativen Wandel der Übermittlungstechniken erforderlich: Predigt, Ritual, Prozession, Zeremoniell, Tanz, Theater und Oper gewähren mit Schall, Bewegung und Illusion neuartige Transformationen des Wortes. Die einzelne Handschrift hatte wenige stille Leser, wurde allenfalls von einem Lektor während der mönchischen Mahlzeit vorgelesen oder langsam durch Abschriften verbreitet. Ein Text, mit lebenden Figuren, mit Bildern und Musik vor einem großen Publikum mehrfach an verschiedenen Orten inszeniert, zeitigt völlig andere Wirkungen, ebenso wenn er typographisch vervielfältigt als Ware in einem dynamisch wachsenden Markt ortsunabhängig und zeitgleich zur Verfügung steht. Der Rezeptionsvorgang verschiebt sich vom Hören zum Sehen und Lesen.

8.1 Bild und Wort: ein theologischer Medienwechsel
8.2 Technische Medienwechsel
8.3 Übermittlungsformen und reale Präsentation

8.1 Bild und Wort: ein theologischer Medienwechsel

Die Rekonstruktion von historischer Kommunikation bleibt angewiesen auf materielle Überlieferungsträger. Neben Gebäude- oder Gegenstandsbeschriftungen sind dies vor allem Beschreibstoffe wie Pergament, Papier oder Textilien. Der mündliche Vortrag, also Erzählung, Predigt, Rede oder Lied, ist aus der zeitlichen Ferne nur schwer rekonstruierbar, hat aber stattgefunden und auch Wirkung entfaltet. Die objektgebundene Speicherung der Ideen repräsentiert daher immer nur einen Ausschnitt aus dem tatsächlich verlaufenen Kommunikationsprozess.

Mündlichkeit und Schriftlichkeit

Der Autor hat nicht nur die Wahl zwischen verschiedenen Trägermedien, sondern auch die zwischen Wort und Bild als Transfermedien für seine Absichten. An diesem Punkt macht sich bereits eine konfessionelle Differenz bemerkbar. Nach protestantischer Auffassung empfängt der Gläubige den Heiligen Geist allein durch Wort und Schrift (*sola scriptura*). Ob als gelesenes oder gehörtes Wort (*fides ex auditu*), das begriffliche Konstrukt erhält eine fundamentale Bedeutung als Glaubensinstrument. Bibel und Gottesdienst in der Volkssprache sind damit für die Heilsvermittlung unverzichtbar. Allerdings machen es die komplexen (lateinischen) Formen der theologischen Wissenstradition erforderlich, den deutschen Wortschatz und Satzbau zu verbessern. Über den sprachlichen Akt muss der Prediger (Verkünder) immer wieder aufs Neue die Verbindung zwischen Christus und dem Gläubigen herstellen. Der Hochwertung des Wortes entspricht die Abwertung des Bildes: Es gilt als verführerisches Blendwerk und Verdummung, ja im Extremfall als Götze. Der Reformator Andreas Karlstadt (1480–1541) sah in der Bilderverehrung einen Verstoß gegen das erste Gebot und eine unzulässige Materialisierung des Heiligen. Die gefährliche magische Präsenz der Bildwerke suchte man durch die Macht des gehörten wie gelesenen Wortes zu brechen. Das reine Sehen, die ergebene Versenkung in die wortlose Magie eines visuellen Objekts galt als verwerflich.

Fides ex auditu

Die katholische Seite dagegen beharrte auf den visuellen Medien. Bildkünste, Theater und visionäre Texte erhielten durch die Jesuitenrhetorik einen neuen Stellenwert. Die mit Hilfe einer inwendigen Vorstellungskraft, also mit der individuellen Fantasie ausgemalten Gräuel der Märtyrerkämpfe oder gar die Passion Christi bewirken demnach ein besonders seelenerschütterndes Glaubenserlebnis (*movere*), das mit

Spectaculum und innerer Schauplatz

einem kargen Begriffswort (*docere*) nie zu erlangen wäre. Das aus Bildern arrangierte „Spectaculum", sei es ein inneres (Einbildung) oder ein äußeres (Inszenierung), führt den Menschen zur tieferen ‚Erkenntnis' der göttlichen Heilsordnung. Der Poet muss ein affektgeladenes Schauspiel aus unerwarteten Bilderlebnissen arrangieren, das den Zuschauer überwältigt und ihn aus seiner irdischen Beschränkung reißt. Nur so kann er eine Ahnung der göttlichen Schöpfung, aber auch der sie bedrohenden teuflischen Mächte bekommen.

Jesuitische Inszenierungskunst

Die jesuitische Inszenierungskunst zielt auf die Intensivierung der Einbildungskraft. Zunächst vermag dies das Wort, vor allem aber die Wortkombinatorik, die überraschende Metapher, der übermäßige Einsatz rhetorischer Figuren, der scharfsinnige Dialog oder eben die effektvolle Gattungsmischung (→ KAPITEL 5, 7). Sprachkunst reicht jedoch nicht aus, eine Verstärkung ist notwendig: durch das reale Bild, durch Kulissen, Maschinen und Beleuchtung, aber auch durch technische Klangeffekte wie Donner oder Sturmgeheul. Die durch sinnliche Zeichen andeutungsweise vorgestellten Inhalte wirken sehr viel direkter und stärker als ein wörtlicher Begriff, denn sie müssen nicht erst durch den Verstand ausgearbeitet werden. Die *actio*, das effektvolle körperliche Auftreten mit Mimik, Gestik und Stimmklang, dominiert alle anderen Teilbereiche der Rhetorik und ist nicht zuletzt als Vorbereitung für das wirkungsvolle Agitieren in der Öffentlichkeit ein zentraler Lehrinhalt des jesuitischen Unterrichts. Ein Dramenregisseur muss eine außerordentliche *vis imaginativa* („Vorstellungskraft") besitzen, um den affektiven Wirkungszusammenhang seiner Inszenierung zu erhöhen. Enge Vorgaben und Regeln – wie die Einheit von Zeit und Ort, Gattungsgebundenheit oder sprachlich-stilistische Beschränkungen – sind zugunsten der Effekte aufgehoben.

Rhetorischer Medienverbund: Wort und Bild

Grundlegend für alle rhetorischen Kommunikationsvorgänge ist jedoch die Kombinatorik aus Text und Bild, sei es einem sprachlichen oder einem konkret visuellen. Buchtypografie, Emblematik, Theaterwesen und sogar die Raumgestaltung in Kirchen und Residenzen sind entsprechende Anwendungsbereiche. Seit etwa 1400 handelte man Holzschnitte mit Schriftanteilen, ab 1461 findet sich in die Bücher eingedruckte Grafik. Frömmigkeit und Mystik verstärkten das Bedürfnis nach Andachtstexten mit Bildanteil als Medien zur meditativen Versenkung. Um 1500 kommt eine aggressive Bildpublizistik auf, die sich bezeichnenderweise auch bei den Protestanten großer Beliebtheit erfreute. Die Theologen Luther und Melanchthon konzipierten gemeinsam mit dem Grafiker Lucas Cranach satirische Holzschnittfolgen gegen die alte Kirche.

Vor allem aber nutzte die Emblematik (Sinnbildkunst) die Erkenntnis fördernden Möglichkeiten einer Wort-Bild-Kombination. Der spanische Emblem-Theoretiker Baltasar Gracián (1601–58) ging davon aus, dass sich der menschliche Verstand aufgrund kultureller, psychischer oder biografischer Disposition gegen die direkte Erkenntnis sträubt. Die moralische Wahrheit benötigt deshalb bei der Vermittlung eine Art Verkleidung, um den Zutritt zum Verstand zu finden. Wie die Augen mit der Schönheit, die Ohren mit der Harmonie, so wird der Verstand durch das raffinierte *concetto* bewegt: Dessen Kunst besteht in der Auffindung einer unerwarteten und faszinierenden Übereinstimmung zwischen zwei gedanklich auseinanderliegenden Aussagebereichen. Dies aber leistet das Emblem (Sinnbild, Gleichnis), das in der Regel aus drei Teilen besteht: **Emblematik**

- ein kurzer, oft auch rätselhafter Sinnspruch (*motto, inscriptio, lemma*) erscheint
- über einem szenischen Bild (*icon, pictura*),
- gefolgt von einem kurzen Text (*epigramma, subscriptio*).

Der Sinnspruch verklammert die Bildaussage mit der Textaussage, die zunächst kaum etwas miteinander zu tun haben: So z. B. „Brennglas" und „Poesie" (→ ABBILDUNG 6) oder „Echo" und „Gottesliebe" (→ ABBILDUNG 14). Unweigerlich lässt der Betrachter sich jedoch auf einen Auslegungsvorgang ein, indem er wechselseitig nach Übereinstimmungen zwischen Aussagelogik und Bildsuggestion sucht. Damit wird er gedanklich aktiviert und erlangt einen intellektuellen Erfolg: Die Wahrheit erhält Zugang zu seinem Verstand. In seinem *Bericht von den Sinnbildern* (1656) bestätigt auch Georg Philipp Harsdörffer die reflexionssteigernde „Gegenhaltung gleichständiger Sachen", die den Verstand „vergnüget". Das Sinnbild gleicht einem Hebel, der „durch Kunstfügige Ein- und Anwendung aus dem Schlamm der Unwissenheit empor schwinget/was man sonder solche Geretschafft unbewegt muss erliegen lassen." (Harsdörffer 1969, Teil III, S. 57) Sinnbilder begegnen auf Teppichen, Ofenkacheln oder Spielkarten, aber auch als ganze Emblemzyklen in Raumfluchten. Eines der erfolgreichsten Bücher der Frühen Neuzeit, das *Emblematum liber* (Emblembuch, 1531) des Andrea Alciato, bietet allen Anwendern einen reichen Fundus. **Auslegung**

8.2 Technische Medienwechsel

Die erhöhte Textnachfrage im Zuge der neuen Frömmigkeit (*devotio moderna*) (→ KAPITEL 10) erzwang schon um 1400 mediale Veränderungen. Zunächst stieg die manuelle Reproduktion – das eigene Abschreiben religiöser Literatur galt sogar als geistliche Übung: Im Zusammenwirken von mechanischem und gedanklichem Prozess ließen sich die erbaulichen Inhalte stärker als durch bloße Lektüre verinnerlichen. Mit der kommerziellen Reproduktion von Handschriften reagierten findige Unternehmer auf die steigende Nachfrage und konnten mit standardisierten Abläufen auch wirtschaftliche Erfolge erzielen. Seit 1390 lieferten Papiermühlen in Deutschland preiswerten Beschreibstoff und ersetzten das teure Pergament. Versuche mit dem Holzdruck (Xylografie) blieben erfolglos: Schnell abgenutzte Druckstöcke erlaubten nur einseitigen Druck und geringe Auflagen. Ein effektiveres Medium war also gefragt.

Steigender Textbedarf

„Die Druckerey ist sumum et postremum donum [die höchste und letzte Gabe, Anm. d. Verf.], durch welches Gott die Sache des Euangelii fort treibet" (Luther 1913, S. 650). So bewertete der Reformator Martin Luther (1483–1546) die Druckkunst als das notwendige Medium für die ‚Ausgießung‘, die Verbreitung des göttlichen Wortes. Der erste Druck mit beweglichen Lettern erfolgte um 1450 durch Johannes Gutenberg in Mainz, auch die 42-zeilige Gutenberg-Bibel entstand zu dieser Zeit. Ein Handgießgerät erlaubte die Herstellung völlig gleich geformter Lettern auf gleich hohen Stäbchen, die in Setzkästen schnell verfügbar waren, um sie dann in Winkelhaken nach der Wortfolge zusammenzustellen und Zeile für Zeile in das Satzschiff einzusetzen. Man färbte den Satz einer Seite ein und ‚druckte‘ schließlich das Papier mit einer der Weinpresse nachempfundenen Apparatur darauf.

Buchwesen und Buchdruck

Umgehend wurden Bücher zum Produkt und Kalkulationsobjekt auf einem wachsenden Markt. Mit den steigenden Auflagen sanken die Preise, die Absatzradien erweiterten sich. Um 1500 arbeiteten etwa 60 Druckereien in Deutschland und die Gesamtproduktion an mechanisch hergestellten Büchern lag schon bei etwa 20 Millionen. Mit Hilfe von Fremdkapital und entsprechendem Marketing, vor allem durch die Präsenz auf den Buchmessen in Frankfurt a. M. und Leipzig, suchte man das unternehmerische Risiko zu steuern. Die Auflagenhöhe bewegte sich um 1500 zwischen 1 000 und 2 000 Exemplaren, stieg dann aber bis 1520 auf etwa 4 000 Stück. Die Buchpreise sind schwer zu ermitteln, da meist offen bleibt, ob sich die Angaben auf gebundene oder lose Schriften beziehen. Die Erstausgabe des Lohensteinschen *Arminius* (→ KAPITEL 11) kostete 1690 ohne Bindung acht Reichstaler, was etwa dem Monatsgehalt eines Stadtschreibers oder 80 Kilogramm Speck entsprach.

Druckerei und Buchmarkt

Das rhetorische Literatursystem und sein Anspruch, eine expandierende Öffentlichkeit zu steuern (→ KAPITEL 2, 3), erzwangen effektivere Distributionsmedien. Als genuine Neuerung traten um 1450 Flugblätter (Einblattdrucke) und Flugschriften (mehrseitige Drucke) auf den Plan. Sie gestatteten gezielte Agitation durch scharfe Worte und treffende Bilder, mit kurzen Reaktionszeiten und geringen Kosten konnten sie die verschiedenen gesellschaftlichen Vorgänge mit ungekannten Aktionsradien beschleunigen. Keine abstrakten Abhandlungen oder elitären Anspielungskünste, sondern knappe, präzise und emotionale Aussagen zu praktischen Fragen der Wirtschaft, Politik, Moral und Theologie mobilisierten breite Schichten. Hinzu kamen Prognostica (Vorhersagen) oder effektvolle Sensationsberichte über Kometen, Unwetter, exotische Tiere oder Missgeburten. Darstellungen von Natur- und Kriegskatastrophen als ‚göttliche Strafen' konnten den Boden bereiten für affektgeladene Diskussionen über Herrschafts- und Glaubensfragen, Ämtermissbrauch oder soziale Ungerechtigkeit. Diese Debatten entfalteten sich nun in einem breiten Resonanzraum und sorgten für spürbare Gegengewichte zum Entscheidungsverhalten der Herrschaftsträger.

Flugschrift und Flugblatt

Zahllose Flugschriften spiegeln die konfessionellen Auseinandersetzungen nach 1500 wider. Die Programme der Bauernbewegungen kursierten wirkungsmächtig über dieses Medium, und der Reichsritter Franz von Sickingen ließ 1522 zur politischen Agitation ‚fliegende Blätter' in das belagerte Trier schießen. In der Regel wurden Flugblätter wie Flugschriften jedoch verkauft, meist durch Buchführer, überregional wandernde Händler, die den Inhalt zusätzlich auch öffentlich ‚ausschrien'. Dies gewährleistete eine breite Wahrnehmung: In Zünften und Bruderschaften, zwischen Wirtshaus und Marktplatz bildeten sich entsprechende Diskussionsforen, die auch nicht lesekundige Personen am Informationsfluss beteiligten. Mediale Vergleichsstücke zu Flugblättern bzw. Flugschriften waren neben Zeitungen, Kalendern und Andachtsbildern auch die Theaterzettel der Wanderbühnen oder die Periochen (Inhaltsangaben) der Jesuitendramen. Ebenso steuerte das Plakat die Meinungsbildung: Luthers *Großer und kleiner Katechismus* erschien 1529 zunächst als Tafeldruck und dann erst als Buch.

Anlass und Distribution

Schon die Flugschrift berichtete als neue Zeitung (Nachricht) auch von fernen politischen Ereignissen. Die seit 1583 halbjährlich zu den Buchmessen erscheinenden *Meßrelationen* informierten über neue Literatur. Ab 1609 setzte eine periodische Presse ein, die mit Hilfe von Korrespondenten, Nachrichtenbüros und festen Postverbindungen

Zeitung und Zeitschrift

Fakten systematisch sammelte und verbreitete. Zunächst für die Unterrichtung kleinerer Eliten wie Diplomaten oder Kaufleute konzipiert, wurden die Blätter bald auch gemeinschaftlich in Schule oder Wirtshaus gelesen oder vorgelesen. Bis zum Beginn des 18. Jahrhunderts beschränkte man sich weitgehend auf eine chronologische Tatsachennennung und hielt sich mit Kommentaren und Bewertungen zurück.

Medienbasierte Dynamisierung

Schreibstoff, Schreibbüros, Bildmedien, Buchdruck, Flugblatt und Zeitung bewirkten als mediale Neuerungen nach 1400 eine bis dato nicht gekannte Beschleunigung der Wissensverbreitung. Nicht zu vergessen die Einrichtung der Reichspost um 1490, die eine effektivere Briefzustellung ermöglichte. Die Zahl der Personen, die in den Besitz eines immer differenzierteren Wissens gelangen und damit nach ihrem Ermessen umgehen konnten, potenzierte sich unaufhaltsam. Nicht mehr eine kleine Elite, sondern verschiedene, nach Stand, Region und Profession charakterisierte Individuen und Gruppen kommunizierten nun untereinander. Ein nahezu unkontrolliert wachsender Wissenspool stand flächendeckend einer allgemeinen Kenntnisnahme offen, auch und vor allem für den interessierten Laien. Im Gegensatz zum Unikat einer Handschrift kann ein Druck ortsunabhängig und von unterschiedlichen Kommunikationsteilnehmern gleichzeitig in identischer Fassung gelesen werden. Die Kenntnisnahme und Beurteilung eines Sachverhalts stand damit zeitnah einer immer größeren Menge an Mitdiskutanden offen. Hieraus resultierte eine fruchtbare Konkurrenzsituation von Meinungen und pluralen Sichtweisen im Sinne einer literarischen Öffentlichkeit, die jede zentralistische und autoritäre Festlegung von Meinung oder gar Wahrheit erschüttern musste.

Regulierung der Diskurse

Weder das päpstliche „Verzeichnis der verbotenen Bücher" (*Index librorum prohibitorum*, 1564) noch die kaiserliche Zensurkommission (gegründet 1567) vermochten den medial beschleunigten Wissensfluss nachhaltig einzudämmen. Allenfalls wachten nun Wirtschaftseliten über das Wissen, das durch Buchdruck und Vertrieb auch zur Ware geworden und Rentabilitätsprinzipien unterworfen war. Die zentralistische Herrschaft bediente sich jedoch auch selbst der Medien. Territorialfürsten optimierten ihre absolutistische Verwaltung und erzielten damit eine effektivere Überwachung der Regierten (Sozialdisziplinierung). Die Kirchen sorgten mit den ununterscheidbaren Druckversionen für die Vereinheitlichung von Lehre, Liturgie (Gottesdienstordnung) und Bibelwortlaut. Und nur mit entsprechend hohen Auflagen von Bibeltexten und Lehrschriften konnte die Reformation zu einer Massenbewegung werden, die in keinem

Vergleich steht mit den Reformbemühungen von Jan Hus oder John Wiclyff im 15. Jahrhundert. Sprachgeschichtlich sorgte der Druck für einen Ausgleich der Differenzen zwischen den regionalen Dialekten, indem sich die Beziehung zwischen Schrift- und Lautzeichen normierte. Seit 1520 dominierte hier die mitteldeutsche Druckersprache. Als Konkurrenz trat allein die oberdeutsche, kaiserliche Kanzleisprache hervor, wogegen die niederdeutsche Sprache gänzlich verschwand. Der wirtschaftliche Erfolg auf einem überregionalen Markt setzt eben Standards voraus.

8.3 Übermittlungsformen und reale Präsentation

Die Wirksamkeit des verbal formulierten Textes hängt entscheidend von dem gewählten Verteilermedium ab. Als solches bleibt auch die Oralität (Mündlichkeit) neben Druck und Lektüre bedeutsam, was die klassische Rhetorik unter den Rubriken *actio* („Auftreten") und *pronuntiatio* („Aussprache") berücksichtigt. Vom ‚Ausschreien' der Flugblattinhalte war schon die Rede und der *Fortunatus*-Roman (anonym, 1509) zeigt, wie auch die Herberge zum Vortragsort wurde: „Vnnd als nun Fortunatus bey andern herren und edelleüten also zu tisch saß / do kamen manigerlay sprecher vnd spileüt / für der herren taffel den leütten kurtzweil zu machen." (Fortunatus 1995, S. 54) Nach dem Essen gibt es „hübsch sprüch" von deklamierenden oder auch selbst dichtenden Akteuren. Die von Luther gestärkte Institution des Familienvaters (Hausvater), der als ‚Hausbischof' mit Kindern und Gesinde regelmäßige Andachten abhielt, bediente sich ebenso der Mündlichkeit. Im Wechsel von Lesen und Fragen praktizierte er ein didaktisches Gesprächsprinzip, das Inhalte variiert und intensiviert.

Mündliche Präsentation

An allen Bildungseinrichtungen galt mündlicher Vortrag als zentraler Lehrinhalt. Die täglich geübte Deklamation (kunstgerechte Wiedergabe eines schriftlichen Textes), kontroverse Disputationen (Wortgefecht zu vorgegebenem Thema) oder die Rede bei feierlichem Akt sorgten für die Einübung des Wissens durch Performanz (vgl. Wirth 2002). Performanz, die körperlich aktive und präsente Darbietung der Rede, die vom Redner gestaltete Aufführung seiner Gedanken, behandelt die rhetorische Lehre unter der Rubrik *actio*. Akademische Lehrgespräche, Rezitationen auf Gesellschaftsfesten, Theaterauftritte, der Vortrag eines Gelegenheitsgedichts bei bürgerlichen oder höfischen Anlässen, der Meistersangwettbewerb oder die Ordensversammlung entziehen sich als mündliche Artikulationsformen jedoch

Deklamation, Rezitation, Predigt

weitgehend dem wissenschaftlichen Zugriff. Eine Mitschrift der Zuhörer oder ein späterer Druck geben selten den tatsächlichen Wortlaut wieder. Ebenso muss die authentische Predigt als verloren gelten: Der für die neue Frömmigkeit eintretende Johannes Geiler von Kaysersberg (1445–1510) hat das Publikum mit Wortspielen oder drastischen Ausdrücken mitgerissen. Das performative Moment wirkte in der frei gehaltenen Rede umso stärker, weil es den Anschein einer im Moment für die Anwesenden erdachten oder gar inspirierten Ansprache erzeugte. Als Medium der Agitation, auch im politischen Sinne, wurde die Predigt immer wichtiger. Nicht selten sahen sich die Fürsten gezwungen, die Polemik gegen andere Konfessionen auf der Kanzel zu verbieten.

Das performative Element bestimmte jedoch nicht nur den Priester.

Liturgie, Gesang und geistliches Drama

In der Liturgie, im katholischen Raum auch bei der Prozession, wirkte die Gemeinde selbst an der *actio* mit. Schon das Kirchenlied führte im gemeinschaftlichen Singen zu einer kollektiven Selbsterfahrung. Die Gemeinde erlebte sich gleichermaßen als Subjekt wie Objekt der Verkündigung. Vor allem aber verbindet das geistliche Schauspiel göttliches Wort und performative Rezeption. Die schon im Mittelalter bekannten Formen der didaktisch dramatisierten Bibel erhielten seit dem 15. Jahrhundert zunehmend illusionistische Züge. In Entsprechung zum Kirchenjahr erfuhren praktisch alle Stoffe, auch Heiligenlegenden oder die nicht kanonisierten Schriften (Apokryphen) in lateinischer und später auch deutscher Sprache ihre Dialogisierung. Die Passions-, Pfingst-, Fronleichnams- oder Weihnachtsspiele wurden oftmals frei durchsetzt mit ermahnenden Predigten oder auch profanen Unterhaltungsszenen. Die subtile Rhetorisierung führte kommentierende Sprechrollen ein, so treten etwa die Kirchenväter als Figuren auf die Bühne und erläutern die Zusammenhänge. Exegese (Ausdeutung), Glossierung (Zusatzerläuterung) und szenische Illustrierung üben den Zuschauer in Deutungsverfahren ein. Die Aufführungssituation orientierte sich hier wie auch beim Fastnachtsspiel am leseunkundigen Publikum. Gemeindemitglieder realisierten die Szenenfolgen im Kirchenraum oder auch auf der Freitreppe vor der Kirche. Bald wurden die Spiele zum Massenmedium: Über Tage gedehnt und ohne wirkliche Trennung zwischen Spielern und Zuschauern steigerte sich der Erlebnischarakter, woran im 17. Jahrhundert dann das inszenierungsfreudige Jesuitentheater mit Technik, Apparaten und Effekten anschloss.

Reformationsdrama und Schultheater

Die Theologen der Reformation traten jedoch einem allzu bildfreudigen Effekttheater streng entgegen. Sie wollten die wortferne Belustigung durch ein sorgsam exegetisches Schultheater ersetzen. Luther billigte die Inszenierung biblischer Stoffe und löste damit eine entsprechende Produktion protestantischer Dramen aus. Die Stücke hatten im kontrollierten Rahmen der Gymnasien ihren festen Ort. Der genau kalkulierte didaktische Nutzen lag in der Identität von spielendem und lernendem Schüler. Neben der Vermittlung theologischer und moralischer Kenntnisse erfolgte vor allem die praktische Unterweisung in Artikulation, Deklamation und Memorierung (Einprägen in das Gedächtnis), um die Schüler auf ihre praktische Gemeindearbeit vorzubereiten. Das Publikum setzte sich aus städtischen Beamten, Patriziern und Vertretern des Hofes bzw. des Landadels zusammen.

Die früheste Form des städtischen Theaters zeigte sich etwa um 1430 mit dem Fastnachtsspiel, das in den Tagen vor der Fastenzeit für lehrhafte Belustigung ohne Beteiligung der Kirche sorgte. Schon die Spielorte rückten in deutliche Distanz zur geistlichen Aufsicht, denn Handwerksgesellen oder Patriziersöhne führten die raschen Szenenwechsel mit grobianischen, auch derb-fäkalischen Scherzen in Wirtshäusern auf. Als Fortführung älterer Rituale gewährten die Festaktivitäten der Vorfastenzeit eine Reihe von temporär akzeptierten Normaufkündigungen. Man konnte die ‚verkehrte Welt‘, die umgekehrten Werte, ungestraft auf der Bühne ausleben. Ohne Autor und feste Textgrundlage improvisierte man in der Tradition von mittelalterlichen Prozessionen, närrischen Umzügen und performativen Strafritualen verschiedene Szenen, die sich auf mögliche Bedrohungen des bürgerlichen Gemeinwesens bezogen, wie exzessive Gewalt, Geschlechterkampf oder obszöne körperliche Begierden. Das Strafritual in Form eines öffentlich bloßstellenden Verlachens machte damit bestehende Normen, z. B. die Pflicht zur Ehe, erfahrbar. Wenn das Spiel beispielsweise eine Frau aufgrund ihrer schon lange andauernden Ehelosigkeit der Lächerlichkeit preisgibt, so klagt es damit das Recht des Gemeinwesens auf Reproduktion ein. Die in der Bühnenwirklichkeit real erlebte ‚verkehrte Welt‘ verhalf zu einer aktiven Selbstvergewisserung über die erstrebenswerte Normierung des gemeinschaftlichen Lebens. Thematisiert wurde auch die Bedrohung durch das Fremde, z. B. in antijüdischen Spielen oder in sogenannten Moriskentänzen, mit denen man eine kriegerische Auseinandersetzung mit maurischen Eroberern spielerisch kompensierte. Kollektive Ängste sollten somit im szenischen Vollzug abgebaut werden.

Ursprünglich wiesen diese Rituale kein festes Handlungskonzept auf. Tänzer oder Narren traten mit ihrem ‚verkehrten‘ Verhalten ohne kompositorische Steigerung in einer anschaulichen Narrenrevue nacheinander auf. Im Laufe des 15. Jahrhunderts erfolgte dann eine Dra-

Fastnachtsspiel

Szenische Selbstvergewisserung

matisierung in Form des Fastnachtsspiels. In Verbindung mit entsprechenden Stofftraditionen, etwa den mittelalterlichen Neidhartspielen, verschwand die nonverbale, meist auf Körperlichkeit und Geste reduzierte Performanz des Strafrituals zugunsten einer durchdachten Dialogisierung. Die „Literarisierung des Brauchs" (Röcke 2004, S. 429) verstärkte die gedankliche Tiefe, die Figuren problematisierten und begründeten nun ihr Handeln. Autoren sorgten für kalkulierte Ereignisfolgen und erörternde Wechselreden, sie rhetorisierten die sprachferne Vorgabe des Rituals und bewegten den Zuschauer auch zur intellektuellen Auseinandersetzung mit dem moralischen Normsystem. Ein begrifflich artikuliertes Rechtsdenken, insbesondere das Gerichtsspiel mit Richter, Kläger und Angeklagten, verbindet das Fastnachtsspiel mit dem *genus iudicale* („Gerichtsrede").

Rhetorisierung des Rituals

Neben Lübeck, Basel, Sterzing und Bern gilt Nürnberg als Schwerpunkt für das literarische Fastnachtsspiel. Die Handwerker Hans Folz oder Hans Rosenplüt lieferten um 1460 Vorlagen, die mit sexuellen Anspielungen und Typenkomik (Liebesnarr, alte Jungfer, Großmaul) nicht sparen und in einfachen Handlungsgängen (Kaufhandel, Ehesituationen) sowie auch mit Kritik an Berufsständen (Arzt, Jurist, Akademiker) und politischen Anspielungen unterhalten. Später perfektionierte der Nürnberger Jakob Ayrer (um 1544–1605) die rhetorische Konzeption dieser Dramenform. Klug disponierte Nebenepisoden verstärken oder illustrieren bisweilen drastisch und affektbetont die ethischen Kernaussagen. Als Schlussbekräftigung (*peroratio*) steht am Ende immer die unmissverständliche Ausdeutung des Gezeigten durch den „Ehrenhold", der das Stück mit eingängigen Sentenzen auf den Verhaltenskodex des städtischen Zuschauers bezieht.

Städtisches Drama

Mit dem prachtvollen Herrscherumzug basierte auch das höfische Fest auf der rituellen Urform der Prozession. Die sukzessive Folge voranschreitender Personen visualisierte genauso wie das ortsfixierte Zeremoniell ein geregeltes Auftreten aller vom absolutistischen Fürsten abhängigen Stände und Funktionsträger. Auch hier vergewisserte man sich im Aufführungsvorgang der bestehenden Normen, vor allem der geltenden Hierarchien. Temporäre Architekturen (z. B. Triumphbögen), Embleme und Feuerwerke im Stadtbild verstärkten diese Wirkung. Die höfische Gesellschaft erkannte die Würde (*dignitas*) des Herrschers in der repräsentativen Raumfolge seines Schlosses, die sich wiederum durch Park, Garten und Gewässer in die Natur ausdehnte. In mythologischen Opern, Balletten und Tänzen konnte der Regent sogar selbst als körperliches Subjekt an dieser Inszenierung seiner Hoheit (*majestas*) mitwirken. Aber auch hier sorgten bürgerliche Gelehr-

Höfisches Fest und Zeremoniell

te für die notwendigen Konzepte: Johann (von) Besser (1654–1729) etwa, Hofzeremonienmeister in Brandenburg, organisierte als virtuoser Rhetor und Diplomat auf allen Ebenen von der *inventio* bis zur *actio* die Kommunikation zwischen den nationalen, dynastischen und sozialen Ebenen. Protokoll wie Poesie waren im Sinne des Herrschers zielgerecht zu gestaltende Überzeugungsabläufe. Auch das Zeremoniell bot eine Figurenhandlung auf einer öffentlichen Bühne und folgte den Prinzipien des rhetorischen Theaters. Diplomatische Rangstreitigkeiten, unliebsame Entwicklungen und Verhandlungsschwächen ließen sich durch verbale, metaphorische, mythologische oder eben zeremonielle Medien beeinflussen. Panegyrik (Herrscherlob), Kasualia (anlassgebundene Texte) und Opernlibretti, sogar Trauerdichtungen sind intentionale Steuerungsmedien, um die politischen Vorgänge in erkennbaren und vor allem merkfähigen Bildern darzulegen (vgl. Berns/Rahn 1995). Das agierende Ensemble der Opernbühne ist meist sogar identisch mit dem diplomatischen Personal, Angehörige des Hofes oder die Gesandten anderer Höfe übernehmen entsprechende Rollen auf der theatralischen Schaubühne. Auch sie erleben damit das Gezeigte ‚am eigenen Leib‘, ganz analog zum Schultheater, zum geistlichen Theater und Fastnachtsspiel.

Fragen und Anregungen

- Beschreiben Sie die unterschiedliche Wertung der Bildmedien nach katholischer und protestantischer Auffassung.

- Erläutern Sie die wichtigsten Ursachen für die medialen Veränderungen in der Frühen Neuzeit.

- Welche technischen Medien gehören zum innovativen Bestand der Frühen Neuzeit?

- Charakterisieren Sie unterschiedliche Formen der Performanz zwischen dem 15. und 17. Jahrhundert.

Lektüreempfehlungen

- **Adrian Beier: Kurtzer Bericht von Der Nützlichen und Fürtrefflichen Buch-Handlung und Deroselben Privilegien** [1690], in: Das Buchwesen im Barock, München 1981, S. 333–387.

Quellen

- Wolfgang Harms / John Roger Paas / Michael Schilling (Hg.): Illustrierte Flugblätter des Barock. Eine Auswahl, Tübingen 1983.

- Adolf Laube / Hans Werner Seiffert (Hg.): Flugschriften der Bauernkriegszeit, Berlin 1975.

Forschung
- Barbara Bauer: Multimediales Theater. Ansätze zu einer Poetik der Synästhesie bei den Jesuiten, in: Heinrich F. Plett (Hg.), Renaissance-Poetik. Renaissance-poetics, Berlin / New York 1994, S. 197–238. *Zum vielseitigen Neuansatz einer konfessionellen Dramen- und Inszenierungsstrategie in Theorie und Praxis.*

- Jörg Jochen Berns / Thomas Rahn: Zeremoniell als höfische Ästhetik in Spätmittelalter und früher Neuzeit, Tübingen 1995. *Grundlegende Beiträge zu rechtlichen und performativen Aspekten mit territorialen Fallstudien.*

- Johannes Burkhardt / Christine Werkstetter (Hg.): Kommunikation und Medien in der Frühen Neuzeit, München 2005. *Analysen zu Technik, Kommunikationsräumen, Informationsstrategien und Körperinszenierungen.*

- Michael Giesecke: Der Buchdruck in der frühen Neuzeit. Eine historische Fallstudie über die Durchsetzung neuer Informations- und Kommunikationstechnologien, Frankfurt a. M. 1991. *Umfassende historische Darstellung und zeitgenössische Texte zur Medienpolitik.*

- Michael Schilling: Bildpublizistik in der Frühen Neuzeit. Aufgaben und Leistungen des illustrierten Flugblatts in Deutschland bis um 1700, Tübingen 1990. *Grundlagenwerk zu allen zeitgenössischen Formen und Einsatzbereichen des Mediums Flugblatt.*

- Helmar Schramm: Karneval des Denkens. Theatralität im Spiegel philosophischer Texte des 16. und 17. Jahrhunderts, Berlin 1996. *Als Ergänzung für die poetologische Theaterbetrachtung hilfreich; Betrachtungen zu Körper, Sehen und Raumerfahrung.*

9 Erziehung, Bildung und Wissenschaft

Abbildung 10: Johann Kramer: *Tabula Cebetis*, Titelblatt. Holzschnitt (1551) nach Erhard Schön (1532)

Das etwas verwirrende Personengeschehen auf Erhard Schöns Holz-schnitt von 1532 vermittelt bei genauer Betrachtung ein pädagogisches Konzept, das sich auf die „Tabula vitae" des antiken Philosophen Cebes bezieht: Dargestellt ist eine konzentrische Raumsituation mit drei gradualen Bereichen, die der Mensch in seiner Entwicklung durchlaufen kann. Die „Fraw Betrügknuß" flößt dem ins Leben tretenden Menschen Irrtum („error") und Unwissenheit („ignorantia") ein, woraufhin er leichtfertigen Dirnen verfällt: Meinungen („opiniones"), Begierden („concupiscentiae") und Lüste („voluptates") suggerieren ein leichtes Leben. Aber der Unwissende ist der unbeständigen „Fraw Glück" ausgeliefert: Wem sie etwas zukommen lässt, der lacht, wem sie etwas nimmt, der weint. Die vermeintlichen Glücksgüter (Macht, Reichtum, Ruhm) der Göttin Fortuna sind vergänglich. Wer sich dem lockenden Laster (Verschwendung, Geiz, Schmeichelei) hingibt, auf den warten die peinigenden Frauen „Strafe", „Traurigkeit" und „Trübseligkeit". Ewiger Jammer und quälende Verzweiflung drohen dem, der sich nicht von der „Frau Buße" („poenitentia") zur „guten Meinung" und „guten Begierde" führen lässt und nach wahrer Geschicklichkeit strebt. Nur wer Wollust und falscher Wissenschaft entsagt und die kleine Pforte zu einem steinigen Weg findet, gelangt in die Höhe: mit Mäßigkeit, Geduld und Standhaftigkeit erreicht der Schüler Wahrheit, Tugend und Gelehrsamkeit und schließlich die Krone der Mutter Seligkeit.

Das Modell, dessen Bedeutung für die Epoche auch die zahlreichen dramatisierten Fassungen (etwa bei Hans Sachs, 1531) belegen, thematisiert die gesellschaftliche Verantwortung des humanistischen Gelehrten. Dieser war als Schüler und Student fest in eine institutionalisierte Lehrplanung eingebunden, die für ein profundes Sachwissen und permanent kontrollierte Übung, vor allem aber für die moralische Festigung des Lernenden sorgte. Erziehungsziel war eine für das Gemeinwohl eintretende Tugendpersönlichkeit (vir bonus). In Verbindung mit der Lebenswanderung, mit dem Verlorenen Sohn oder mit dem Gleichnis vom schmalen und breiten Weg entsprach die *Tabula Cebetis* auch christlichen Mustern. Die entsprechenden Konzepte der Zeit, Wissen zu sammeln und zu vermitteln, gilt es nun zu betrachten.

9.1 **Bildungsbegriff, Wissenstransfer und Pädagogik**
9.2 **Erkenntnisformen und Wissensorganisation**
9.3 **Wissensspeicher und Gedächtnismedien**

9.1 Bildungsbegriff, Wissenstransfer und Pädagogik

Die *Historia von D. Johann Fausten, dem weitbeschreyten Zauberer unnd Schwartzkünstler* (1587), basiert auf einer Vokabel, die als zentrales Epochenwort gelesen werden darf: Es ist der Fürwitz, die verbotene Neugier (*curiositas*), die den ,vorwitzigen' Wissenschaftler zu Fall bringt. Dr. Faustus – die Figur bezieht sich auf den historischen Georg Faust (1480–1540), einen Magier, den schon Luther mit der Teufelslehre verbunden hatte – tritt im anekdotenreichen Prosaroman eines anonymen Autors als Theologe und Mediziner auf, der sich als „Schwartzkünstler" betätigt und schließlich dem Teufel erliegt: um das ersehnte göttliche Wissen zu erlangen, verkauft er diesem seine Seele. Faustus stürzt ins Unheil, weil er alles – auch die Gott vorbehaltenen Geheimnisse der Schöpfung – wissen möchte, weil er ohne Glauben, allein auf dem Vernunftweg nach Erkenntnis strebt. Hochmut (*superbia*) und anmaßendes Verlangen nach Allwissenheit sind Sünde und Gotteslästerung, die mit dem Schlimmsten (ewige Verdammnis) bestraft werden. Das Faustbuch formuliert die eindringliche Mahnung, die Grenzen des menschlichen Erkenntnisstrebens zu wahren: Wem die gebotene Demut gegenüber Gott fehlt, muss elend untergehen.

Dr. Faust und der Fürwitz

Wissenschafts- und Gelehrtenkritik ist ein markantes Merkmal des rhetorischen Zeitalters (→ KAPITEL 1.2). Schon in Sebastian Brants *Narrenschiff* (1494) (→ KAPITEL 7.1) ist der erste Narr der Büchernarr, der Bücher besitzt, ohne sie zu lesen. Die Entlarvung falscher Gelehrsamkeit erfolgte besonders scharf in den anonymen *Dunkelmännerbriefen* (1517), die mit der dilettantischen und pedantischen Scholastik hart ins Gericht gehen (→ KAPITEL 10). Das Jesuitendrama führte dagegen ein Jahrhundert später auch den humanistischen Gelehrten vor: In Jakob Bidermanns *Cenodoxus* (1602) macht sich der Titelheld in seiner Selbstüberschätzung der *superbia* schuldig und wird dafür ewig verdammt; die Figur trägt Züge des zeitgenössischen Universalgebildeten. Die Komödie dagegen diskreditiert durch das Verlachen: 1663 erscheint in Andreas Gryphius' Komödie *Horribilicribrifax* der Schulmeister Sempronius als Typus des Pedanten, dessen selbstgefälliges Schwadronieren in leeren Phrasen als klarer Missbrauch der Rhetorik gegeißelt wird. Der Nürnberger Christoph Paul Spiess kritisiert in seiner *Tabula Cebetis* (1659) die verschiedenen Universitätsfächer anhand ihrer Methodik als selbstherrlich und lasterhaft.

Falsche Gelehrsamkeit

Als positive Gegenwerte zur *curiositas* galten die *experientia* als erlaubte Lebenserfahrung und die *sancta simplicitas* als demütige Einfalt gegenüber dem göttlichen Geheimnis (*arcanum*). Der Bildungsbegriff der Frühen Neuzeit basierte auf der Annahme, dass Gelehrsamkeit und Ethik in einem ursächlichen Zusammenhang stehen. Den moralischen Niedergang der Kirche im Mittelalter erklärte man entsprechend als Folge der mangelhaften Bildung – umgekehrt musste daher die Anhebung des Bildungsniveaus zur Verbesserung der Sitten führen. Allerdings drohte bei der Orientierung an der antiken Gelehrsamkeit immer auch die Gefahr, dass heidnisches Erbe die christliche Grundordnung entkräftet. Die Spannung zwischen *eruditio* und *pietas*, zwischen Bildung und Frömmigkeit, zwischen humanistischer Intellektualität und christlicher Dogmatik, zog sich durch die gesamte Epoche. Um sich nicht dem Verdacht des Neopaganismus (Neuheidentum) auszusetzen, strebte man nach einer adäquaten Vermittlung der theologischen Inhalte mit ästhetischen Ansprüchen. Erasmus von Rotterdam (1466–1536) versuchte mit einer *philosophia christi* die christliche Tugend der Liebe mit dem gelehrt-humanistischen *vir bonus*-Prinzip (→ KAPITEL 4.1) zu vereinen. Mit dem spätantiken christlichen Dichter Prudentius (348–ca. 405) war schließlich eine ideale Vorbildfigur gefunden, die christliche Belange mit dem Formideal eleganter lateinischer Dichtkunst verbunden hatte.

Schon im Italien des 15. Jahrhunderts etablierten sich im Gegensatz zu den geistlichen *studia divinitatis* nun die *studia humanitatis*. Ziel dieser auf den Menschen bezogenen Studien war die produktive Beschäftigung mit der antiken Poesie und Geschichtsschreibung, um sie für weltliche Probleme der Gegenwart fruchtbar zu machen. In Abwendung von dem praxisfernen Fächerkanon der *artes liberales* und der abstrakten Spekulation der Scholastik (→ KAPITEL 3) umfasste humanistische Bildung nun Fächer, die sich den diesseitigen – anthropologischen und gesellschaftlichen – Fragen widmeten: der angewandten Grammatik, Dialektik und Rhetorik, vor allem aber der Poetik, Geschichtswissenschaft und Moralphilosophie.

Viele Autoren (z. B. Enea Silvio Piccolomini, Konrad Celtis und Erasmus) formulierten um 1500 programmatische Schriften zu den *studia humanitatis*. Diese sollten nicht als selbstbezogene Gedankenakrobatik betrieben werden, sondern die ethische Fundierung für ein intaktes Gemeinwesen liefern. Das einzelne Subjekt wie die Gesellschaft als Ganzes sollten auf dieser Basis zur moralischen Reife gelangen, denn Menschen werden nicht geboren, sondern gebildet. Das Interesse der *studia* ist innerweltlich und auf den Menschen, ganz be-

Bildungsbegriff

Eruditio und *pietas*

Studia humanitatis

sonders auf dessen Sprachvermögen bezogen: Mit der Sprache bildet sich die Weisheit, vor allem aber die sittliche und soziale Kompetenz aus. Das Ausbildungsziel liegt daher in der Stärkung der individuellen Eloquenz: Sprachliche Schönheit, Eleganz, Richtigkeit und Reinheit galten als instrumentelle Basis für alle Wissenschaften, die sich in ihren verschiedenen Anwendungsbereichen (Seelsorge, Erziehung, Verwaltung, Diplomatie) auf das Allgemeinwohl richten sollen. Voraussetzung für die *studia humanitatis*, nicht zuletzt für die textkritische Arbeit mit der Heiligen Schrift, ist die Kenntnis der drei heiligen Sprachen, mit denen sich Gott offenbarte. Der Markt für Lehrmaterialien in Hebräisch, Griechisch und Latein expandierte nach 1500: Übersetzungen, Übungsreden und Leitfäden schulten das Sprachverständnis, auch im Blick auf die zunehmende Verwendung der Nationalsprache.

Sprache und Text als Bildungsinhalte

Spracherwerb und ständige Verfeinerung des poetischen Instrumentariums (→ KAPITEL 5) erfolgen in übender Nachahmung der klassischen Regeln (*praecepta*) und Beispiele (*exempla*). Die *imitatio* ist jedoch nicht im modernen Sinne des Wortes als blindes Kopieren misszuverstehen, sie gilt vielmehr als produktive Anverwandlung. Rudolf Agricola betont in einer Rede zum Preis der Philosophie (1476) die gedanklichen Freiheiten des über die Welt nachdenkenden Individuums. Mit seinem 1515 gedruckten Lehrbuch zur Dialektik (→ KAPITEL 3) vermittelte er auch das nötige Rüstzeug, sich aus der Starrheit der Scholastik zu befreien. Erste Anforderung ist die Sprachrichtigkeit, eine elegante und den Klassikern ebenbürtige Latinität (*latinitas*). Hieraus ergibt sich konsequent die Forderung nach unverfälschten Quellen (*ad fontes*) (→ KAPITEL 2), der sich das nun aufkommende wissenschaftliche Editionswesen verpflichtet sieht.

Sprachrichtigkeit

In einem editorischen Dreischritt versuchte man aus den überlieferten Varianten möglichst exakt die verlorenen Originale zu rekonstruieren:

Textkritik und Editionswesen

- *Recensio* (vergleichende Durchsicht der erhaltenen Zeugen des betreffenden Textes),
- *Emendatio* (Beseitigung der im Vergleich festgestellten Fehler und Fremdeingriffe) und
- Stemmabildung (Ordnung der überlieferten Dokumente und Klärung ihrer Chronologie).

Die kritische Lektüre gilt als eine genuine frühneuzeitliche Leistung, die nun selbst wieder geschichtsmächtig wurde: Durch das genaue und vergleichende Lesen kann der Gelehrte auch seine eigene Argumentation stabilisieren. Wer sich auf den gesicherten Wortlaut anerkannter Autoritäten beruft, ist von einem möglichen Gegenredner nicht so leicht in Frage zu stellen.

Effizientes Bildungssystem

Mit der Konfessionalisierung vollzog sich nach 1520 die feste Etablierung der *studia humanitatis* mit ihren Kernbereichen Rhetorik und Poetik an den protestantischen, bald auch katholischen Schulen und Universitäten. Hier erfolgte die Ausbildung zum gebildeten Redner, der dann im theologischen, pädagogischen oder höfisch-diplomatischen Praxiseinsatz die Spezialisierung seiner *eloquentia* („Beredsamkeit") zu betreiben suchte. Sprachliche wie literarische Kompetenz galt als Elementarbildung. Es bleibt das Verdienst des Bildungsreformers Philipp Melanchthon, dass das rhetorisch-literarische Konzept entgegen dem kirchlichen Dogmatismus an den Bildungseinrichtungen fest verankert wurde. Mit der von ihm mustergültig entwickelten Kursächsischen Schulordnung (1528), mit seinen Lehrbüchern und Reformschriften (vgl. Leonhardt 1997) sorgte er dafür, dass die Reformation nicht nur eine theologische Neuordnung blieb, sondern in der Folge ein neu strukturiertes effizientes Bildungssystem nach sich zog.

Bildungs- einrichtungen

Schon im 15. Jahrhundert boten gewerbliche Privatschulen einen Elementarunterricht für jedermann, vor allem für Schüler aus dem Handwerk. In deutscher Sprache lehrte man Basiswissen für Geschäftsverkehr und Rechnungswesen. Der Übersetzer Niklas von Wyle (um 1415–79) betrieb in Esslingen (Neckar) eine Kanzlistenschule und instruierte mit selbst erstellten Materialien das Formular- und Titularwesen. Stiftsschulen, zunächst dem Klerus vorbehalten, öffneten sich zunehmend auch für Laien. Luther appellierte 1524 *An die Ratherren aller Städte deutsches Landes, dass sie christliche Schulen aufrichten und halten sollen,* immerhin hätten sie ganz besonderes Interesse an loyalen Untertanen und qualifizierten Beamten. Für junge Adlige gewährten Ritterakademien seit 1592 eine standesgemäße Erziehung. Ein solches *Collegium illustre* berücksichtigte neben ritterlichen Übungen (Reiten, Fechten, Tanzen) vor allem Politik, Römisches Recht, Staats- und Lehnsrecht, Geschichte und Rhetorik als Lehrgegenstände. Das höfische Französisch dominierte hier über das gelehrte Latein, und in der praktischen Redekunst wurden vor allem politische Beratung und Entscheidungsfindung (*consultationes*) geübt. Der junge Aristokrat sollte als zukünftiger Herrschaftsträger ein umfassendes Fachwissen erhalten, damit er gegen die bürgerlich-humanistischen Konkurrenten bestehen konnte.

Die Schulordnung Melanchthons zentrierte neben der Bibelexegese und dem Elementarwissen in Naturkunde, Kunst und Technik, vor allem die lateinische Sprache, die antike Literatur und das rhetorische System als Lehrinhalte des protestantischen Gymnasiums. Neben der Theorie achtete man auf praktische Übung: Die umfassende Lektüre der antiken Klassiker (*exempla*) galt der aktiven Ermittlung von Regeln (*praecepta*) bzw. deren produktiver Nachahmung (*imitatio*). Die Schüler waren angehalten, eigene Sammlungen ihrer ‚Lesefrüchte‘ anzulegen und Sentenzen, Vokabeln und Wendungen (*formulae elegantiores*) für den späteren Gebrauch in ihren *declamationes* („Vorträgen") verfügbar zu halten. Diese mussten zu einem Thema (Bibel, Geschichte, Gemeindeleben) frei gehalten werden, um Aussprache (*pronuntiatio*) und Gestik (*actio*) zu üben. Hinzu trat die *ars colloquendi*, die Kunst der gesprächsweise abgehaltenen Auseinandersetzung zu einem Thema, und die *ars disputandi*, die Kunst des wissenschaftlichen Streitgesprächs über vorgegebene Thesen. Die nächste Steigerung bildeten die rhetorischen Schul-*actus* mit forensischem Charakter (Gerichtsspiele) und die zu bestimmten Anlässen öffentlich aufgeführten Schuldramen.

Bald zog auch die katholische Seite auf dem pädagogischen Sektor nach. Vor allem die Jesuiten stellten sich auf dem Gebiet der *studia humanitatis* dem Wettbewerb zwischen den Konfessionen. Im Blick auf eine erfolgreiche Rekatholisierung der protestantischen Gebiete bildete man an den Jesuitengymnasien redefähigen und sachkundigen Nachwuchs heran. Die Zöglinge sollten intellektuell, aber auch psychisch gefestigt sein, um die ‚Ketzeransichten‘ mit den Waffen des Gegners zu schlagen und die noch Unsicheren zu überzeugen. Theoretische Grundlage ist seit 1568 die Rhetorik des spanischen Jesuiten Cyprian Soarez. Die Theorie der schlüssigen Argumentation und der wirkungssteigernden Sprache (→ KAPITEL 4, 5), vor allem aber die für die Glaubenspropaganda so bedeutenden Bereiche *pronuntiatio* („Mündlichkeit") und *actio* („körperliches Auftreten") exerzierte man in geradezu militärischem Drill. Tägliche dialogische Übungen und Rededuelle sollten den persönlichen Ehrgeiz des Schülers anstacheln.

Auch im Universitätsbereich spielten Rhetorik und Poetik nun eine zentrale Rolle. Durch die neuen Aufgaben des Landeskirchentums stieg in den protestantischen Territorialstaaten der Bedarf an verwaltungstechnisch und diplomatisch geschulten Beamten. Rhetorik und Poetik galten nicht mehr als sekundäre Hilfswissenschaft, sondern als erklärtes Lernziel. Zusammen mit dem Studium der drei heiligen Sprachen und der vorbildlichen Autoren bot die akademische Rhetorik als Theorie und praktische Übung die Grundlage für jede intellektuelle Betätigung, nicht nur für die interne Verwaltung, sondern auch und vor allem für die situationsbezogene Anwendung im öffentlichen

Protestantisches Gymnasium

Katholische Bildungsreform

Glaubenspropaganda

Universitäten

Bereich. Poetische Rhetorik sollte dazu befähigen, mit Sprache und situationsgemäß erstellten Texten (vom Hochzeits-Gedicht bis zum politischen Roman) auf die gesellschaftliche Realität einzuwirken.

Geheimwissen und Brauchtum

Weite Bereiche der frühneuzeitlichen Gelehrsamkeit lagen im Verborgenen: Neben den institutionell gelehrten Inhalten kursierte ein geheimes Wissen (*arcana*) in besonderen Zirkeln. Dieses bezog sich nicht nur auf staatliche (*arcana imperii*), sondern vor allem auch auf religiöse Bereiche (*arcana dei*). Natur und Magie (*arcana naturae*) sind Gegenstand des *Corpus hermeticum,* einer Traktatsammlung des spätantiken Philosophen Hermes Trismegistos, die Autoren wie Sebastian Franck oder Paracelsus im 16. Jahrhundert diskutierten. Man bemühte sich um Hieroglyphik und Geheimschrift, um okkultes Wissen zu gewinnen und es durch Chiffrieren wiederum zu schützen. Bestimmte alchimistische Inhalte blieben innerhalb von Geheimgesellschaften. Hinzu kam regionales Brauchtum und Laienwissen, das seltener aufgezeichnet wurde, aber als Faktor der Lebensbewältigung und -deutung überall virulent war.

9.2 Erkenntnisformen und Wissensorganisation

Das Mittelalter war weitgehend monologisch strukturiert. Es galt das dogmatische Wort einer kleinen Elite. Sowohl für den aus Rom angeleiteten Klerus wie auch für die vom Kaiser beherrschte Lehnsgesellschaft gab es kaum die Möglichkeit einer differenzierenden Entgegnung in einem entscheidungsoffenen Kommunikationsprozess. Das Denken unterlag einer stufenartig konzipierten Monokausalität, wie sie die Scholastik und das aristotelische Modell der Abhängigkeit aller Ursachen von einem unbewegten Beweger am Anfang vorgab. Die ‚Wahrheit‘ stand immer schon fest, Kritik im Sinne der Unterscheidung einzelner Betrachtungsansätze war ebenso wenig zulässig wie der Zweifel als Denkprinzip. Eine Umkehr der kausalen Ordnungen mit dem Ziel einer Veränderung bestehender Institutionen gab es im Mittelalter nicht oder wurde sofort unterdrückt. Es blieb nur der schroffe Gegensatz von Dogma und Ketzertum.

Statische Ordnung im Mittelalter

Kontroverse und Erkenntnis

Der *Ackermann* Johannes von Tepls thematisierte um 1400 das Streitgespräch zwischen zwei Personen mit der jeweiligen Betonung eigener Stärken bzw. gegnerischer Schwächen (→ KAPITEL 3.1). Die Kontroverse als Grundmuster verweist auf die *synkrisis* („Vergleichung"), das rhetorische Modell der unterscheidenden Gegenrede, der Kritik, des Zweifels. Wenn Descartes 1641 feststellt: „Ich zweifle, also bin ich, oder was dasselbe ist, ich denke, also bin ich" (Descartes 1986), dann sprach er aus, womit sich schon um 1400 der Ackermann aus Böhmen identifiziert hatte, als er den Tod in Frage stellte. Ein für alle sichtbarer Tatbestand bietet sich zur unterschiedlichen sprachlichen Ausdeutung im jeweiligen Interesse an. Man trennt Ursachen, Bedingungen und Optionen als situationsbedingte Größen und öffnet mit Rede und Gegenrede eine weite Skala der alternativen Betrachtung, die zu Entscheidung und schließlich zu Handlung führt.

Der frühneuzeitliche Orator (Redner) artikuliert gegen das autoritäre Sinndiktat einer Institution (Kirche, Kaisertum) eine erfahrungsabhängige Angebotsversion (*opinio*) von Wahrheit, eine Ansicht aus einer bestimmten Perspektive. Ein Rezipient ist eingeladen, die seine dagegenzuhalten und sich als Opponent oder Kontrahent zu äußern. So vertreten zwei Redner ihre Position mit sprachlichen Mitteln und überlassen einem Richter die Entscheidung: Im *Ackermann*-Text ist es noch Gott selbst, bald jedoch urteilen Menschen über die Inhalte einer Rede. Es konstituiert sich ein Publikum im Sinne einer unbestimmten und wachsenden Öffentlichkeit, deren Teilnehmer entsprechend Position beziehen und sich möglicherweise auch im Sinne des Redners zu Reaktionen bewegen lassen, das heißt außersprachlich und in einem wirklichkeitsverändernden Sinne in geschichtliche Entwicklungen eingreifen.

Ansichten und Entscheidungen

Die Zwiesprache des Entgegengesetzten bzw. das Erkennen im Gegenbild wirkte auch auf die literarische Darstellungstechnik. Korrespondierende Systeme traten in eine dialogische Beziehung, was sich ganz prägnant am Modell von Welt und Gegenwelt zeigt: Schon Sebastian Franck stellte in seinen kommentierenden Bibelauszügen *Paradoxa* (1534) das diesseitige Leben als widersprüchlichen Gegensatz von Sein und Schein: Gelehrte sind dumm, Herrscher machtlos und alle Unterdrückten heilig. Alles Ausgesprochene ist sofort unwahr. Im Sinne des Spiegels (*speculum*) setzten die Autoren ‚Gegenwürfe' zum aktuellen Zustand, die in einer seitenverkehrten Zweitwelt (*ex contrario*) umso wirksamer Erkenntnisse über die Erstwelt generieren. So hält man dem Menschen den Narren als Spiegel vor, um ihn über die Einsicht zur Selbstkorrektur zu bringen. In der Fastnacht vollzieht sich der Dialog der Gegensätzlichkeiten performativ, durch die selbst erlebte Umkehrung der Werte (→ KAPITEL 7). Die Komödie stellt sich durchweg als lehrreicher Spiegel menschlicher Handlung vor. Vor allem aber ist es die Satire, die mit grellen Überzeichnungen heilsame Gegenwelten vorführt: Erasmus' *Lob der Torheit* (1511), Thomas Murners *Schelmenzunft* (1512), Christian Dedekinds *Gro-*

Dialog der Gegensätze

bianus (1549), Johann Fischarts *Geschichtklitterung* (1575) oder die *Gesichte* (1639/40) des Johann Michael Moscherosch zeigen das. Noch die Romane des 17. Jahrhunderts (Grimmelshausen, Johann Beer) konfrontieren den Leser mit absurden oder grotesken Gegenwelten in didaktischer Absicht. Für Fabel und Tierepik gilt das Entsprechende, von der Reineke-Fuchs-Tradition über den 1557 von Johann Mayor verfassten *Synodus avium* (Rat der Vögel) bis zum *Froschmeuseler* (1595) Georg Rollenhagens, der hier eine „contrafactur dieser unserer Zeit" gibt. Formal gehören hierzu auch Utopie, Prophetien und „Weissagungen", die ebenso Zweitwelten von produktiver Spannkraft erzeugen, die entweder zeitlich (prophetisch) oder räumlich (utopisch) von der Leserwirklichkeit getrennt sind.

Urteil und Entscheidung

Eine gezeigte Gegensätzlichkeit kann aber auch mit einer Entscheidungsfindung verbunden sein: Es bieten sich zwei Alternativen, etwa eine moralische Opposition aus einem guten und bösen Weg, und der Held muss sich entscheiden. In Form eines Streitgesprächs (*synkrisis*) werden beide Wege argumentativ dargelegt, bis der exemplarische Held schließlich einen wählt und alle lehrreichen Konsequenzen zu tragen hat. Damit kann der Dialog viel evidenter als der Monolog die sachgerechte Analyse eines Problems betreiben, Lösungsvorschläge diskutieren und den Rezipienten zur Urteilsbildung aufrufen.

Dialog der Ähnlichkeiten

Ein anderes dialogisches Erkenntnisprinzip besteht in der Analogie: Nicht Gegensätzliches, sondern Ähnliches tritt in ein spannungsreiches Wechselverhältnis. Erscheint ein Sachverhalt etwa als Bild und als Text (Illustration oder narrative Reduplikation), so initiiert die entstehende Doppelung einen didaktischen Zweischritt aus Darstellung (*narratio*) und Deutung (*argumentatio*). Auch der dialogische Bezug zwischen Text und vorbildlichem Prätext reizt durch den Wechsel von Ähnlichkeit und Abweichung. Die Emblematik (→ KAPITEL 8) nutzt die Spannung zwischen Konkretum (*pictura*) und Abstraktum (*subscriptio*), um den Rezipienten durch das Prinzip der leichten Inkongruenz zu motivieren, beide nach ihrem Entsprechungsverhältnis abzugleichen. Weitere Möglichkeiten liegen im Vergleich zwischen dem Alten und Neuen Testament, zwischen Bibel und Aktualität, zwischen Geschichte (Präzedenz) und Gegenwart (Akzidenz) sowie zwischen Faktizität (*historia*) und Fiktion (*fabula*).

9.3 Wissensspeicher und Gedächtnismedien

Erweiterung und Spezialisierung des Wissens machten zunehmend auch seine effiziente Verwaltung notwendig, damit es bei Bedarf zur Verfügung stand. In Person des Polyhistors, des Universalgelehrten, tritt hier exemplarisch Johann Heinrich Alsted hervor, der alle kursierenden Informationen aus den verschiedenen Fachbereichen in eine effektive Wissenschaftssystematik zusammenführen wollte. In enzyklopädischen Werken wie *Clavis artis Lulliana* (Kombinationskunst nach Lullus, 1609) verband er Themenwissen (Topik), Vernetzungstechnik (Kombinatorik) und Gedächtniskunst (Mnemonik) zu einem umfassenden ‚Arbeitsspeicher‘, aus dem jeder Redner jederzeit Information und Anregung beziehen kann. Auch der Mathematiker, Physiker und Orientalist Athanasius Kircher (1602–80) gilt als Polyhistor. Nach seiner Vorstellung von Bipolarität und Magnetismus versuchte er Strukturen und Verbindungen im Sinne von Sympathie und Antipathie darzustellen und in ein hierarchisches System zu integrieren. In seiner Abhandlung *Ars Magna Sciendi* (Große Wissenskunst, 1669) entwickelte der Jesuitenpater die entsprechende Kombinatorik des mittelalterlichen Logikers Raimundus Lullus weiter. Das Ziel war, alle wissenschaftlichen Disziplinen zu verknüpfen und eine universale Klassifizierung der Kenntnisse zu ermöglichen, nicht nur für die Naturkunde, sondern auch für Politik, Rhetorik und Sprache. Viele Autoren nutzten diese systematische Kombinatorik für ihren poetischen Findungsprozess (*inventio*).

Polyhistor

Wichtig für die nachhaltige Wirkung eines Textes ist eine auf das Gedächtnis abgestimmte Zusammenfügung der Inhalte. Die antike *ars memorativa* („Gedächtniskunst“) bot bereits ein hilfreiches Instrumentarium, die rhetorische Theorie rekurriert darauf in ihrer fünften Arbeitsphase, der *memoria* („Gedächtnisfixierung“). Basis ist die Vorstellung von einem Gang durch ein Gebäude. Um seine eigene Rede zu memorieren, imaginiert der Redner als Analogie seiner Textarchitektur eine räumliche Struktur aus Stockwerken und Zimmern, in denen jeweils Einrichtungsobjekte für die Inhalte stehen. Beim Vortrag schreitet er nun die Gedächtnisräume ab und greift auf die angeordneten Argumente zu. Auch der Rezipient kann sich die so folgerichtig geordneten Inhalte besser einprägen. Umgekehrt ermöglichen reale Raumkomplexe den physischen Gang durch eine Argumentation: Wie ein linearer Textverlauf vermitteln sie konkret die ‚schrittweise‘ Begegnung mit Einsichten und Überzeugungsleistungen. So sind frühneuzeitliche Kirchen, Schlösser oder Stadtanlagen als er-

Memoria und Wissensfestigung

bauliche Belehrungen oder Herrscherlobreden organisiert, die mit Bildern, Skulpturen oder Bauelementen wie mit Textsegmenten arbeiten.

Wissensspeicher: Archiv, Bibliothek und Kunstkammer

Die Aufbewahrung von Wissen steht vor allem im Dienste der erfolgreichen Stoffsammlung (*inventio*). Je größer der Fundus, desto größer die Chance, die geeigneten Argumente zu finden. Die Bibliothek ist ein materieller Wissensspeicher, für den strukturierende Klassifikationen und Findinstrumente (Kataloge) entwickelt werden müssen, damit die Benutzer die wachsenden Datenmengen zielgerecht nutzen können. Klassische oder unbekannte Autoren, Nachschlagewerke und Bibliografien müssen bei der Erstellung eines Textes greifbar sein. Als Gegengewicht zum klösterlichen ‚Medienmonopol' erfolgten nach 1450 zahlreiche säkulare Neugründungen. In den Städten legten Schulen, Kirchen, Sozietäten, Universitäten, der Rat oder einzelne Bürger nach jeweiligem Interesse entsprechende Sammlungen an. Viele Fürsten sammelten Bücher zunächst ganz konkret in ihren ‚Kunstkammern', wo sie allerlei kuriose Objekte, Geschenke oder Beutestücke aufstellten, die ihren umfänglichen Zugriff auf die Welt dokumentieren sollten. Hieraus entstanden im 16. und 17. Jahrhundert prachtvolle Hofbibliotheken.

Bibliografien

Um das mit dem Buchdruck drastisch wachsende Schrifttum systematisch verfügbar zu halten, bedurfte es eines kommentierten Registers. Der Züricher Universalgelehrte Konrad Gessner stellte in seiner *Bibliotheca universalis* (Universalbibliothek, 1545/48) die Titel aller ihm bekannten Schriftwerke zusammen: erhaltene wie verlorene Texte aus zahlreichen Ländern und Fächern in lateinischer, hebräischer und griechischer Sprache, gedruckt oder handschriftlich. Mit diesem monumentalen Unternehmen schuf der Arzt und Naturforscher die erste Allgemeinbibliografie, um allen Gelehrten einen umfassenden Wissensüberblick zu vermitteln. Damit war der Einzelne nicht mehr auf die zufällige Rezeption von Texten angewiesen, sondern konnte sich bei seiner *inventio* gezielt auf die Suche nach geeigneten Quellen machen. Das Wissen wird somit aus dem ortsgebundenen Vorhandensein gelöst und in einen allgemein verfügbaren, virtuellen Pool überführt. Buchverkaufsverzeichnisse (*Meßrelationen*) informierten darüber hinaus über die Neuerscheinungen.

Seltene Texte und Editionen

Seltene und schwer erreichbare Texte wurden in Form von Neuausgaben zugänglich gemacht. Sorgfältig bereinigte und kommentierte Nachdrucke klassischer Autoren boten eine verlässliche Grundlage für das Antikenstudium. Hinzu kamen Funde aus der nationalen handschriftlichen Überlieferung, so publizierte der Historiker Melchior

Goldast 1601/04 Texte aus der Heidelberger Minnesänger-Handschrift. Martin Luther edierte 1537 die Briefe des gewaltsam zum Schweigen gebrachten Jan Hus, des Reformators im 15. Jahrhundert (→ KAPITEL 10.2). Der Franziskaner Johannes Pauli offerierte in seinem *Schimpf und Ernst* (1522) ein buntes Angebot aus alten und zeitgenössischen Texten, darunter Legenden, Teufels- und Mirakelgeschichten, Schwänke, Kriminalfälle oder aktuell Gehörtes.

Die Verfügbarkeit von Zitaten und Textstellen war für den gelehrten Rhetor von elementarer Bedeutung, weshalb er sich effektive Findinstrumente in Form von Zettelkästen mit Sammlungen (Kollektaneen) von Textauszügen anlegte (*florilegia* „Blütenlesen"). Er konnte aber auch auf kommerziell verbreitete Hilfsmittel in Form von thematisch gebundenen Enzyklopädien, Katalogen, Chronologien, Inventaren oder Repertorien zurückgreifen. 1631 legte der Gelehrte Laurentius Beyerlinck mit seinem *Magnum theatrum vitae humanae* (Großer Schauplaz des menschlichen Daseins) ein für die Autoren unverzichtbares Universalkompendium vor, das aus unzähligen Disziplinen Kenntnisse für den persönlichen Gebrauch anbot.

Enzyklopädien und Nachschlagewerke

Nicht nur für antike oder europäische Sprachen, auch für die Erforschung der deutschen Sprache erstellte man entsprechende Kompendien. Der Sprachwissenschaftler Kaspar Stieler publizierte 1691 *Der Teutschen Sprache Stammbaum und Fortwachs/oder Teutscher Sprachschatz*, wo er Herkunft, Verwendung und lateinische Entsprechungen für alle gängigen deutschen Worte zusammenstellte.

Wörterbücher

Fragen und Anregungen

- Welche Formen von Gelehrsamkeit unterscheidet die Frühe Neuzeit?

- Beschreiben Sie verschiedene Unterrichtsinstitutionen.

- Erörtern Sie das dialogische Prinzip im Zusammenhang mit Wissen, Gespräch und Erkenntnis.

- Welche Gedächtnismedien und Arbeitsinstrumentarien nutzt der frühneuzeitliche Inventor?

Lektüreempfehlungen

Quellen
- **Johann Heinrich Alstedt: Encyclopaedia** [1630], Faksimile-Neudruck der Ausgabe Herborn 1630 mit einem Vorwort von Wilhelm Schmidt-Biggemann und einer Bibliographie von Jörg Jungmayr, 4 Bände, Stuttgart 1989–1990.

- **Historia von D. Johann Fausten** [1587]. Text des Druckes von 1587, mit den Zusatztexten der Wolfenbütteler Handschrift und der zeitgenössischen Drucke, hg. v. Stephan Füssel und Hans Joachim Kreutzer, Stuttgart 2006.

- **Kaspar Stieler: Der Teutschen Sprache Stammbaum und Fortwachs oder Teutscher Sprachschatz** [1691], reprographischer Nachdruck der Ausgabe Nürnberg 1691, 3 Teile, München 1968.

Forschung
- **Gunter E. Grimm: Literatur und Gelehrtentum in Deutschland. Untersuchungen zum Wandel ihres Verhältnisses vom Humanismus bis zur Frühaufklärung,** Tübingen 1983. *Übergreifende Darlegung der sozialen, poetologischen und institutionellen Umstände humanistischer Tätigkeit.*

- **Wolfgang Neuber / Wilhelm Kühlmann (Hg.): Intertextualität in der Frühen Neuzeit. Studien zu ihrer theoretischen und praktischen Perspektive,** Frankfurt a. M. 1994. *Fallstudien zu exemplarischen Autoren und ihr jeweiliges Verständnis einer Dialogizität von Texten.*

- **Helmut Zedelmaier: Bibliotheca universalis und Bibliotheca selecta. Das Problem der Ordnung des gelehrten Wissens in der frühen Neuzeit,** Köln / Weimar / Wien 1992. *Analyse der zeitgenössischen Organisation von Daten mit Blick auf die Bibliothek als Struktur- und Verweismodell.*

Abbildung 11: Albrecht Dürer: *Kleine Passion*, Titel: *Christus im Elend*. Holzschnitt (1511)

*Albrecht Dürer wählte für das Titelblatt seiner „Kleinen Passion"
(1511) ein beliebtes Motiv des Andachtsbilds und zeigt „Christus im
Elend": Mit der Geste des melancholischen Kopfstützens erscheint
der Heiland hier als leidende Kreatur vor der Kreuzigung. Die Menschen haben ihm bereits alle nur erdenklichen Demütigungen und
Schmerzen zugefügt und werden ihn nun in Kürze gänzlich zu Tode
martern. Der Betrachter eines solchen Bildes soll sich in die Position
der Peiniger versetzt fühlen und sich besinnen. Die Bildunterschrift
mahnt sogar explizit zur Einsicht: „Oh Mensch, du bist die Ursache
meiner vielen Schmerzen, meines Kreuzes, meines Todes. Oh Mensch,
lass es genug sein, was ich einmal für dich ertragen habe. Oh lass es,
mich mit neuen Sünden zu kreuzigen."*

Eine mehr als tausendjährige Institution befand sich um 1400 in einer
schweren Krise: Die Römische Kirche verwickelte sich immer tiefer in
den Widerspruch zwischen ihrem geistlichen Auftrag und dessen of-
fensichtlichem Missbrauch zu weltlichen Zwecken. Die Menschen
verzichteten zunehmend auf eine Mittlerinstanz und suchten die unmittelbare Begegnung mit Gott. Die persönliche Anschauung des lei-
denden Christus in Passionsspielen, Andachtstexten und Gebeten verhalf dem suchenden Gläubigen zu Trost und Orientierung in dem
bedrohlichen Komplex aus Sünde, Schuld, Rechtfertigung und Vergebung. Die individuelle Frömmigkeit nahm nach 1400 stark zu, einzeln oder in kleinen Gruppen entfernte man sich aus dem Verfügungsbereich einer akademischen Theologie. Die nicht studierten Laien
klärten die entstehenden Fragen im Dialog, der sich auf Konzilien und
Religionsgesprächen fortsetzte. Glaubensaspekte wurden bald auch
agitatorisch ausgefochten, was schließlich zur Trennung in verschiedene Konfessionen und Kirchen führte. Die religiösen Reformbewegungen basierten weitgehend auf literarischen Medien und philologischen
Kompetenzen: auf der Bibelexegese (Textkritik und Übersetzung), auf
der wortbasierten Andachtsübung (rhetorische Anleitung zum Gottes-
erlebnis) und auf der öffentlichen Kontroverse (Konzil, Streitschrift,
Gutachten).

10.1 Religionen im Dialog
10.2 Institutionen und Reformbewegungen
10.3 Frömmigkeit und religiöses Schrifttum

10.1 Religionen im Dialog

Das in sich schon vielfältige Christentum der Frühen Neuzeit stand fortwährend in persönlicher wie auch intertextueller Verbindung mit den anderen abrahamitischen Religionen in Europa: mit dem Judentum und dem Islam. 1453 verfasste der Theologe Nikolaus von Kues unter dem Eindruck der türkischen Eroberung Konstantinopels ein fingiertes Gespräch mit Vertretern einzelner Religionen. Es war ein Versuch zu zeigen, dass unterschiedliche Religionen an der göttlichen Wahrheit teilhaben und sich allenfalls in ihren Riten unterscheiden; allerdings schloss Kues dabei das Judentum ausdrücklich aus. In Johannes Reuchlins *De arte cabalistica* (Über die Kunst der Kabbala, 1517) diskutieren dagegen ein Jude, ein griechischer Philosoph (Pythagoreer) und ein Muslim. Der Gesprächsverlauf legt nahe, dass jüdische Kabbala und christliche Lehre keinesfalls im Widerspruch stehen, sondern sich gegenseitig ergänzen.

Religiöser Dialog und Konfrontation

Antisemitismus und inszenierte Vertreibungen der ‚Folterer und Mörder' Jesu Christi, etwa in den Fastnachtsspielen bei Hans Folz, hatten tatsächliche Pogrome zur Folge. Seit 1400 gab es im römisch-deutschen Reich jüdische Hochschulen, die den Talmud lehrten, und der Rabbi Jomtow Lipmann-Mühlhausen († 1421) erörterte in einer Disputation (*Nizzachon*) die Möglichkeiten eines jüdisch-christlichen Austauschs (vgl. Breuer/Graetz 1996, S. 61). In Prag nahm 1512 die erste hebräische Druckerei ihre Arbeit auf, andere folgten. Die Humanisten waren jedoch wenig tolerant. Der Reformator Martin Luther suchte die ‚heilsgefährdeten' Juden zu bekehren und festigte noch 1543 gängige antisemitische Stereotypen, z. B. in seinem Text *Von den Jüden vnd jren Lügen* (1543). Dagegen organisierte Reuchlin mit aufrichtigem Interesse das Studium der jüdischen Kultur und Sprache. Er war der erste christliche Hebraist und versuchte zwischen europäischer Philosophie, christlicher Theologie und jüdischer Literatur zu vermitteln. Als der zum Christentum konvertierte Jude Johannes Pfefferkorn 1504 in wütenden Kampfschriften dazu aufrief, alle jüdischen Bücher zu vernichten, damit alle Juden sich bekehren müssen, schritt Reuchlin vehement dagegen ein. Eine geschlossene Front, bis hinauf zum Kaiser, bekämpfte ihn dafür als ‚Judenfreund' und ‚Ketzer'. Er aber forderte Bürgerrechte für die jüdischen Gemeinden. Gegen die Flut von Angriffen schlugen sich 1517 die anonymen Verfasser der *Dunkelmännerbriefe* auf seine Seite und polemisierten wiederum heftig gegen die konservative Theokratie.

Antisemitismus

Judentum und Hebraisten

Jüdische Gelehrte

Auch jüdische Geistliche verbanden Religion und Gelehrsamkeit und traten in freier Rede als Fürsprecher (*schetadlan*) ihrer Klientel auf. Rabbi Josel von Rosheim gelangen in den Bauernkriegen kluge Konfliktlösungen zum Wohle aller Beteiligten, auf Befehl des Kaisers disputierte er auf dem Augsburger Reichstag 1530 siegreich mit dem Konvertiten Antonius Margarita, der daraufhin der Stadt verwiesen wurde. Zudem ergaben sich gemeinsame jüdisch-christliche Studien und Diskussionen: Rabbi Josel und der Reformator Wolfgang Capito besprachen um 1530 ihre Predigten.

Hebräische Sprache

Das Hebräische ist die Ursprache der Bibel. Es verbindet damit alle religiösen Sinnbildungen unweigerlich mit der jüdischen Religion. Da die Übersetzer (griechische, römische und deutsche) die Eigenarten der ‚heiligen Sprache‘ in der jeweiligen Zielsprache zu konservieren suchten, wirkte sie ebenso auf die Frömmigkeit des Christentums. Mit bestimmten Formen der Satzstellung, mit Rhythmisierung und Akzentuierung beeinflusste das Hebräische damit vermittelt auch die deutsche Literaturgeschichte.

Islam

Auf die enge Verbindung der europäischen Geschichte mit dem Islam verweisen die 1453 erfolgte Eroberung Konstantinopels durch die Osmanen und die 1492 abgeschlossene Zurückdrängung arabischer Herrschaft in Spanien (Reconquista). Muslimische Religion und Kultur tradierten arabische Gelehrte, die im Mittelalter auch wichtige antike Quellen zur Philosophie, Astrologie oder Medizin bewahrt hatten (→ ASB HEINE). Diese Texte waren auch noch für die Frühe Neuzeit von Bedeutung. 1432 entdeckte Nikolaus von Kues auf dem Basler Konzil eine 300 Jahre alte lateinische Übersetzung des Koran. Für Kues galten Muslime als irregeleitete Christen, die man zum wahren Glauben bekehren musste. Auch hier war eine theologische Konkurrenz argumentativ zu widerlegen. Seit 1453 wirkte der Islam über die türkische Herrschaft als eine mächtige Größe im Osten Europas, über Ungarn sogar bis nach Siebenbürgen. Der Reformation haben die Türken einen großen Dienst erwiesen: Weil der Kaiser die militärische Hilfe aller Kurfürsten brauchte, gewährte er ansonsten kaum denkbare konfessionelle Freiheiten.

10.2 Institutionen und Reformbewegungen

Schwächung der Römischen Kirche

Schon die Spaltung in ein römisches und griechisches Christentum hatte für Spannungen gesorgt. Die endgültige Teilung (1054) schwächte die Römische Kirche, genauso das Schisma (1378–1417), das zwei konkurrierende Päpste hervorbrachte. Damit gab es schon vor der eigentlichen Reformation nicht mehr nur ‚die eine' Kirche, sondern auch Alternativen. Zudem drohten stets Heidentum, Aberglauben und kryptische Kulte die Macht der Römischen Kirche einzuschränken.

Bereits um 1350 setzten kirchliche Reformbestrebungen ein, die sich kontinuierlich bis in die Aufklärung ziehen sollten. Der Begriff „Reformation" (*reformatio*) bedeutet nicht Umsturz, sondern wörtlich die Wiederherstellung eines ursprünglichen guten Zustands, der von Gott selbst, den Urchristen und den Kirchenvätern geschaffen wurde. Schon die anonyme Schrift *Reformatio Sigismundi* (1439) forderte die Verweltlichung von Kirchenbesitz, Abschaffung des Ämterkaufs (Simonie) und umfangreiche Verwaltungsreformen auf Reichsebene. Es ging nicht um einzelne ‚Pfaffenschelte' wegen moralischer Verfehlungen, sondern um eine Kritik an der ganzen Institution und ihrem verfehlten theologischen Auftrag: Die Klage richtete sich gegen wirtschaftliche Ausbeutung und Machtmissbrauch durch eine dogmatische Exegetik und Lehre.

Die Emanzipation des Individuums aus kirchlichen Abhängigkeiten verlief über eine persönliche Glaubenserfahrung: Man suchte nach dem Weg zu Gott in der eigenen Seele. Zentraler Gedanke war die Demut (*devotio*) und die Nachfolge Christi, wie man sie in der anonymen Traktatsammlung *De imitatione Christi* (um 1400) ausgeführt fand. Diese mahnte zu Selbstüberwindung und Askese, um Trost und Erfüllung zu finden. Statt gelehrter Theologie artikulierte sich hier ein praktisch-moralisches Christentum, das in seiner leichten Verständlichkeit äußerst attraktiv war. Neben die neue Frömmigkeit (*devotio moderna*) einzelner Laien trat um 1420 auch ein reformwilliger Klerus. Dessen Ziele waren jedoch restaurativ, der Gläubige sollte weiter autoritär verwaltet werden und nur über kirchliche Gnadenvermittlung das Seelenheil erlangen. Auch eine eigenständige Beschäftigung des Individuums mit der Heiligen Schrift hielt man für zu gefährlich und produzierte daher Erläuterungen und Beichtanleitungen. Mit Lesepredigten oder erbaulichen Legenden suchte man den Laien emotional zu faszinieren, ohne ihn an der Diskussion theologischer Fragen zu beteiligen. Die Weltgerichtsspiele boten mit ihrer dramaturgisch gezielten Angsterzeugung – sie enden stets mit der Verurteilung der Verdammten – ein wirksames Medium theokratischer Disziplinierung. Es gelang jedoch kaum, auf diese Weise die Stellung des Klerus zu festigen. Die geistliche Selbsterfahrung stärkte das Selbstbewusstsein der einfachen Gläubigen (*simplices*) und damit die öffentliche Kritik an der Kirchenhierarchie.

Begriff
„Reformation"

Devotio moderna
Reformwilliger
Klerus

Jan Hus

Noch 1537 aktualisierte Johann Agricola die Erinnerung an den gescheiterten tschechischen Reformator: Seine Tragödie *Jan Hus* dramatisiert in fünf Akten die Konzilsverhandlungen bzw. den Ketzerprozess, der mit der Hinrichtung des großen Luthervorgängers (1415) endete. Hus hatte bereits viele der lutherischen Kritikpunkte (Kirchenhierarchie, Fiskalisierung und Ämtermissbrauch) thematisiert. Die

Reformkonzile

Konzile zu Konstanz (1414–18) und Basel (1431–49) versuchten, die Missstände innerkirchlich zu beheben, allerdings waren an den Verhandlungen vorwiegend Juristen und Historiker beteiligt, die weltlich argumentierten und den theologischen Anteil durch ihr Fachwissen zurückdrängten.

Literatur und Reformation

Ohne die *homines litterati* („Gelehrte"), ohne ihre Philologie und Textkunst hätte es vermutlich keine Reformation gegeben. Zunächst bot die *ad fontes*-Bewegung (→ KAPITEL 9) natürlich die nötigen Informationen über das, was re-formiert und wiederhergestellt werden sollte. Ferner oblag es der Rhetorik, das Neue durch sprachliche Kunst möglichst unverfänglich erscheinen zu lassen, also auch radikale Positionen annehmbar darzustellen und den Vorwurf der Ketzerei zu entkräften. Schon der erste entscheidende Schlag gegen das Papsttum wurde mit rein philologischer Waffe geführt: Mit Hilfe der Textkritik gelang der Nachweis, dass die sogenannte Konstantinische Schenkung, mit der angeblich Kaiser Konstantin im 4. Jahrhundert Papst Silvester über die anderen Bischöfe des Imperiums erhoben und ihm die Stadt Rom wie das westliche Reich übereignet hatte, eine Fälschung des 8. oder 9. Jahrhunderts war. Nikolaus von Kues und der Philologe Lorenzo Valla entlarvten schon um 1450 das fingierte Dokument und entzogen dem päpstlichen Herrschaftsanspruch damit die juristische Basis.

Als nächstes legten die Reichsstände förmlich Beschwerde (*gravamen*) gegen die drückende wirtschaftliche Last ein, die eine den ewigen Gütern verpflichtete Institution durch ihre weltlichen Begehrlichkeiten erzeugte. Mit Reliquienhandel, Ablassbriefen, geistlicher Gerichtsbarkeit und rigoroser Besteuerung hatte die Römische Kurie vor allem die deutschen Reichsländer unter ein Joch der Fremdverwaltung gebracht, wogegen sich die deutsche Nation seit 1431 in verschiedenen

Gravamina

Gravamina nationis germanicae (Beschwerden deutscher Reichsstände) wehrte. Auch der Kaiser geriet in die Kritik, weil er gegen die päpstliche Ausbeutung nichts unternahm und die Konzile schwächte. Erklärtes Ziel der Reichsfürsten war jetzt eine grundlegende Neuordnung von Reich und Kirche.

Humanistische Satire

Ein weitaus schärferes Angriffsmittel bot die am antiken Vorbild geschulte humanistische Satire. Erasmus von Rotterdam polemisierte mit dem zynischen *Lob der Torheit* (1509) gegen das verkrustete Lehrsystem der katholischen Orthodoxie. Hatte Johannes Reuchlin sich mit Briefen berühmter Fürsprecher (*Epistolae virorum clarorum*) (1514) noch selbst gegen die Ketzervorwürfe der Amtskirche zu verteidigen gesucht, so erschienen 1517 nun plötzlich anonym solche von gegnerischen „Dunkelmännern" (*Epistolae virorum obscurorum*), die sich jedoch mit ihrem Barbarenlatein, frappierenden Bildungsmängeln und offensichtlicher moralischer Verkommenheit selbst der Lächerlichkeit preisgaben. Mit diesem fingierten Briefkonvolut, mit der vorgeblichen Selbstentlarvung eines moralisch verdorbenen Klerus, trat die antirömische Bewegung in eine heiße Phase.

Am 31. Oktober 1517 veröffentlichte Martin Luther, vermutlich als handschriftliche Einladung an Fachgelehrte und die zuständigen Bischöfe, 95 Thesen zu einer universitätsinternen Disputation, die jedoch niemals stattfand. Anlass waren die *Instructiones* (1516/17) des Erzbischofs von Mainz und Magdeburg, die den dortigen Ablasshandel gemäß dem Papsterlass regeln sollten. Damit war eine provokante Überspannung des römischen Anspruchs erreicht, aus Heilsvermittlung kommerziellen Nutzen zu ziehen. Der Ablass (*indulgentia*) bezog sich auf die zeitlichen (diesseitigen) Sündenstrafen, wie Krieg, Pest und Hungersnot, aber auch auf das Fegefeuer nach dem Tod. Von alledem sollte der Sünder sich selbst und seine Verwandten freikaufen und damit retten können. Auch dafür diente oratorische Kunst: Der Ablasshändler Johann Tetzel soll den werbeträchtigen Spruch „Wenn das Geld im Kasten klingt, die Seele aus dem Fegefeuer springt" verfasst haben.

Hier setzte Luther an. Auch er beschränkte sich nicht auf den internen kirchlichen Instanzenweg, sondern öffnete mit publizistischen Mitteln einen größeren Resonanzraum, eine oratorische Öffentlichkeit für seine Position. Noch im Dezember 1517 hingen die Ablassthesen als Plakate in Nürnberg und Leipzig und kursierten als Flugschrift in Basel. In den humanistischen Netzwerken verbreiteten sich die Inhalte mit nie gekannter Schnelligkeit. Im März 1518 folgte Luthers *Eynn Sermon von dem Ablasz unnd gnade*, abgefasst in der Volkssprache und für die Bedürfnisse der Laien konzipiert. Schnell reagierten andere Autoren, zwischen 1518 und 1528 überfluteten etwa 3 000 verschiedene Flugschriften den Markt: ohne Buchdruck keine Reformation.

Die öffentlichkeitswirksamen Aktionen Luthers galten als Angriff. Nach verschiedenen Gutachten, Beratungen und Ermahnungen eröffnete die Römische Kurie im Sommer 1518 offiziell einen Ketzerpro-

Luthers 95 Thesen

Oratorische Öffentlichkeit

zess gegen den Augustinermönch. Beim Verhör in Augsburg gab der Angeklagte vordergründig nach, ohne jedoch zu widerrufen und floh nach Wittenberg. Die anstehende Kaiserwahl (Juni 1519) brachte nur kurze Entspannung, am 4. Juli 1519 trat Luther zum ersten konkreten Streitgespräch an. Der Gegenredner, der katholische Theologe **Die Leipziger Disputation 1519** Johannes Eck, entlockte Luther in der Disputation zwei Aussagen, die später gegen ihn verwendet wurden: Dass Jan Hus im christlichen Sinne gehandelt und recht gehabt hätte, war eine Parteinahme für einen verurteilten Ketzer, und dass Päpste wie auch Konzilien irren könnten, weil die Bibel die höchste Autorität sei, interpretierte man als eine Infragestellung der göttlichen Legitimation des Kirchenoberhaupts. Damit stand aber nun die *sola scriptura*-Forderung („allein die Schrift") als reformatorische Prämisse unmissverständlich im Raum.

Der Anteil der literarischen Medien an den kommenden Veränderungen ist kaum zu überschätzen. Was ansonsten ein begrenztes Gelehrtengespräch geblieben wäre, das die Kirche noch wie ein Jahrhundert zuvor mit Gewalt hätte ersticken können, erhielt nun eine Eigendynamik, die Papst wie Kaiser massiv unter Druck setzte zu verhandeln. Als Reaktion auf die Leipziger Disputation, als deren Sieger sich Johannes Eck selbst betrachtete, verfasste der Nürnberger Wilibald Pirckheimer das satirische Drama *Ekkius dedolatus* (Der gehobelte Eck, 1521), in dem er den Luthergegner der Lächerlichkeit preisgibt. In Niklas Manuels Fastnachtsspiel *Der Ablaßkrämer* (1526) findet die Eskalation nach Luthers Thesenanschlag ihre polemische Darstellung. Mit dem Wechsel in die Volkssprache erhielt die Diskussion bereits einen größeren Wirkungsradius, vor allem aber verstärkte sich die Resonanz durch den Transfer auf die Theaterbühne.

Die rhetorische Technik des Reformationsdramas (→ KAPITEL 4) polarisierte die Zuschauer maßgeblich. Mit deutschsprachigen Agitationsstücken gelang es, die breiten Massen zu beteiligen. Bauern und Bürger, aber auch Vertreter des Landadels fühlten sich angesprochen. Affekte wie Empörung und Betroffenheit ließen sich durch Rhetorik gezielt erzeugen, steigern und steuern. Die entsprechenden Dialoge wirkten als drastische Ermahnung oder aufrüttelnde Warnung der Zuschauer im Sinne eines „Hier geht es um dich" (*tua res agitur*) und nicht mehr um eine elitäre Sache der Gelehrten.

Der erfolgreichste Reformationsdialog war der 1520/21 anonym publizierte *Karsthans*, der mit dem ‚gemeinen Mann' genau die Zielgruppe Luthers als Positivbild ins Zentrum des Geschehens rückte. Der verständige Laie, der als ehrlicher Christenmensch unter der

Konfessionelle Dramatik

Beteiligung der Massen

Der Bauer wird *witzig*

Missherrschaft der Römischen Kurie leidet, macht sich sachkundig und entscheidet als Betroffener im Sinne der evangelischen Lehre. Der Karsthans kann sehr wohl den einfachen, ‚natürlichen' und bibeltreuen Glauben Luthers als den seinen („burenglauben") erkennen und von der artifiziellen Scholastik unterscheiden, die er als Bemäntelung der päpstlichen Unmoral verstand. Am Ende setzt sich der gebildete Laie gegen die verkehrte Gelehrsamkeit der Papstkirche zur Wehr und verkörpert damit das reformatorische Ideal. Das Wort „Karsthans" wurde zur Parole in den alsbald einsetzenden Aufständen und avancierte zum Synonym für das Widerstandsrecht des Bauernstandes.

1521 forderten die weltlichen Fürsten Luther vor den Reichstag zu Worms. Niemandem gelang es jedoch, ihn argumentativ zu widerlegen, sodass der Angeklagte den geforderten Widerruf seiner Thesen verweigerte. Der Kaiser reagierte mit der Reichsacht (Verlust aller Rechte), der Papst mit Exkommunikation. Da die Diskreditierung der protestantischen Position jedoch allein mit formal unzulässigen Mitteln erfolgt war – es lag keine Widerlegung vor, es war kein Widerruf erfolgt –, blieb sie als konfessionelle Alternative rechtens bestehen. Der Druck einer breiten, mit den herkömmlichen Mitteln des Klerus nicht mehr steuerbaren Öffentlichkeit tat ein Übriges. Aus machtpolitischen Gründen fand der Protestantismus die Zustimmung einiger Reichsfürsten, mit langfristigen Folgen: Nach 1555 (Augsburger Religionsfrieden) kam es in ihren Territorien zur Aufhebung der bischöflichen Jurisdiktion und des kanonischen Rechts, zur Säkularisierung der Kirchengüter und schließlich zur Übernahme der kirchlichen Herrschaft durch die weltliche Obrigkeit.

Protestantische Positionsbildung

Abgesehen von der Ablehnung durch ältere Humanisten wie Erasmus von Rotterdam bildeten sich nach 1521 auch innerhalb des Protestantismus bald kontroverse Positionen heraus, deren Vertreter sich heftig bekämpften. Die Schweizer Reformatoren Huldrych Zwingli und Jean Calvin trennten sich im Abendmahlsstreit (1525–30) von Luthers Lehre. Sie stellten ihr symbolisches Verständnis der Einsetzungsworte beim Abendmahl der wörtlichen Auffassung entgegen. Andreas Karlstadt, Thomas Müntzer und Sebastian Franck vertraten jeweils auf ihre Weise theologische oder soziale Extrempositionen. Mit den Forderungen nach unmittelbarer Gotteserfahrung spaltete sich ein radikaler Spiritualismus ab, der den Geistglauben (*spiritus*) dem Wortglauben vorzog. Kirche und Staat sollten völlig getrennt sein, wie überhaupt jede Autorität und Institution, auch die klassische Bildung, abzulehnen war. Das Wort Gottes ist für den menschlichen Geist nur im Zustand der Verzückung, in Traum oder Vision

Kontroverse Positionen

Spiritualismus

erfahrbar. Gott redet noch immer zu Auserwählten, so Thomas Müntzer, der in apokalyptischer Gegenwartsdeutung den Zusammenbruch des Reiches der Gottlosen prophezeite. Luther warnte die Landesherren vor dem „aufrührerischen" Müntzer und dessen „satanischem" Geist und setzte dagegen die christliche *humilitas* („Demut"). Müntzer agitierte gegen das Eigentum als „Dieberei" und forderte allgemeine Besitzlosigkeit, auch für die Fürsten, die ihre Güter abgeben sollten. Der extremistische Müntzer musste scheitern, vor allem als der populärere Luther das Bündnis mit den von ihm attackierten Fürsten einging.

Bauernproteste   Zwischen 1524 und 1526 revoltierte der ‚gemeine Mann' gegen die weltliche Herrschaft. Im Fahrwasser der antirömischen Gelehrtenbewegungen bildeten Bauern Schwurgemeinschaften und verfassten Artikel, keine Gravamina und Bittschriften, sondern Anklagen wie in einem Rechtsstreit. In den *Zwölf Artikeln* vom Februar 1525 forderte man die freie Wahl des Pfarrers, die Kommunalisierung des Kornzehnts, die Abschaffung des Kleinzehnts und die Aufhebung der Leibeigenschaft, kurzum die kommunale Selbstverwaltung und eine genossenschaftliche Verfassung der Dorfgemeinde. Die Opposition gegen die Rechtsverletzungen der Obrigkeit legitimierte man mit der Heiligen Schrift. Luther wurde sogar zum Vermittler in dieser Auseinandersetzung bestellt, wobei sein Schiedsspruch *Ermanunge zum fride* (April 1525) die Betroffenen kaum zufrieden stellen konnte. Der Reformator nahm ihnen den argumentativen Rückhalt, denn sie täten unrecht, die christliche Freiheit „gantz fleischlich" zu machen: sie wollten nur ihre eigenen, weltlichen Interessen durchsetzen und würden dafür das Evangelium missbrauchen. Als Luthers Versuche fehlschlugen, die Bauern mit Predigten zu besänftigen, verurteilte er sie als rasende Hunde und plädierte – nicht ohne Furcht um sein eigenes Reformwerk – für hartes Durchgreifen: *Wider die räuberischen und mörderischen Rotten der Bauern* (1525).

Katholische Reaktion   Lange Zeit wollte die katholische Kirche sich mit den ‚Ketzern' nicht in einen Dialog begeben. Das hätte ja geheißen, die Öffentlichkeit als Richter in einer gar nicht zu verhandelnden Sache anzuerkennen und damit sich selbst zur Disposition zu stellen. Nur wenige Altgläubige traten argumentativ gegen Luther an. Den Anfang machte 1520 der elsässische Franziskaner Thomas Murner mit einer heftigen Replik auf Luthers Schrift *An den Christlichen Adel deutscher Nation von des Christlichen Standes besserung* (1520). Er klagt Luther als ordnungsstörenden Demagogen an, er sei schuld, „mit filen deütschen biechlin zuo erheben vnd vffrürig zuo machen", insbesondere „die sachen vnsers glaubens vor den vnuerstendigen" zu „disputieren vnd in ein zweifal zuo berieffen." (Murner 1928, S. 68) Dennoch unternahm es Murner in guter akademischer Gepflogenheit, Luther zu widerlegen (*refutatio*). Dafür aber musste er seinen Gegner zitieren und ihn zu Wort kommen lassen, was diesem letztlich nützte, denn Luthers Thesen überzeugten auch in kontroverser Umgebung. Implizit erkannte Murner damit auch die evangelische Forderung an, alles aus der Schrift zu begründen. Hier lag ein Dilemma, denn die Publizistik arbeitete als Prinzip generell gegen die Altgläubigen: Verschweigen geht nicht, reagieren aber auch nicht – beides hilft der Gegenpartei.

Die Einsicht, Luthers Bewegung nicht als Ketzerei kurzerhand aus der Welt schaffen zu können, bewog die Römische Kirche ihrerseits zu Reformen. Mit Bibelübersetzungen und deutschen Liedern übernahm man ‚protestantische' Medien, obwohl man Laienbildung weiterhin ablehnte. Vor allem stärkte man die Predigt. Thomas Murner und Johannes Eck, vor allem aber die Ordensgeistlichen im 17. Jahrhundert (Theatiner, Kapuziner, Jesuiten) nutzten das Kanzelwort als Waffe der *ecclesia militans* („kämpfende Kirche").

Katholische Reformen

Die katholische *propaganda fidei* („Glaubenspropaganda") stützte sich vor allem auf die neue, affektorientierte Rhetorik der Jesuiten (→ KAPITEL 6.1). Das Jesuitendrama schüchterte den Zuschauer mit effektvoller Bühnenpräsentation derart ein, dass er seine Gefährdung als sündhaftes Individuum schockartig erkennen musste. Im Streit der metaphysischen Mächte besteht keine Hoffnung für den Sünder; deshalb sollte jeder noch auf Erden dem falschen Weg entsagen und vor allem nicht auf die Ketzer hören. Die Stücke wirkten wie missionierende Predigten, sodass nicht wenige Zuschauer nach einer Aufführung reumütig in den Schoß der alten Kirche zurückkehrten. So gelang es Jakob Bidermann, mit seinem *Cenodoxus* (1602) das Publikum bei einer Münchener Inszenierung 1609 so stark zu erschüttern, dass sich 14 Mitglieder des Hofes sofort ins Kloster zurückzogen.

Rekatholisierung: Jesuitendrama

Immer wieder versuchten irenische (friedensstiftende) oder synkretistische (verbindende) Strömungen die radikale Konfrontation der Bekenntnisse zu entschärfen und alle wieder auf die gemeinsamen urchristlichen Grundlagen zu verpflichten. Sowohl Katholiken als auch Protestanten reagierten darauf besonders scharf – jede Partei fürchtete um die eigene Legitimation als die ,wahre' Kirche. Dennoch zeigen durchweg lebhafte Konversionsbewegungen (Konfessionswechsel) eine gewisse Relativität der konfessionellen Standpunkte. Der 1555 zu Augsburg geschlossene Religionsfrieden klärte und stabilisierte als

Territorialisierung
und Konfessionali-
sierung

Rechtsakt die Verhältnisse, indem er den weltlichen Fürsten religiöse Freiheit und Sicherheit gab (*cuius regio eius religio*). Die Landesherren übernahmen als Landesbischöfe auch die geistliche Herrschaft. Die konfessionell konstituierten Territorien konnten sich nun gegeneinander abgrenzen und auch politisch eigenständig agieren (→ KAPITEL 12).

10.3 Frömmigkeit und religiöses Schrifttum

Gemeinde

Gottesdienst

Der Protestantismus stabilisierte sich vor allem durch eine feste Gemeindestruktur. Eine dichte Folge von Schriftlesungen, Liedervorträgen und Stundengebeten sorgte für eine ständige Präsenz der kirchlichen Lehre im Leben des Einzelnen. Als Mittelpunkt des Gemeindelebens galt der Gottesdienst mit dem auf deutsch verkündeten und ansprechend ausgelegten Wort Gottes. Der Laie sollte in der Predigt durch die eindringliche Wiederholung der biblischen Aussagen bzw. ihre anregende Ersetzung (Paraphrasierung) den geistlichen Sinn erfahren. Daneben intensivierte vor allem das Singen den Glauben wie auch die Gruppenidentität der Gläubigen, das *Wittenberger Gesangbuch* (Erstdruck 1524) sorgte für deutsche Gemeindelieder.

Luthers
Bibelübersetzung

Sola scriptura setzte voraus, dass die schriftliche Offenbarung für alle verfügbar und verständlich war. Dank der Vorarbeit des Erasmus übertrug Martin Luther 1521 in nur elf Wochen das Neue Testament aus dem Griechischen ins Deutsche. Mit Unterstützung anderer Theologen konnte Luther zwischen 1523 und 1532 auch eine Übersetzung des Alten Testaments fertigstellen, 1534 erschien dann die vollständige Bibel erstmals auf Deutsch. Neben der quellenkritischen Sorgfalt bei vollkommener Wahrung der theologischen Sachverhalte brilliert Luthers Übersetzung durch hilfreiche Glossierungen und Illustrationen, die sich gezielt auf das Verständnis des Laien richten. Entscheidend aber ist die Sprache (*elocutio*) (→ KAPITEL 5). Luthers wirkungsoptimierende „Sinn aus Sinn"-Übersetzung schreckt den Leser nicht durch akademisches oder formalbürokratisches Kanzleideutsch ab, sondern gibt die Inhalte so wieder, wie es ‚der deutsche Mann' in solchem Fall hätte sagen können (inneres *aptum*; → KAPITEL 5.1). Man muss „die mutter im hause, die kindern auff der gassen, den gemeinen man auff dem marckt drumb fragen und den selbigen auff das maul sehen, wie sie reden und darnach dolmetschen, so verstehen sie es den und mercken, das man Deutsch mit jn redet." (Luther 1909, S. 637)

Für den Gemeindeunterricht stellte Luther elementares Glaubenswissen, Gebote und das Vaterunser zu einem *Katechismus* (1529) zusammen. In kurzen und prägnanten Formulierungen sprach er besonders Kinder und Jugendliche, das Gesinde und „einfeltige" an, die in Kirche, Schule und Haus den Heiligen Geist empfangen sollten. Protestantische Poeten publizierten darüber hinaus vielfältige Schriften zur persönlichen Glaubenserfahrung: Geistliche Lieder, Gebete und erbauliche Dialoge erwiesen sich als begehrte Medien für eine einsame Andacht und kontemplative Glaubensstärkung. Sogar der lustige Picaro-Roman diente mit seinen Abenteuern der Seelsorge: Ein Sünder hat sich nach seiner Bekehrung von seinem Schelmendasein verabschiedet und erzählt im Rückblick seine Geschichte, um den Leser zum ‚richtigen' Leben zu ermahnen. Nach diesem Muster ist auch der *Simplicissimus Teutsch* (1668) von Grimmelshausen aufgebaut und gliedert sich in eine einführende Belehrung (als *exordium*), tatkräftige Versündigung (als *narratio*) und schließlich einsichtsvolle Bekehrung mit zusätzlichen Bewährungsproben (als *argumentatio*) (→ KAPITEL 4). Die geistliche Ekloge bot Offenbarungserlebnisse, Lieder und Sentenzen, um bei *melancholia* und *acedia* („Glaubensträgheit") Trost zu spenden (→ KAPITEL 13). Schließlich erfolgte eine exemplarische Vorführung der Glaubensstärke auch auf der Bühne. Wer wie die Protagonistin in Andreas Gryphius' *Catharina von Georgien* (1647) bereit ist, für seine religiöse Überzeugung jeden unvorstellbaren Schmerz zu erleiden (*constantia*), der weist den in seinem alltäglichen Leben befangenen Zuschauer zur demütigen Nachfolge an.

Katechismus

Persönliche Glaubenserfahrung

Fragen und Anregungen

- Beschreiben Sie das breite Spektrum der Beteiligten an den religiösen Veränderungen in der Frühen Neuzeit.

- Begründen Sie, warum die Literatur für reformatorische Bewegungen von zentraler Bedeutung ist.

- Erläutern Sie die wichtigsten Strategien und Positionen Luthers und die seiner Gegner.

- Nennen Sie vier Textsorten, die in den Dienst einer privaten wie institutionell gelenkten Frömmigkeit gestellt wurden.

Lektüreempfehlungen

Quellen

- **Thomas à Kempis: Imitatio Christi** [vor 1427] – Auch in: Thomas von Kempen: Das Buch von der Nachfolge Christi, nach der Übersetzung von Johann Michael Sailer, hg. v. Walter Kröber, Stuttgart 1997.

- **Karl Simon (Hg.): Deutsche Flugschriften zur Reformation (1520–1525)**, Stuttgart 1980.

- **Thomas Murner: Deutsche Schriften**, mit den Holzschnitten der Erstdrucke, unter Mitarbeit v. Gustav Bebermeyer u. a. hg. v. Franz Schulz, 9 Bände, Nachdruck der Ausgabe Berlin/Leipzig 1918–1931, Berlin 1990.

Forschung

- **Barbara Bauer: Jesuitische ,ars rhetorica' im Zeitalter der Glaubenskämpfe**, Frankfurt a. M./Bern/New York 1986. *Gründliche Darlegung der theoretischen Entwicklung sowie der praktischen Nutzung der Schulrhetorik.*

- **Kai Bremer: Religionsstreitigkeiten. Volkssprachliche Kontroversen zwischen altgläubigen und evangelischen Theologen im 16. Jahrhundert**, Tübingen 2005. *Informative Analyse der oratorischen Technik und ihrer Anwendung anhand verschiedener Beispiele.*

- **Dieter Breuer (Hg.): Frömmigkeit in der frühen Neuzeit. Studien zur religiösen Literatur des 17. Jahrhunderts in Deutschland**, Amsterdam 1984. *Zeigt anschaulich die literarisch vermittelten Beziehungen zwischen Religiosität, Herrschaft und Individualität.*

- **Günther Vogler (Hg.): Wegscheiden der Reformation. Alternatives Denken im 16. bis zum 18. Jahrhundert**, Weimar 1994. *Hilfreiche Charakterisierung der Parteien, Sektionen, Personen und Positionen.*

11 Subjekt, Macht und Krieg

Abbildung 12: Ständebaum – der Versuch der Bauern, sich mit Keule und Forke über Papst und Kaiser emporzukämpfen (1532)

In der Frühen Neuzeit war jeder Mensch mit seiner Geburt einer fes-
ten sozialen Gruppe zugeordnet. Nach dem Ständebaum auf dem
Holzschnitt (vermutlich von Hans Weiditz) erscheint es quasi natur-
wüchsig, dass die verschiedenen gesellschaftlichen Gruppen vertikal
hierarchisiert und streng voneinander getrennt sind. Ganz unten, im
Wurzelwerk, sind die Bauern mit ihren Arbeitsgeräten tätig. Über ih-
nen links vom Stamm werkelt der Schneider mit seinem Gesellen,
rechts finden sich Bürger und Kaufmann. Darüber thronen links Bi-
schof und Kardinal, rechts die Fürsten. Wieder eine Ebene höher re-
giert links der Papst und rechts der Kaiser. Alle Figuren sind durch
Kleidung und Attribute kenntlich gemacht. Auffällig bei dieser Dar-
stellung ist ein ständekritischer Zug: Nicht nur, dass Schneider und
Klerus im Schatten agieren, sondern dass im Wipfel wiederum bäuer-
liche Figuren zu sehen sind. Hier artikuliert sich eine Erhöhung des
niedrigsten Standes: Basis und zugleich Krönung der Gesellschaft sei
demnach der „Nährstand" – er pflegt die Wurzeln, ihm gebührt des-
halb auch die Krone.

Neben dem sozialen Stand bilden die politischen Systemebenen Stadt,
Territorialstaat und Reich den Lebensrahmen für das einzelne Subjekt. Die weltliche Ordnung galt mit ihren Pflichten und Privilegien
als gottgegeben, Herrschaftszeichen und strenge Kleiderordnungen
sollten Sichtbarkeit und Einhaltung der gesellschaftlichen Statik garantieren. Die Literatur beobachtete die soziale Praxis kritisch, sie
thematisierte verschiedene Regierungsmodelle und unternahm es sogar, publizistisch in das machtpolitische Geschehen oder auch in militärische Konfrontationen einzugreifen. Das folgende Kapitel zeigt
darüber hinaus, wie die verschiedenen Textsorten der Frühen Neuzeit
den Einzelnen nicht nur als soziale, sondern auch als psychologische
Größe thematisierten: als Gott suchende Seele, als Melancholiker
oder als ein von Affekten, Krankheit und Tod bedrohtes Individuum.

11.1 **Subjekt und Individualität**
11.2 **Politische Systemebenen und Hierarchien**
11.3 **Krieg und Herrschaftsdiskurs**

11.1 Subjekt und Individualität

Der antike Staatsdenker Cicero ging bei seinem Begriff der *studia humanitatis* (→ KAPITEL 9.1) vom Ideal des rhetorisch und politisch gebildeten Individuums aus. Frühe Humanisten in Italien etablierten um 1350 diese selbstverantwortliche *humanitas* gegen die übermächtige *divinitas* des scholastischen Mittelalters. Konsequent festigte sich ein menschliches Selbstverständnis, das den Einzelnen der kirchlichen Verfügungsgewalt entzog und ihm die Fähigkeit zusprach, auf der Basis diesseitiger Werte das Weltgeschehen zu gestalten (→ KAPITEL 3.1). Der Kirchenreformator Martin Luther wiederum problematisierte in seiner Darlegung *Freyheyt einisz Christen menschen* (1524) das christliche Individuum als Paradox. Der Mensch ist freier Herr und zugleich dienstbarer Knecht: dienstbar gegenüber der weltlichen Herrschaft, frei in seinem Glauben und seinem Gewissen, denn hier steht er außerhalb der Verfügungsgewalt irdischer Mächte (z. B. der Papstkirche). Aufgrund des Sündenfalls sind die Menschen jedoch voller Laster und Bosheit, weshalb es nach Luthers Auffassung einer starken Herrschaft bedarf, um den sozialen Frieden zu sichern. In seiner Schrift *Von weltlicher Obrigkeit* (1523) fordert er die rückhaltlose Unterwerfung unter die fürstliche Gewalt.

Weil das Individuum nach Luther einerseits frei ist von institutionalisierter Gnadenverwaltung (→ KAPITEL 10), ist es andererseits im Falle der sündhaften Schuld auch auf sich selbst verwiesen. Die heilsvermittelnde Autorität wirkt daher weniger äußerlich durch eine richtende und vergebende Kirche als vielmehr innerlich: Das Gewissen (*conscientia*) repräsentiert als ‚innere Stimme‘ die göttliche Norm im handelnden Individuum. Hier liegt das menschliche Vermögen, Gebot und Sünde zu unterscheiden – und sich gegen Verführung und Anfechtung zu wehren. Verschiedene Dramen der Zeit führen das Gewissen anschaulich vor, etwa als peitschende Furien (Megaera) oder als brennende Fackeln, die dem Menschen ins Herz gestoßen werden.

Erasmus von Rotterdam distanzierte sich 1524 mit seiner Schrift über den freien Willen (*De libero arbitrio*) explizit von Martin Luther. Dessen Antwort kam prompt: *De servo arbitrio* (Vom unfreien Willen, 1525). Für den humanistischen Gelehrten Erasmus ist der Mensch trotz der Erbsünde fähig, sich für das Gute zu entscheiden und durch Strebsamkeit und Bildung die göttliche Gnade zu erlangen. Gegen diese Auffassung einer leistungsbestimmten Selbstvervollkommnung bestand der Wittenberger Reformator auf der Ohnmacht des sündhaften Menschen gegenüber dem Willen Gottes: Das sterb-

Humanität und Individualität

Gewissen

„Vom freien Willen"

liche Subjekt besitzt keine Handlungsfreiheit, allein der göttliche Gnadenakt entscheidet über das Seelenheil. Erziehung müsse den Menschen lehren, den göttlichen Willen zu erkennen und zu achten. Hierzu bedürfe es strengen Gehorsams und auch Strafe bis hin zur körperlichen Züchtigung.

Biografie Die lutherische Auffassung von Gewissensbildung und Selbstverantwortung begünstigte die Entstehung von Textsorten, die Biografie und Lebenswandel eines Individuums thematisieren. Zunächst boten vor allem anlassbezogene Hochzeits- oder Trauergedichte zunehmend detaillierte Lebensläufe und bezogen diese dann auf eine exemplarische Erfüllung der christlichen Normen. Neben Tagebüchern und **Autobiografie** Arbeitsjournalen finden sich erste Formen der Autobiografie: Selbstbeschreibungen, in denen die Verfasser das eigene Handeln thematisieren und im Blick auf das göttliche Gesetz bewerten. Im höfischen Bereich verbürgen die Schreibkalender das „archivierte Ich" (Meise 2002). Im Zuge der verstärkten pietistischen Gewissensbetonung betrieb man ab 1700 eingehend protokollierte Selbstbeobachtung, ja Selbstbefragung zur Erforschung der eigenen Psyche.

Die Normen des praktischen Verhaltens klärten zahllose Narrenrevuen, Satiren oder Komödien, die das fehlerhafte Handeln (Trunksucht, Verschwendung, Schwatzhaftigkeit u. a.) dem Gelächter preisgeben. Für den Adel galten Fürstenspiegel oder Heldengedichte als Norm stiftend, beide lehrten die vorbildlichen Tugenden des Regenten wie Gerechtigkeit (*iustitia*), Gnade (*clementia*) oder Stärke (*fortitudo*). **Praktische Ethik und Affektenlehre** Generell sind es die Affekte, die den unbeherrschten Menschen zum sündhaften Tun bewegen. Justus Georg Schottelius zeigt in seiner *Ethica* (1669) die Natur und Wirksamkeit menschlicher „Hertzneigungen" wie Zorn, Verzweiflung, Begierde, Hass oder Trauer. Allegorische Dramen sorgten für eine lehrhafte Affektregulierung, indem „Wollust" oder „Geldgeiz" als handelnde Figuren auftraten und exemplarisch besiegt wurden. Schon im späten 16. Jahrhundert veranschaulichte die sogenannte Teufelliteratur menschliches Fehlverhalten, indem sie jeder Torheit einen zuständigen Teufel zuordnete.

Körpererfahrung In Pestliedern, Leichenpredigten oder elegischen Darstellungen von Krankheit und Leiden zeigt sich eine elementare Erfahrung des Körperlichen. Eindringliche Schilderungen mit Symptomen, Verläufen und Folgen von Krankheiten zeugen von pathologischer Kenntnis, sie dienten aber primär der Evidenz einer physisch empfundenen Existenzangst. Texte wie Andreas Gryphius' Sonett *Threnen in schwerer Kranckheit* (1637) dienen einem theologischen Zweck: Das gezeigte Erlebnis der leiblichen Hinfälligkeit (*narratio*) wird mit heilsgeschichtlichen Mustern gekoppelt (*argumentatio*) (→ KAPITEL 4). Der eigene Körper wird somit zum Kampfplatz zwischen Gott und Teufel.

Die Körpererfahrung steht in engem Zusammenhang mit dem biologischen Geschlecht, das die geltenden Normen zu einem gesellschaftlich geprägten Geschlecht (*gender*) verstärken. Neben der Zugehörigkeit zu einem sozialen Stand resultierte hieraus maßgeblich die Identität einer Person. Strenge Verhaltensmuster gab es auch hier, Abweichungen wurden in der Satire verlacht, etwa in Johann Beers *Weiber=Hächel* (1680). Herausragende Frauengestalten waren durchaus darstellungswürdig; von der sündigen Heiligen „Frau Jutta", die als Päpstin im gleichnamigen Legendendrama des Dietrich Schernberg (um 1480) figuriert, bis zur Märtyrerin in Gryphius' Drama *Catharina von Georgien* (1647) bieten sie den männlichen Autoren Gelegenheit für ethische Verklärung oder Verdammung.

Geschlechterdiskurs

Für die männlich dominierte Gesellschaft der Frühen Neuzeit konnte sich überlegene Weiblichkeit allerdings zur gefährlichen Bedrohung bis hin zur Dämonie auswachsen. Die martialische Verfolgung und physische Vernichtung von Frauen als Hexen war die grausame Folge. Auch psychisch Kranke oder verhaltensauffällige Personen galten als vom Satan besessen. Die Kirchen beanspruchten die alleinige Deutungsgewalt über Körper und Psyche und übten sie, unabhängig von der Konfession, mit ‚gelehrten' Argumenten aus. Seit 1487 verfügte die Inquisition mit dem *Hexenhammer* über ein Rechtsinstrument, das die Vernichtung von Frauen legitimierte. Kritische Gegenstimmen artikulierten sich nur zögerlich. Der Jesuitenpater Friedrich Spee setzte 1631 mit seiner *Cautio Criminalis* (Rechtsbedenken) einen wichtigen Impuls und äußerte rechtliche Vorbehalte wegen der Hexenprozesse. Die anonym publizierte Schrift opponiert mit einem sachlich versierten Plädoyer gegen Denunziation, juristische Willkür und Folter.

Hexenverfolgung

Gegen Misogynie (Frauenfeindlichkeit) und dämonisierende Verdammung steht auch in der Frühen Neuzeit die verklärende Idealisierung der Weiblichkeit. Schon mittelalterlicher Minnedienst und Marienkult hatten die Frau zur Heiligen erhoben, als Tugendideal und ewig unerreichbare Geliebte, was der Italiener Francesco Petrarca (1304–74) mit seinen *Laura*-Gedichten folgenreich säkularisierte: Liebesschmerz, Todeswunsch und vor allem ein verbindlicher Formelkanon von Körperteilen wie Augen, Stirn und Nase fanden im gelehrten Wettstreit ihre virtuose Variation (Petrarkismus). Mit dem Ausdruck persönlicher Gefühle hatte diese literarische Stilisierung wenig zu tun.

Petrarkismus

In der gesellschaftlichen Wirklichkeit war das Geschlechterverhältnis auf gemeinsames Arbeiten und Haushalten (*oeconomia*) aus-

Liebe, Ehe, Familie gelegt. Vor allem die protestantische Lehre sorgte dafür, dass die Familie sich in Entsprechung und Fortsetzung von Kirche und Staat als Mikrokosmos der Politea (Landregierung) formierte. Der Hausvater führte nach strengem Pflichtenkatalog das Regiment über Mutter, Kinder und Gesinde und achtete auf eine scharfe Rollentrennung, die ihn zur Nahrungssorge, sie aber zur Kinderaufzucht bestimmte. Die sittliche Liebe in der festen Form der Ehe stand der ‚verderblichen‘ Gier nach Lusterfüllung gegenüber und eine reiche Traktatliteratur wie Albrecht von Eybs *Ehebüchlein* (1472) verhalf hier zur Orientierung. Vor allem die Hochzeitsgedichte zeigen den tugendhaften Liebesbegriff, sparen aber auch nicht mit Anspielungen auf Geschlechtsverkehr und Körpererfahrung.

Profession, Ökonomie und Sozialethik Arbeit erfuhr als bürgerliches Ethos eine zunehmende Hochwertung in der Literatur. Schon der Meistersänger Hans Rosenplüt hielt um 1440 in seinen Liedern den Wert der eigenen Leistung dem parasitären Dasein des Adels entgegen. Fischart formulierte in seiner Reimdichtung *Das Glückhafft Schiff von Zürich* (1576) ein Lob der „Arbeytsamkeit" des Stadtbürgers und Johann Beer setzte in seinem *Narren=Spital* (Roman, 1681) den faulen Grafen dagegen. Der Wechsel zwischen dem Berufsleben (*vita activa*) und einer *vita contemplativa* mit Gebet und Andacht sollte ausgewogen bleiben. Der gemeine Nutzen, die Förderung des gemeinschaftlichen Wohls, galt als Richtwert für jede Profession. Die Wirtschaftskraft der Städte basierte nicht zuletzt auf ethischen Grundsätzen, die wiederum theologisch fundiert waren. Arbeit galt als „artzney", die von Gott zur Buße nach dem Sündenfall auferlegt war, wogegen Müßiggang zu Laster und persönlichem Heilsverlust führte.

11.2 Politische Systemebenen und Hierarchien

Stadt Als wirtschaftliche Zentren bildeten die Städte gegenüber der Macht des Kaisers wie auch einzelner Fürsten ein starkes Gegengewicht. Zu Recht spricht man von einem „frühneuzeitlichen Stadtrepublikanismus" (Schilling 1991, S. 24), der auch parlamentarische Redesituationen und Meinungsbildungsprozesse kannte, die sich innen- wie außenpolitisch auswirken konnten. So gab es Versuche, mit rhetorischen Textkonstruktionen auf lokale Entscheidungen Einfluss zu nehmen: 1564 inszenierte der Danziger Gymnasialdirektor Heinrich Moller eine deutsche Übersetzung des neulateinischen *Nabal* von Rudolf Gwalther (Drama, 1549). Das ethische Thema, die verantwortungslose Verschwendung von Reichtum, bildet hier nur den Vordergrund für einen verschlüsselten Appell an die Stadt Danzig, dem polnischen König in der aktuellen Krisenlage nicht den geforderten Kredit zu verweigern.

Die unterschiedlichen Stände des Reiches präsentierten sich positiv in den sogenannten Ständespiegeln, die z. B. vorbildliches Herrscherhandeln darstellen und in Einzelfragen (Rechtswesen, Wirtschaft und Kriegskunst) beraten. Als Ideal steht der *miles christianus* („Kämpfer für Christus"), der für Recht, Kirche und Gemeinschaft gegen Heiden und Ketzer eintritt. Kritisiert erscheinen die einzelnen Schichten dagegen in den Ständesatiren, etwa in *Des Teufels Netz* (anonym, um 1420), wo die unterschiedlichen Vertreter der geistlichen und weltlichen Hierarchie wie in einem Totentanz auftreten, sich der sieben Todsünden schuldig machen und so dem Teufel ‚ins Netz' gehen. *Reichsstände*

Das mittelalterliche Universalreich verfiel nach 1400 aufgrund des wirtschaftlichen, sozialen und moralischen Niedergangs des Ritterstandes, aber auch durch die schwindende Zentralmacht des Kaisers. 1667 erklärte ein Italiener mit Namen Severinus de Monzambano in seiner umfangreichen Schrift *De statu imperii Germanici* (Über den Zustand des Deutschen Reichs) das Heilige Römische Reich Deutscher Nation für historisch überholt. Die kritische Beschreibung stammte jedoch aus der Feder eines Deutschen: Samuel Pufendorf (1632–94), Verfassungsrechtler und Historiograf, nutzte die *sermocinatio* (→ KAPITEL 5) eines zynischen Beobachters aus der Romania, um die verschiedenen Organe und Komponenten des rechtlich labil verfassten und politisch kaum handlungsfähigen Gebildes zu analysieren. *Heiliges Römisches Reich Deutscher Nation*

In einem Roman unternahm es dagegen Daniel Casper von Lohenstein, auf 3 000 zweispaltig gedruckten Seiten (1689–90) noch einmal die Vorteile eines zentralistisch regierten politischen Körpers herauszustellen. Im Augenblick der massiven Bedrohung durch Frankreich, die Ambitionen des Sonnenkönigs auf die Kaiserkrone waren bekannt, beschwört der Autor des *Arminius*, einer „sinnreichen Staats- Liebes- und Heldengeschichte", das habsburgische Reichsoberhaupt mit einem germanischen Mythologem als den neuen *Großmüthige[n] Feldherr Arminius oder Herrmann*. Im historischen Bezug zum Präzedenzfall in der Spätantike, als der Cherusker Arminius gegen das dekadente Rom siegreich zu Felde zog, versucht der rhetorische Epiker nun mit politischen, theologischen und philosophischen Argumenten die Territorialfürsten seiner Zeit zur Einigkeit unter einem souveränen Kaiser zu bewegen. Mit seinen immensen Quellenkenntnissen sichert Lohenstein seine mehrschichtig verschlüsselte Konstruktion aus Liebes- und Staatsgeschehen argumentativ ab und moniert, dass „deut-

sche Freyheit" auch in der Gegenwart zu verteidigen sei (vgl. Borgstedt 1992).

Lohensteins Appell, sich loyal zum römisch-deutschen Reich zu stellen, hatte längere Tradition. Spätestens seit dem Wormser Reichstag
1495 gab es diverse, wenn auch wenig erfolgreiche Versuche der Fürsten, das alte Reich mit Reformen (Reichssteuer, Reichsregiment als
Exekutive und ständiger Reichstag als Legislative) zu retten. Zu viele
Fragen der rechtlichen, militärischen und ständischen Verwaltung blieben jedoch offen. Die humanistische Bewegung unternahm es mit ihren

Reich und Nation   poetisch-rhetorischen Mitteln, das Reich über die nationale Geschichte
als ideelle Vorstellung zu stabilisieren. Mit Berufung auf ein ethisch
vorbildliches Deutschland, wie es der antike Historiker Tacitus in seiner Schrift *De origine et situ Germanorum* (Ursprung und Sitz der Germanen) im 1. Jahrhundert n. Chr. dem dekadenten Rom entgegen-
gehalten hatte, suchte man die modernen Barbarismusvorwürfe zu
entkräften und das nationale Bewusstsein zu stärken. Um die rechtmäßige Fortsetzung des antiken Reiches durch deutsche Kaiser (*trans-
latio imperii*) zu untermauern, scheuten die Gelehrten keinen wissenschaftlichen Aufwand.

Einige Poeten gingen sogar so weit, autochthone Kulturtraditionen

Konstruierte   auch synthetisch nachzuschaffen. Sie ersannen zum Beispiel idealisie-
Kulturtradition   rende Druidenmythen oder brachten die Entstehung der Deutschen
Nation mit biblischen Texten in Verbindung. Neben einem fiktiven germanischen Urvater „Thuisco" bezog man sich auch im 16. Jahrhundert schon auf Arminius und seinen authentischen Sieg gegen den Rö-
mer Varus (9 n. Chr.). Den zerfallenden europäischen Universalismus
als gemeinsame Herrschaft von Papst und deutschem Kaiser sollte nun
eine zukunftsfähige Synthese aus germanischen und römischen Traditionen retten. Neben den neulateinischen Lobgedichten auf die deutsche Nation und ihre Herrscher äußerte man sich auch ‚parlamenta-
risch' in der Reichstagsoratorie. Ein beachtlicher Teil der Humanisten
nutzte tatsächlich den Reichstag als das Forum der Reichsstände, um
„das zerbrechliche Bündnis zwischen dem älteren Reichsgedanken und
den Diskursen einer nationalromantischen Imagination germanisch-
deutscher Selbstbehauptung zu befestigen." (Kühlmann 2001, S. 89)
Hier traten einzelne Vertreter des elitären humanistischen Gelehrten-
kreises persönlich als Redner auf, um politische Entscheidungsträger
mit den Früchten ihrer theoretischen Reflexion vertraut zu machen
und mit rhetorischen Mitteln auf die praktische Politik einzuwirken.

Die Vorstellung, dass die Herrschaft des antiken römischen Reiches auf den deutschen Kaiser rechtmäßig übertragen war, stand je-

doch im europäischen Maßstab zur Disposition. Der mittelalterliche Universalismus und seine theologische Basis waren durch die Etablierung der modernen, zunehmend papstunabhängigen Nationalstaaten (Frankreich, England, Spanien) nach 1500 praktisch beendet. Die einzelnen Reichsfürsten strebten seit 1648 erfolgreich nach Souveränität und das Reich wurde endgültig zur ideellen Größe, faktisch entwertet durch die ständische Realpolitik.

Nationalstaaten

11.3 Krieg und Herrschaftsdiskurs

Was der französische Philosoph Jean Bodin (1576) angesichts der Konfessionskriege über Staatsräson, Souveränität und Absolutismus entwickelt hatte, wurde ebenso wie die zentrale Position des Holländers Justus Lipsius in *De constantia* (Über die Beständigkeit, 1584) bald auch unter deutschen Vorzeichen erörtert: Nur ein mächtiger weltlicher Staat kann die menschlichen Konflikte bändigen, indem er das öffentliche Leben streng diszipliniert. Anlässlich des englischen Bürgerkriegs kommt auch der Staatsdenker Thomas Hobbes in seinem *Leviathan* (1651) zu dem Schluss, dass zentralisierte staatliche Herrschaft unverzichtbar sei, um vor dem zerstörerischen Chaos der inneren Kriege zu bewahren. Nur ein Souverän, der keinem Gesetz außer dem Naturrecht untersteht, kann für stabile Ordnung sorgen. Er regiert von Gott eingesetzt absolut, niemandem als Gott selbst Rechenschaft schuldig. Die theologische Begründung geriet im Verlauf des 17. Jahrhunderts zugunsten des säkularen Rechtsdenkens (Naturrecht) zunehmend in den Hintergrund. Am Ende stand der rationalistische Machtstaat des 18. Jahrhunderts.

Mächtiger Staat

Neben den theoretischen Abhandlungen thematisierten auch literarische Werke mit fiktionalem Charakter die Herrschaftsfrage. Der *Simplicissimus-Zyklus* (1668) Grimmelshausens etwa diskutiert in verklausulierter Form verschiedene staatstheoretische Modelle mit den jeweiligen juristischen und konfessionellen Implikationen. So enthält beispielsweise die Jupiter-Episode im III. Buch des *Simplicissimus Teutsch* eine massive Kritik am Gewaltmonopol des Fürsten, das offensichtlich nicht zum Frieden führte.

Literarische Evidenz

Als ein Gegenmodell zur absoluten Herrschaft erscheint die ständische Monarchie: Der Fürstenmacht steht hier ein beratendes, lenkendes oder gar entscheidendes Gremium (Reichstag, Landtag) gegenüber. Gesellschaftliche oder territoriale Gruppen können gegen den Machtwillen eines Einzelnen opponieren. Der calvinistische Jurist Johannes Althusius betrachtete in seinen Schriften um 1600 das abso-

Das ständische Modell

lutistische Prinzip als Tyrannei und erkannte sogar ein Widerstandsrecht der Stände an. Befürworter dieser Position sahen sich in der
Englischen Revolution und der Ermordung Karls I. (1649) bestätigt.
Andreas Gryphius reagierte auf dieses Geschehen mit seinem bereits
1649 entstandenen Trauerspiel *Carolus Stuardus*; dort wertet er die
Hinrichtung des Königs aber als Missbrauch der Rechtsinstitution, da
die Gegenspieler sich göttliches Recht anmaßen. Gryphius erhebt Karl
als getötete Unschuld zur *imitatio Christi*, vor allem mit Parallelen
zum Passionsgeschehen in der zweiten Fassung (1663).

Das Mischspiel als Diskussionsforum

Aufgrund ihres ständisch gemischten Personaltableaus bietet vor
allem die Tragikomödie (→ KAPITEL 7) ein wirksames Anschauungs-
instrument für politische Theoriebildung. Angesichts einer pluralen
Ständegesellschaft fordert der Schul-Dramatiker Daniel Richter in
seinem *Thesaurus oratorius novus* (Neue Redemethodik, 1660), alle
sozialen Gruppen in einen dramatischen Handlungsraum zusammen-
zuführen. Fürst und Adel gehören somit auch in das gesellschaftliche
Lehrkonstrukt eines Lustspiels. Der Pädagoge Johann Sebastian Mitternacht sah die Erhebung des löblichen Regenten am besten mit der
Darstellung des Gegenteils gewährleistet: Ein vernachlässigtes Volk
verfällt der Anarchie und gerät ins Chaos. Mitternachts *Politica Dra-
matica*, eine *Tragico-Comoedia* (1667), zeigt, wie die Bauern die
Amtleute, die Bürger die Ratsleute und die Adligen den König lyn-
chen. Damit gelang dem regionalen Schultheater eine evidente Transformation der Bürgerkriegstheorien etwa des Thomas Hobbes: Allein
der absolute Fürst kann das Chaos verhindern, umgekehrt ist sein
Erfolg aber auch am öffentlichen Frieden messbar.

In dieser Weise finden sich Staatsformen wie Tyrannei, Republik
und Monarchie in Epik und Dramatik durchaus konträr diskutiert.

Republik

In Lohensteins Drama *Epicharis* (1665) steht die Titelfigur für die
Einführung einer Republik, eines freien Regiments der Bürger. Tatsächlich lagen zahlreiche Formen nicht-absolutistischer Staatlichkeit
im realpolitischen Erfahrungsbereich der Frühen Neuzeit: italienische
Stadtrepubliken, die Schweizer Eidgenossenschaft, die Republik der
Vereinigten Niederlande, die polnische Adelsrepublik sowie die Stadtrepubliken im Preußenland (Danzig, Elbing, Königsberg), die nicht
zum römisch-deutschen Reich gehörten und unter polnischer Lehns-
herrschaft eigene Modelle praktizierten.

Gemäß dem Ideal der absoluten Gewalt sucht der Fürst seine Herrschaft zu perfektionieren, indem er andere politische Entscheidungsträger (Stände) ausschaltet und die Wirtschaft zentralisiert (Merkanti-
lismus). Mit der schrittweisen Schwächung der Theologie löste sich

auch die Bindung an christliche Gebote zugunsten der Staatsräson (*ratio status*): Wenn es die Bewahrung des Staates gebietet, darf sich der Fürst über moralische Maximen und rechtlich begründete Ansprüche anderer hinwegsetzen. Er muss über seine Handlungen nicht informieren (*arcana imperii*) oder Rechenschaft ablegen. *Il Principe* (Der Fürst, 1513), die folgenreiche Theorie des Italieners Niccolò Machiavelli, schien diese Vorstellung zu legitimieren: Ein Fürst, der sich in einer ‚Welt der Bösen‘ durchsetzen will, darf sich nicht vom Maßstab des Guten in seinem Handeln beschränken lassen. Die theologische Welterklärung und die göttliche gedachte Weltenlenkung (*providentia*) verlieren zugunsten der Absolutsetzung menschlicher Handlungspotenz an Bedeutung. Nicht Treue, Milde oder Aufrichtigkeit sollen das politische Handeln bestimmen, sondern eine gesinnungslose Erfolgsfixierung mit Täuschung, Betrug und Brutalität. Verschiedene Dramen zeigen Herrscherfiguren in menschlichen Ausnahmesituationen, um die problematischen Grenzen zwischen dem milden *princeps christianus* des Erasmus und dem rücksichtslosen Tyrannen bzw. ‚Machiavellisten‘ zu diskutieren (vgl. Niefanger 2005).

Ratio status und Tyrannentum

Die Frage nach der Handlungsfreiheit des Fürsten blieb ein Schlüsselproblem für die Staatsbildung in der Frühen Neuzeit. Im römisch-deutschen Reich ging es vor allem um das Verhältnis zwischen Kaiser und Territorialfürst, also um Zentralismus und Regionalherrschaft. Eine weitere Statuskonkurrenz bestand eine Ebene darunter zwischen Reichsfürst und Landständen. Pufendorf und Leibniz legten hier rhetorisch sorgsam eingerichtete Konzepte vor, die – ohne den Kaiser zu brüskieren – den Territorialfürsten große Spielräume ließen, die diese real auch nutzten.

Souveränität

Schon in der Motivtradition des *Reinecke Fuchs* erscheinen Fragen der Machtverteilung immer wieder kritisch dargestellt. Hier artikuliert sich ein frühneuzeitlicher Hofdiskurs, der sich von den niederdeutschen Fassungen im 15. Jahrhundert über Sebastian Brant bis zu Goethe fortsetzte. Dieser Hofdiskurs ist ein aussagekräftiger Indikator für höfische Verhaltensmuster und Systembildungen, denn hier kommen Staatsfragen, Versammlungspraxis, Regierungsformen, Gerichtsinstitutionen und Ermittlungsfragen zur Sprache. Hinzu treten später die theoretischen Abhandlungen zum Verhalten der Höflinge bei Machiavelli, Balthasar Gracián oder Christian Weise, die Anleitung geben, um erfolgreich in der territorialabsolutistischen Hierarchie aufzusteigen.

Hofdiskurs

Auch die Selbstlegitimation des Fürsten konnte auf literarische Medien nicht verzichten. Die Anstrengungen der Regenten, ihre Herrschaft (*majestas*) und Würde (*dignitas*) öffentlich darzustellen, zeigen sich in der höfischen Repräsentation. Protokolle, Beschreibungen und Berichte organisieren und publizieren die Auftritte bei Hofe, Opernlibretti oder genealogische Abhandlungen weisen die historische Legitimation der Regentschaft nach (vgl. Rahn 2006). Neben der Bestätigung des Herrschaftsanspruchs durch anlassgebundene Lobgedichte (Panegyrik zu Krönung, Hochzeit und Tod) artikulierten sich viele **Zeremoniell** Fürsten auch selbst in einem vom Zeremonienmeister konzipierten **als Zeichensystem** Zeichensystem, um den Anspruch ihrer Dynastie im binnendeutschen wie im europäischen Rahmen zu legitimieren. Die juristischen Staatsargumentationen erfuhren hier ihre sinnfällige Inszenierung mit diplomatischer Wirkung: Beteiligte Gesandte sowie ‚private‘ Beobachter registrierten die gesetzten Zeichen innerhalb des höfischen Zeremonialwesens und meldeten sie an ihre Auftraggeber (→ KAPITEL 8).

Es bleibt eine zu oft wiederholte und dennoch inhaltslose Merkformel, dass allein der Krieg die Unverwechselbarkeit der Literatur des **Militärische Konflikte** 17. Jahrhunderts ausmacht. Die ursächliche Verschaltung der Grausamkeiten eines dreißig Jahre währenden Waffenkonflikts mit einer spezifischen ‚Grundstimmung‘ der Epoche, etwa der Vergänglichkeit (*vanitas*) alles Irdischen, ist spekulativ und erklärt zudem nichts. Zunächst war kein Ort des Reiches permanent von Schlachten heimgesucht. Der Dreißigjährige Krieg vollzog sich vielmehr in vier Etappen in verschiedenen Räumen und fand seine Fortsetzung in den Nordischen Kriegen (1655–60), in den Reichskriegen gegen die Expansionspolitik Ludwigs XIV. (1670/72–79), im Pfälzischen Erbfolgekrieg (1688–97), im Nordischen Krieg (1700–21) sowie im Spanischen Erbfolgekrieg (1701–13). Und auch vor 1618 hatte es nur selten Frieden gegeben: Seit 1410, der Niederlage des Deutschen Ordens gegen Polen, tobten Schwaben- und Hussitenkriege, Bauernaufstände, Bauernkriege und der Schmalkaldische Krieg (1546–47). Hinzu kam die permanente Bedrohung der deutschen Länder durch die osmanischen Heere in Südosteuropa. Die Frühe Neuzeit litt stark unter der Grausamkeit militärischer Konfrontationen, ohne dass sich hieraus jedoch eine spezifische Epochensignatur ablesen ließe.

Die kriegerischen Auseinandersetzungen sind selbstverständlich auch im Zusammenhang mit der Literatur zu betrachten. Physische Vernichtung galt als wirkungsvolle *pictura* (→ KAPITEL 8) für menschliche Anmaßung. Texte bildeten jedoch nicht nur Kriegserfahrung und Traumatisierung ab, sondern waren selbst auch eine Einflussgröße im Zeitgeschehen. Die eigentliche Novität lag darin, dass Krie-**Propagandakriege** ge nun auch publizistisch geführt wurden. Mit Hilfe literarischer Technik artikulierte man Schuldvorwürfe, betrieb parteigebundene

Ursachendarlegung und Feinbildprojektion, warb um Koalitionäre oder suchte Bündnisse zu unterlaufen. Es ging darum, die eigene Sicht bzw. die Ziele der unterstützten Partei möglichst überzeugend darzustellen und den Gegner zu diffamieren, wofür das rhetorische Instrumentarium beste Hilfe versprach. Rhetorik erhielt damit einen noch größeren Wirkungsradius: Sie war nun nicht mehr auf den universitätsinternen Disput oder auf die Beratung in städtischen oder konfessionellen Angelegenheiten beschränkt, sondern diente nun auch dazu, über ein wachsendes Publikum politische und militärische Prozesse in ganz Europa zu beeinflussen. Je mehr der Zentralismus des Reichs schwand, desto größere Wirkungszusammenhänge ergaben sich.

Flugblätter waren ein quasi militärisches Hilfsmittel, um das öffentliche Meinungsbild zu steuern. Strophische Kriegsdichtungen kommentierten das Geschehen, stellten aber immer auch exegetische Bezüge im moraltheologischen Diskurs her, indem einzelne Herrscher als teuflische Aggressoren, andere als messianische Retter stilisiert wurden (vgl. Tschopp 1991). Neben Hermann Schottenius' dramatisierter Ursachenforschung zum Bauernkrieg *Ludus Martius sive bellicus* (1526), Martin Opitz' *Trostgedicht* (1621) oder Johann Rists Drama *Irenomachia* (1630) sind es vor allem die großen epischen Texte, die das unmittelbare Kriegsgeschehen eindringlich vorführen, auch hier aber stets im didaktischen Verhältnis von Schilderung (*pictura*) und Ausdeutung (*subscriptio*). Krieg erscheint als Anschauungsmittel (*evidentia*) für theologische oder geschichtliche Fragen, nicht als persönlicher Erlebnisbericht.

Flugblätter und Kriegsdichtungen

Allenfalls die Ekloge bezog sich auf das individuelle Erleben: Der Verfasser tritt hier in der Rolle eines Schäfers auf, der mit genauen raumzeitlichen Angaben sein Flucht- und Vertreibungserlebnis in Kriegszeiten thematisiert – so in Martin Opitz' prototypischer *Schäfferey von der Nimfen Hercinie* (1630). Eine noch genauere Einpassung seines Schicksals in die authentische Krisenlage zeichnet Sigmund von Birken in seiner *Fortsetzung der Pegnitz=Schäferey* (1645). Michael Kongehl erweitert die Ekloge zum historischen Roman (*Surbosia*, 1676), in dem er die Bedrohung seiner Königsberger Heimat problematisiert.

Ekloge als Individualbericht

Fragen und Antworten

- Erläutern Sie das neue Verständnis von Subjekt und Individualität in der Frühen Neuzeit.
- Wie thematisieren die verschiedenen Textsorten politische Körper wie Stadt, Territorium und Reich?

- Wie wurden einzelne Formen von Herrschaft über literarische Medien dargestellt und diskutiert?

- Analysieren Sie Darstellungen des Krieges in der frühneuzeitlichen Literatur anhand ausgewählter Textbeispiele.

Lektüreempfehlungen

Quellen

- **Albrecht von Eyb: Ob einem manne sey zunemen ein eelichs weyb oder nicht** [1472], hg. und eingeführt v. Helmut Weinacht, reprographischer Nachdruck der Ausgabe Nürnberg 1472, Darmstadt 1993.

- **Severinus von Monzambano [= Samuel Pufendorf]: De statu imperii Germanici ad Laelium fratrem** [1667], deutsch: Die Verfassung des Deutschen Reiches, Übersetzung, Anmerkungen und Nachwort v. Horst Denzer, Stuttgart 1967.

- **Friedrich von Spee: Cautio criminalis oder rechtliches Bedenken wegen der Hexenprozesse** [1632], aus dem Lateinischen übertragen und eingeleitet v. Joachim-Friedrich Ritter, unveränderter Nachdruck der 1. vollständigen deutschen Übersetzung Weimar 1939, 5. Auflage München 1987.

Forschung

- **Manfred Beetz: Frühmoderne Höflichkeit. Komplimentierkunst und Gesellschaftsrituale im altdeutschen Sprachraum,** Stuttgart 1990. *Autor-, genre-, und begriffsbezogene Analyse des höfischen Diskurses.*

- **Udo Benzenhöfer / Wilhelm Kühlmann (Hg.): Heilkunde und Krankheitserfahrung in der frühen Neuzeit. Studien am Grenzrain von Literaturgeschichte und Medizingeschichte,** Tübingen 1992. *Zu Körperbild, Leiden und Therapeutik in verschiedenen Textsorten.*

- **Hans-Otto Mühleisen (Hg.): Politische Tugendlehre und Regierungskunst. Studien zum Fürstenspiegel in der Frühen Neuzeit,** Tübingen 1990. *Verschiedene Fallbeispiele zeigen hier im Kontrast den großen Rahmen kritischer Herrscherinstruktion.*

12 Raum, Zeit und Geschichte

Abbildung 13: Adam Olearius: *Reisebeschreibung. Vermehrte Moscowitische und Persianische Reisebeschreibung* (2. Auflage 1656). Titelkupfer

Adam Olearius' Beschreibung seiner „Muscowitischen und Persia-
nischen Reyse" (1. Auflage 1647) steht exemplarisch für eine Fülle
von Reiseberichten, die das frühneuzeitliche Interesse an fernen Kul-
turräumen belegen. Fremde Staatsformen, Religionen, Sitten und Ge-
bräuche, aber auch landschaftliche Besonderheiten oder bemerkens-
werte Architekturen finden in diesen Texten ihre minutiöse
Beschreibung. Der gelehrte Diplomat Olearius bezog sich bei seiner
Schrift auf eigene Erfahrungen als Gesandtschaftssekretär während
einer Reise, die ihn zwischen 1633 und 1639 über Riga nach Nowgo-
rod und Moskau, schließlich nach Astrachan und Isfahan geführt hat-
te. Auch der Arzt und Dichter Paul Fleming hatte sich an dieser Ex-
pedition nach Persien beteiligt, die neue Handelswege erschließen
sollte und zu politischen Verhandlungen mit dem russischen Zaren
wie mit dem persischen Schah Gelegenheit gab.

Wie das folgende Kapitel zeigt, war die Identität des Einzelnen wie
die der verschiedenen Gemeinschaften bereits in der Frühen Neuzeit
nicht nur durch die eigene raum-zeitliche Situation, sondern immer
auch durch die Erfahrung einer Differenz hinsichtlich anderer Kultu-
ren und historischer Epochen bestimmt. In Abhängigkeit von Beruf
und Stand konstituierte sich durch Reisen, Korrespondenz und Lektüre das Bild von fernen Nationen, Territorien und Ethnien. Literatur
wirkte als Vermittlerin der Unterschiede, indem sie diese thematisierte
und deutete. Die reflexive Auseinandersetzung mit anderen Lebens-
formen (Alteritäten) basierte wiederum auf rhetorischen Prinzipien,
nämlich der Findung (*inventio*) und Anordnung (*dispositio*) geeigneter Versatzstücke. In Reiseberichten wie Geschichtswerken sammelten die Autoren authentische Quellen und eigene Wahrnehmungen,
um damit Bild und Wertung seitens des Adressaten zu steuern: Der
Verfasser eines Textes entschied, ob das Fremde als Bedrohung, als
Belehrung oder als Hilfe bei der Bewältigung zu lösender Probleme
wahrgenommen wurde. Entsprechendes galt für die Zeiterfahrung:
Vergangenes (*historia*) sollte als Lehrmeisterin des zukünftigen Lebens
(*magistra vitae*) dienen. Der historisch argumentierende Autor beeinflusste die soziale und die politische Identitätsbildung, die sich regio-
nal, aber auch auf Reichsebene auswirken konnte.

12.1 Raumerfahrung und Kulturtransfer
12.2 Zeiterfahrung und Geschichte
12.3 Epische und dramatische Historiografie

12.1 Raumerfahrung und Kulturtransfer

Natürlich bedingte der soziale Status die Mobilität, die für die unmittelbare Wahrnehmung des Fremden notwendig war. Bauern und Tagelöhner waren auf die mündlichen Mitteilungen Durchreisender angewiesen, ihre Erfahrung beschränkte sich auf die nähere Umgebung ihres Siedlungsraums. Meist bedingten Kriege die einzige Ortsveränderung, die jedoch aufgrund von Rekrutierung und Verschleppung in der Regel mit Gewalt verbunden war. Freiwillige Ortswechsel erfolgten allenfalls im Rahmen der Gesellenwanderung. Die Städte erleichterten durch ihre Handelsbeziehungen eine Begegnung mit dem Fremden und ermöglichten neben dem kommerziellen Gütertransfer auch einen überregionalen Austausch von Schriften. **Mobilität**

Wer konnte, unternahm Fahrten an heilige Orte (Rom, Jerusalem, Santiago de Compostela), um Ablass zu erhalten (→ KAPITEL 10). Knappe Itinerare (Listen der Reisestationen) legen hierüber Rechenschaft ab. Ausführlichere Reiseberichte informieren genauer über die in der Ferne gemachten Beobachtungen und Erfahrungen, z. B. über den Zustand heiliger Stätten oder auch die Sitten der Muslime. Oft verwendete man bereits vorliegende Quellen und kombinierte sie mit eigenen Erfahrungen. Kulturkontrastive Beschreibungen finden sich hier ebenso wie polarisierende Agitation, etwa hinsichtlich einer religiös motivierten Eroberung Palästinas, des Heiligen Landes. Exemplarisch zu nennen wäre neben Hans Tuchers *Pilgerreise nach Palästina* (um 1480) das *Reisebuch* (1429) von Hans Schiltberger, der nicht nur das Heilige Land besuchte, sondern im Orient auch als Soldat und Sklave diente. **Pilgerreise**

Für die humanistischen Gelehrten schien es geboten, durch persönliches Auftreten in verschiedenen Gesprächskreisen unterschiedlicher Regionen eine Präsenz zu zeigen, die durch Briefverkehr allein kaum möglich war. Die Reiserouten richteten sich entsprechend nach den Wohnorten berühmter Kollegen. Umgehend galt es die humanistische *peregrinatio* („Wanderung") in wirkungsvolle Poesie zu verarbeiten: Die dabei entstandenen Reisegedichte (*Hodoeporica*) und Reisebeschreibungen waren jedoch keine sentimentale Erlebnisdichtung, sondern scharfsinnig konstruierte Abhandlungen, die in den Wettstreit mit den Texten anderer Autoren treten sollten. Die Reisen der Fürsten galten Erziehungszwecken, waren aber ebenso mit literarischer Dokumentation verbunden, über die der mitreisende Hofmeister, der persönliche Hauslehrer, streng wachte, damit der Lernerfolg nachweisbar und erinnerlich blieb. **Gelehrtenreise**

Fiktive Reisen

Reiz und Bedrohung des Fremden waren auch beliebte Spannungs-momente in fiktionalen Texten, die zur Steigerung der Glaubwürdig-keit als „wahrhaftig" und „selbst erlebt" ausgegeben wurden. Nicht selten steigerte sich dies zum Lügenroman. Christian Reuters *Schelmuffsky* (1696) zeigt prototypisch einen ungebildeten Aufschneider, dessen tölpelhafte Übertreibungen sich schließlich selbst entlarven. Vor dem Hintergrund einer sich entwickelnden frühkapitalistischen Gesellschaft instruiert das Geschehen im *Fortunatus*, einem anonymen Prosaroman (1509), über die trügerischen Glücksgüter der Welt und die Gefahren des Geldes. Eberhard Werner Happels zahlreiche *Geschicht=Romane* (1685–90) zeigen enzyklopädische Länderreisen mit zahllosen politischen wie geografischen Einzelheiten.

Nationale Identität

Auf seiner Reise in die Fremde erfuhr das Subjekt seine nationale Identität – wobei der Begriff „Nation" nicht analog zu dem heutigen zu verstehen ist: Im Mittelalter bezeichneten *gens* („Stamm") oder *natio* („Gebürtigkeit") eine Herkunft durch Geburt oder Volkszuge-hörigkeit, die *nationes* waren eine verwaltungstechnische Einteilung in Landsmannschaften bei Konzilien, Universitäten oder Messen. Je mehr die Einheit von *imperium* und *ecclesia*, von weltlichem und geistlichem Universalismus zerfiel, desto stärker formierten sich Ein-heiten, die sich durch die Identität von Ethnie, Sprache und Regierung auch als politisches Kollektiv betrachteten (Frankreich, England). Ein „Deutschland" im Sinne eines festen geografischen oder gar staatlich verfassten Gebildes gab es in der Frühen Neuzeit nicht. Das deutsch-sprachige Reich zerfiel aufgrund der konfessionellen Entwicklungen

Territorialisierung

(→ KAPITEL 10) in zahllose Teilstaaten (Territorialisierung). Verschiede-ne Bündnisse bildeten sich konjunkturbedingt und ließen ein realpoli-tisch geeintes Reich immer unwirklicher werden.

Deutsches Reich als Konstruktion

„Teutschland" oder das „teutsche Reich" blieb eine gelehrte Kon-struktion, eine Sache der narrativen und damit rhetorischen Ge-schichtsaufbereitung. Für die Realerfahrung war die *natio* auf die Ge-burtsregion, also auf Schwaben, Bayern, Franken oder Preußen bezogen. Insbesondere in Kriegszeiten ergingen beschwörende Anrufe an die „teutsche Nation", gegenüber äußeren Feinden einig zu sein. Die Autoren schürten die Angst um den Bestand des römisch-deut-schen Reiches in der häufig erscheinenden Figur einer gemarterten „Germania". Der Dichtungsreformer Martin Opitz versuchte um 1630 die Nation über Sprache und Poesie zu einen, allerdings be-schränkte er sich dabei auf die adlige, protestantische Elite und schloss die oberdeutschen Regionen mit ihren „unreinen" Dialekten aus. Da-gegen erhob Sigmund von Birken 1652 in seiner *Teutonie* den rö-

Poetische Synthesen der Nation

misch-deutschen Kaiser Ferdinand III. zum neuen „Augustus". Dieser kunstvoll poetisierte Reichspatriotismus konnte jedoch nicht über das politische Faktum hinwegtäuschen, dass jeder Krieg vor allem inner-deutsche Interessenkonflikte barg. Die territorialpolitischen, konfes-sionellen und mentalen Realitäten waren zu kontrastreich, als dass sie einfach unter die theoretische Klammer eines „Heiligen Römischen Reiches Deutscher Nation" hätten gezwungen werden können.

Territoriale Grenzen waren in der Frühen Neuzeit selten scharf ge-zogen. Herrschaftswechsel, Entvölkerungen und Neusiedlungen sorg-ten für veränderliche und pluralistische Identitätsmuster. Gebiete wie das alte Preußenland mit seinen polnischen, prussischen, litauischen und deutschen Bevölkerungsanteilen, das deutsch-französische Elsass oder das tschechisch-deutsche Böhmen waren hybride Räume, also Regionen der ethnischen Koexistenz oder gar Symbiose, die auch li-terarisch reflektiert wurde. Oft entwickelte sich hier schon frühzeitig ein Reichs- und Rom-distanziertes Sonderbewusstsein. Im Jahr 1502 z. B. entbrannte ein Streit zwischen Thomas Murner und Jakob Wimpheling über die nationale Zugehörigkeit des Elsass. Es ging darum, ob das Gebiet ehemals römische Provinz gewesen sei und Frankreich somit Ansprüche erheben könnte.

Hybride Räume

Reale Mobilität und geistige Beweglichkeit prägten den Typus des kosmopolitischen Gelehrten, der zeit seines Lebens als Vermittler zwi-schen Staaten, Ethnien und Regionen wirkte. Neben prominenten Weltbürgern wie Celtis, Aenea Silvio, Erasmus oder Opitz gab es auch eine ganze Reihe weniger bekannter Akteure, die für nachhalti-gen Kulturtransfer sorgten. So hatte sich etwa der slowenische Geist-liche Primož Trubar (1508–86) im württembergischen Exil die Grundsätze der Reformation angeeignet, um diese dann in seiner Hei-mat zu etablieren. Er gilt als ‚slowenischer Luther', weil er aus den verschiedenen Dialekten eine slowenische Schriftsprache bildete, die sich dauerhaft durchsetzen konnte.

Kosmopolitische Gelehrte

Kulturtransfer

Aufgrund der gesamteuropäischen Vernetzung des humanistischen Gelehrtenwesens gab es in der Frühen Neuzeit auch keine eindeutig einzugrenzende deutsche Nationalliteratur. Von der bis ins 18. Jahr-hundert universal gültigen lateinischen Sprache abgesehen, sind die verschiedenen Texte nicht vorstellbar ohne unzählige stoffliche wie for-male Transferbewegungen. Einzelpersonen, die sich ständig zwischen den europäischen Zentren bewegten, ermöglichten es auch den lokal arbeitenden Poeten, sich an internationalen Maßstäben zu orientieren.

Nationalliteratur?

Vor allem die Übersetzer hatten an diesem Austausch maßgeb-lichen Anteil. Thüring von Ringoltingens *Melusine* (1456) sowie die

Übersetzungswesen

erfolgreichen Prosaromane der Elisabeth von Nassau-Saarbrücken (1393–1456) verdanken sich französischen Vorlagen. Seit 1470 sorgte man mit entsprechenden Übertragungen für die Rezeption der italienischen Novellenliteratur im deutschen Stadtbürgertum (vgl. Kocher 2005). Auch Johann Fischarts große Wirkung geht auf seine Übersetzerleistung zurück: Er übertrug Rabelais' *Gargantua* (1534) in seiner dreiteiligen *Geschichtklitterung* (1575, 1582, 1590) meisterhaft auf deutsche Verhältnisse und ließ sich dabei zu ungewöhnlichen Formen des absurden Sprachspiels animieren.

Bildungstransfer aus Italien

Virulent für das nationale Selbstbewusstsein der deutschen Gelehrtenwelt war die Konkurrenz mit den romanischen Ländern. Insbesondere die Italiener sahen sich als einzig legitime Erben der römischen Kultur den ‚germanischen Barbaren' überlegen. Lange blieb Deutschland tatsächlich auf den Bildungstransfer aus Italien angewiesen. Vor allem Aenea Silvio Piccolomini, der spätere Papst Pius II., sorgte im 15. Jahrhundert für die Verbreitung des italienischen Humanismus in Deutschland. In seiner mit quellenkritischer Akribie abgefassten *Germania* (1457) lobte er aber auch den Bildungsstand des einstigen Barbarenvolkes. Reger Kulturaustausch bestand außerdem mit Frankreich, England und Spanien. Martin Opitz bezog sich neben seinen italienischen Studien vor allem auf den französischen Dichterkreis der Pléjade. In den Niederlanden machte er die folgenreiche Bekanntschaft mit dem Dichtungstheoretiker und Texteditor Daniel Heinsius (1580–1655). Gryphius übersetzte u. a. Joost van den Vondel, der sein Drama *Papinian* (1659) maßgeblich prägte. Die Vermittlung der antiken Tragödien Senecas und der Philosophie des Stoizismus erfolgte im 17. Jahrhundert über Holland.

Europäischer Kulturaustausch

Kommunikationsraum Osteuropa

Schließlich wirkte der Osten, der europäische wie der fernere, als kultureller Kommunikationsraum. Die altpreußische Region zwischen Oder und Memel gehörte nie zum römisch-deutschen Reich, und in den Gebieten, die stets von Litauern, Polen, Prussen und Deutschen gleichzeitig besiedelt waren, entstand eine eigentümlich transnationale und bisweilen reichskritische deutsche Literatur. Dennoch versuchten Autoren wie Eobanus Hessus im 16. oder Simon Dach im 17. Jahrhundert, die ethnischen Mischgebiete kulturpolitisch an den deutschen Binnenraum zu binden. Auch in Böhmen entstand deutschsprachige Literatur im Austausch, schon der *Ackermann* Johannes von Tepls (um 1400) (→ KAPITEL 3) war kein singuläres ‚nationales' Faktum, sondern stand im Zusammenhang mit einem alttschechischen Gegenstück, dem *Tkadleček* (Weber). Und die Dichtungstheorie des Martin Opitz ist ebenfalls kaum denkbar ohne den persönlichen Austausch mit den tschechischen Hussiten und den Polnischen Brüdern im multiethnischen Beuthen. Andreas Gryphius übersetzte polnische Lyrik und orientierte seine Phonetik an der slawischen Sprache. Als Zwischenzone im osmanisch-europäischen Konflikt spielte Ungarn eine wichtige Rolle, Daniel Speer thematisierte dies 1683 in seinem *Ungarischen oder Dacianischen Simplicissimus*.

Auf das osmanische Reich richtete sich die Aufmerksamkeit ganz besonders. Als europäischer Machtfaktor wie als Projektionsfläche für heidnische Stereotypen blieben der muslimische Staat und seine Repräsentanten stets ein akutes Thema, von Hans Rosenplüts *Lied von den Türken* (1458/59) über die zahlreichen Türkengedichte des 16. Jahrhunderts bis zu den türkischen Trauerspielen Lohensteins. Um eine Vermittlung der persischen Dichtkunst für ein deutsches Publikum bemühte sich der *Persianische Rosenthal* (1654) von Adam Olearius, der Gedichte aus Scheich Mußlih eh=din Saadis *Gulistân* (um 1250) bietet.

Osmanisches Reich und Türkendiskurs

Die Entdeckung Amerikas (1492) vollzog sich auch als rhetorische Konstruktion. Das unüberprüfbar Fremde bot den Autoren eine immense Projektionsfläche für tendenziös zusammengestellte Quellen ohne authentische Wahrnehmung. Durchweg dominierte in den Reiseberichten über die ‚Neue Welt' eine theologisch geprägte Topik vom finsteren und teuflischen Heidentum. Eine politische Dimension erhält Amerika in Lohensteins *Arminius* (1689/90) (→ KAPITEL 11), wo ein fingiertes Romangespräch suggeriert, dass das Haus Habsburg nach der spanischen Erbfolge rechtmäßig auch über Amerika regieren sollte.

Amerika-Diskurs

12.2 Zeiterfahrung und Geschichte

Die wahrnehmbaren Zeitabläufe, Tages- und Jahreszeiten, Lebensalter und Generationenfolge waren in der Frühen Neuzeit durch den Glauben bestimmt: Gebete, Gottesdienste und kirchliche Feiertage markierten zeitliche Einheiten, die – abgesehen vom Sonnenlicht – bis zum 16. Jahrhundert von den Kirchenglocken als dem alleinigen Indikator angezeigt wurden. Die Einführung mechanischer Turm- und Rathausuhren um 1500 stellte somit einen einschneidenden Medienwechsel dar. Der Klerus musste die irdische Zeitverwaltung abgeben; Zeit wurde individuell gestaltbar, der einzelne Mensch konnte die Geschehensabläufe zu seinem Nutzen kalkulieren. Handwerk und Kaufmannstätigkeit eröffneten sich auf diese Weise effektivere Handlungsmöglichkeiten.

Konkrete Zeitwahrnehmung

Die persönlichen Lebensdaten blieben weitgehend mit den Sakramenten verbunden: Taufe, Ehe, letzte Ölung. Gegen Selbstvergessenheit und Vergeudung von Lebenszeit (*carpe diem* „nutze den Tag") mahnten die Totentanzdarstellungen, aber auch Kasualia (Gelegenheitsdichtungen), die ihr exemplarisches Bild der Lebensalter stets mit der Ermahnung zu christlicher Lebensweise verbanden.

Metaphysische Zeiterfahrung

Eine das individuelle Lebensalter übersteigende metaphysische Zeiterfahrung im Sinne der Natur- und Weltgeschichte blieb stets in das Walten höherer Mächte eingebunden. Je nach theologischem Standpunkt sprach man von göttlicher Vorsehung (*providentia*), schicksalhafter Bestimmung oder Verhängnis (*fatum*) oder von einer völlig beliebigen Folge von (oftmals täuschenden) Glücksfällen (*fortuna* bzw. *vanitas*). Poetische Texte sorgten für die anschauliche Darlegung des jeweiligen Prinzips, indem sie etwa die launenhafte Glücksgöttin Fortuna mit dem Glücksrad auftreten ließen.

Während die christliche Heilsgeschichte zielorientiert (teleologisch) auf das Jüngste Gericht zuläuft, basiert das aus der Antike übernommene Modell auf der Vorstellung einer zyklischen Wiederkehr bestimmter Konstellationen, sodass die Geschichte als Lehrmeisterin des Lebens (*historia magistra vitae*) wirken kann. Entsprechend dieser Vorstellung dienten Sprache und Schrift als Medien, um Zeit zu dokumentieren, aber auch zu steuern. Die Vergangenheit, wie sie Bib-

Kollektives Gedächtnis

liothek und Archiv als kollektives Gedächtnis konservieren, fungiert als Argumentationspool, um gegenwärtige Entscheidungen rhetorisch zu beeinflussen. Der Autor selektiert und instrumentalisiert verfügbare Informationen und konzipiert eine historisch angelegte Fiktion in Schauspiel oder Roman, um auf die aktuelle Entwicklung Einfluss zu nehmen. Im Gegensatz zur Stagnation und Unveränderlichkeit des mittelalterlichen Weltbilds wuchs das Bewusstsein für qualitative Eingriffe in das Weltgeschehen. Auch hierfür lieferten die antiken Vorbilder Legitimation, Theorien und Materialien.

Der Anspruch eines universalen christlichen Europas unter einem römisch-deutschen Kaisertum war nach 1500 nicht mehr zu halten.

Nationalgeschichte und Patriotismus

Man suchte sich daher auf die germanische Nation und deren Geschichte zu konzentrieren. Die gelehrten Editionen und Historiografien richteten sich zunehmend auf die Beschreibung wie Legitimation einer eigenständigen deutschen Nation, die ihren politischen Anspruch auch im Kulturbereich gegen die romanische Hegemonie zu verteidigen suchte. Entsprechend verzichtete man auf eine genealogische Herleitung der deutschen Kaiser von trojanisch-römisch-fränkischen Vorfahren und sah den Anfang nun im legendären „Thuisco", einem namensgebenden Urgermanen, den einige Autoren sogar zum Sohn des biblischen Noah erklärten.

In der Mitte des 15. Jahrhunderts stieß man bei der Quellensuche auf eine alte Handschrift *De origine et situ Germanorum* (Ursprung und Sitz der Germanen). Diese lobende Beschreibung des als barbarisch geltenden Volkes verdankt sich einer bedeutenden Persönlichkeit, dem römischen Geschichtsschreiber Tacitus. Für die deutschen Humanisten ein willkommener und hilfreicher Bürge, mit dessen Autorität sie der italienischen Verachtung aller Kultur nördlich der Alpen entgegentreten konnten. Der antike Ethnograph idealisiert die Einigkeit, Einfachheit, Ordnung und Aufrichtigkeit der Germanen als positives Gegenbild zur Dekadenz seiner zeitgenössischen Landsleute in Rom. Damit bot sich eine Legitimation, den Nationbegriff „deutsch" im Sinne der „teutschen Redlichkeit" zu verstehen. „Deutsch-gesinnt" zielte weniger auf einen politischen Reichspatriotismus als auf eine moralische Maxime, synonym mit sittsam, ehrlich und christlich / protestantisch. Damit ließ es sich auch trefflich gegen das korrupte Rom und die verkommene Kirche argumentieren.

Germanendiskurs

Konrad Celtis' unvollendete Entwürfe einer *Germania illustrata* und seine landeskundlichen Lehrgedichte des *Amores*-Zyklus (1502) betonen die landschaftliche Vielfalt wie die historischen Leistungen deutscher Regionen. Vor allem trat Celtis der allzu freundlichen Darstellung der Römischen Kirche als Retterin der Germanen aus barbarischem Heidentum entgegen, wie sie noch Aenea Silvio in seiner *Germania* (1457 / 58) formuliert hatte. Zahllose Autoren folgten mit kulturpolitischen Texten und zeichneten in lichten Farben ein von Kaisermacht und Bürgerstolz getragenes Germanien. Nikodemus Frischlin setzte – nicht ohne herrschaftskritische Züge – in *Julius redivivus* (Der wiederlebende Julius, 1585) mit großem Erfolg das fortschrittliche Deutschland in Szene. Er zeigt Caesar und Cicero, die aus dem Totenreich wiederkehren und über die Kultiviertheit der einstmals so barbarischen Germanen staunen, ja deren militärische Stärke, das Staatswesen und die Technik ausdrücklich bewundern.

Kulturhistorie

Die Reichsfürsten verstanden Geschichte vor allem als Dynastiegeschichte (Geschlechterabfolge), die sie in Chroniken, Epen oder Eklogen (Hirtendichtung) wirkungsgerecht darstellen ließen. Kaiser Maximilian I. kombinierte Herrschafts- mit Kulturtradition. Er ließ sich in Lobreden als Vertreiber der Barbarei feiern und organisierte planmäßig seinen eigenen Nachruhm. Neben bildkünstlerischen Projekten stilisierte er seine Regierungspraxis in rhetorischen Texten wie *Frydal* oder *Theurdank* (1517), die er vorskizzierte, um sie dann aus-

Herrschaftshistorie

arbeiten zu lassen. Mit dem *Austrias* lieferte ihm Riccardo Bartolini 1516 ein großes Epos auf seine militärischen Erfolge, das dispositorisch auffällig die *Aeneis* Vergils imitiert.

Mittelalter-Rezeption   Neben der Antike bot sich vor allem das Mittelalter an, um rückwirkend eine germanisch-deutsche Kulturtradition zu konstruieren. 1507 gab Konrad Peutinger den *Ligurinus* heraus, eine von Gunther von Pairis um 1187/88 in Hexametern verfasste Geschichte Friedrich Barbarossas. Weitere sieben Auflagen belegen das Interesse der Zeit an der staufischen Geschichte. Adam Werner von Themar übersetzte 1503 den *Abraham* der mittelalterlichen Dichterin Hrosvitha von Gandersheim (ca. 935–973) zur Erziehung seiner kurfürstlichen Zöglinge. Ohne Martin Opitz gäbe es kein *Annolied* mehr, seine Edition (1639) ist der einzige noch existente Textzeuge des frühmittelhochdeutschen Versepos um den Kölner Erzbischof Anno aus dem 11. Jahrhundert. Frischlin wiederum griff in seiner *Hildegardis Magna* (1579) auf den Sagenkreis um Karl den Großen zurück.

 **Utopien**   Der Blick richtete sich aber auch nach vorn: Vor allem in Zeiten politischer Unruhen hatten fiktionale Darstellungen von idealen Gesellschaftsformen Konjunktur. Im Umfeld des Bauernkriegs (1524/25) gediehen Sozialutopien, die kommende Zeiten des Friedens mit gerechter Verteilung aller Güter vorzeichneten. Schon in seiner 1516 in Basel gedruckten *Utopia* schildert der englische Gelehrte Thomas Morus einen idealen Staat, der auf der Gleichheit aller Bürger und einer rationalen Planung beruht. Wirkungsvoll setzte sich dagegen das *Lalebuch* (anonym, 1597) als kritische Parodie mit den reformatorischen Utopien auseinander, während der Theologe Johann Valentin Andreae noch 1619 in *Christianopolis* einen evangelischen Idealstaat entwirft. Andere satirische Überzeichnungen, etwa im Typus des Schlaraffenlands, versuchten belehrend auf die gegenwärtige Moral zu wirken.

12.3 Epische und dramatische Historiografie

Geschichts-aktualisierung   Eine strategische Form der historischen Rückbesinnung ist der Zugriff auf zweckdienliche Ereignisse in der Geschichte, wie sie in verfügbaren Quellen überliefert sind. Hier zeigt sich das Vermögen der rhetorischen *inventio* (→ KAPITEL 4), einen besonders geeigneten Präzedenzfall zu finden, ihn in seinen Umständen zu klären und dann so aufzubereiten (*dispositio*), dass die Zeitgenossen die Brisanz des Themas für ihre eigene Situation erkennen. Es galt, verschiedene Vorlagen (Prätexte) so zu kombinieren, dass sie als quasi unwiderleg-

bares Plädoyer zu einer vom Autor gewünschten geschichtlichen Überzeugung führen. Die neulateinische Dichtkunst setzte hier bedeutsame Anfänge, so zeigte der Humanist Simon Lemnius in *Raetaeis*
(um 1550) den erfolgreichen Widerstand der Schweizer gegen Maximilian I. (1499), während der Pädagoge Albert Voit in *Mauritius*
(1595) den niederländischen Freiheitskampf diskutierte und das
Haus Oranien verherrlichte. Mit seinen *Ludi caesarii* („Kaiserspiele",
um 1660) suchte dagegen Nicolaus Avancini in Wien das katholische
Reichsoberhaupt zu verklären.

Zeit und Geschichte im theologischen Sinne präsentieren die zahlreichen religiösen Historiendramen um zentrale Märtyrerfiguren (vgl.
Szarota 1967), denen komplementär immer ein grausamer Tyrann
entspricht. Letzterer richtet sein Interesse stets auf die materielle, sündhafte und vergängliche Welt, während der Märtyrer auf Gottesreich
und Ewigkeit blickt. Sein konstantes Festhalten an dieser Vorstellung,
für die er alle Verführungen und Qualen duldsam erträgt, steht dem
blindwütigen Machtwillen gegenüber, der den Gottfernen im Affekt
gegen alle Ordnung treibt. Mit Gewalt, List und Intrige versucht er
die Zeitläufte zu seinen Gunsten zu verändern. Als Stoffe dienen authentische Ereignisse, die in der Modulation und Neukombination des
archivalisch Vorgefundenen rhetorisch aufbereitet oder wie in einem
Sinnbild ausgedeutet werden (→ KAPITEL 7). Überprüfbare Quellenhinweise stützen dies in Form eines Anmerkungsapparats (→ KAPITEL 2).

Die historischen Dramen stellen kontroverse Fragen zur Diskussion, etwa ob Tyrannenmord berechtigt ist oder nicht (ambivalent in
Andreas Gryphius' *Leo Armenius*, 1646), oder ob ein Parlament den
König entmachten, verurteilen und hinrichten darf. Erfolgt eine Handlung im Sinne der von Gott gefügten Geschichte oder gerade in sünd-
haftem Frevel dagegen? Dies problematisiert Gryphius in seinem
Drama *Carolus Stuardus* (1649). Für die jeweilige Position werden
juristische, theologische und historisch-politische Argumente an-
geführt, um den Zuschauer zu eigener Urteilsbildung anzuleiten. In
den Geschichtsdramen des Schlesiers Daniel Caspar von Lohenstein
(1635–83) kennt allein die göttliche Instanz den Geschichtsverlauf,
sodass die Planungen der handelnden Figuren angesichts dieser metaphysischen Macht hinfällig werden. Zentrales Anliegen des schlesischen Juristen bleibt immer die Deutung der Providenz (göttliche Vorsehung) bis in die Gegenwart, um das amtierende Reichsoberhaupt als
rechtmäßigen Nachfolger der antiken Kaiser zu bestätigen.

Auch die deutschsprachige Epik engagierte sich mit argumentati-
ver Darstellung von Geschichte. Elisabeth von Nassau-Saarbrücken

**Religiöse
Historiendramen**

**Geschichtsdramen
und Politik**

**Epische Geschichts-
vermittlung**

bezog sich mit dem Roman *Huge Scheppel* (1437) auf das mittelalterliche Geschehen im deutsch-französischen Spannungsfeld. Mit den großen höfisch-historischen Romanen Englands, Frankreichs und Spaniens im 16. Jahrhundert, die als Übersetzungen später nach Deutschland gelangten, standen Vorbilder für eine eingehende Diskussion von Staat, Politik und Herrschaftspraxis zur Verfügung. Auch hier galten die rhetorischen Prinzipien historiografischer Kombinatorik. Philip Sidneys *Arcadia* (1590) oder John Barclays *Argenis* (1621) etablierten das Prinzip des Schlüsselromans, das der Nürnberger Sigmund von Birken in seinem Vorwort zu Anton Ulrichs *Aramena* (1669–73) programmatisch für das deutsche „Geschicht=Gedicht" präzisierte. Birken gestattet hier, die Faktizität nicht nur zu verschlüsseln, sondern sie auch „in ihren umständen anderst geordnet / als sie sich begeben" zu präsentieren und mit Fiktion beliebig zu ergänzen. Dies eröffnet nun zahlreiche Möglichkeiten, einen Adressaten in seinem historischen Denken zu beeinflussen. Nicht die Objektivität ist dabei das Maß aller Dinge, sondern die Wirksamkeit auf den anvisierten Leser. Die kunstvoll konstruierten Fiktionsgeschichten erscheinen weit effektiver als die den Fakten verpflichteten Geschichtsbücher.

Lehrfunktion und Selbstschulung

Die hohe Gattung des Geschichtsgedichts unterrichtete vorrangig die, welche selbst Geschichte machen. Als „rechte Hof= und Adelsschulen" (Birken) vermittelten sie zukünftigen Herrschaftsträgern die praktischen Kenntnisse in freier Rede, Diplomatie, Rechts- und Militärwesen, Genealogie, Geschichte und Regierungspraxis. Konsequent verfassten Adlige selbst historische Epik, meist unter Anleitung seitens bürgerlicher Gelehrter, die sie mit Quellenkenntnis und Textredaktion unterstützten. Birken selbst praktiziert dies mit dem Wolfenbütteler Herzog Anton Ulrich in ihrem gemeinsam verfassten Roman um die Syrerin Aramena. Damit schrieb der Fürst sich „selber ins herze / was er auf das papier schreibet." (Birken 1669, fol. iiij^r) Der zu schreibende Text hatte für seinen aristokratischen Verfasser somit die Funktion einer prozesshaften praktischen Selbstbelehrung.

Epische Konstruktion

Die *Aramena*, ein umfangreicher Roman mit 4 000 Seiten, 34 Hauptpersonen, 17 Hochzeiten und zahllosen Identitätswechseln der Figuren, bietet erzählte Modellsituationen und realgeschichtliche Deutungen. Als dispositorisches Grundprinzip der epischen Konstruktion erscheint die kausale Verkettung von Ereignissen, die trotz oder gerade in ihrer verwirrenden Folge letztlich auf Gottes Gnade und seine Providenz verweisen. Wie der Schöpfer das Weltgeschehen, so plant der Romanautor minutiös die Abläufe im Text.

Mit der zunehmenden Schwächung der katholischen Zentralgewalt im 17. Jahrhundert und der zerstörten Hoffnung auf eine calvinistische Alternative durch die Niederlage des pfälzischen Kurfürsten Friedrich V. (,Winterkönig') in Böhmen im Jahre 1620 hatte der Gedanke einer deutschen Nation auf Reichsebene keine realpolitische Aussicht mehr. Die einzelnen Territorialherrschaften etablierten sich als eigene Machtzentren. Auch hierfür lieferten die humanistischen Gelehrten die nötigen Quellentexte und argumentativen Konzepte, auch hier sorgte eine vielstimmige Publizistik für Abgrenzung oder Kooperation zwischen den Binnennationen. Der Westfälische Friede (1648) festigte die territoriale Souveränität, vor allem aber verlor der Reichsverband als politische Größe mit den Kriegen nach 1672 gegen das straff zentralistisch geführte Frankreich erheblich an Bedeutung.

Territorialherrschaft

Binnennationen

Die Frage nach einer ,Nationalliteratur' stellt sich damit weniger hinsichtlich einer reichsdeutschen Konkurrenz mit anderen europäischen Nationbildungen, als vielmehr im Blick auf eine Binnengliederung in verschiedene Regionalliteraturen. Regionale Geschichtsschreibung lieferte schon Celtis mit seiner *Norimberga* (1495), Jakob Wimpheling edierte Quellen zur Geschichte des Elsass und Ulrich von Hutten dichtete Lobendes auf die Mark Brandenburg (*In laudem Marchiae*, 1507). Eine Gruppe von Gelehrten im Westfälischen verfolgte das Ziel, mit der eindrucksvollen Sammlung von Briefen und Traktaten *De Westphalica* (1668) das Selbstverständnis der Region zu festigen. Im Nordosten des deutschen Sprachgebiets versuchte der Preuße Michael Kongehl mit seinem Roman *Surbosia* (1676) ein vom römisch-deutschen Reich unabhängiges Regionalbewusstsein zu konstituieren. Die gelehrten Poeten erklärten mit literarischen Mitteln die Autonomie eines Territoriums gegen die Übermacht des Reiches.

Regionale Geschichtsschreibung

Fragen und Anregungen

- Erläutern Sie die unterschiedlichen Raumerfahrungen in der Vormoderne und ihre literarischen Gestaltungsformen.

- Begründen Sie, warum es in der Frühen Neuzeit keine deutsche ,Nationalliteratur' gab.

- Nennen Sie drei verschiedene Formen der Geschichtsbetrachtung.

- Wie unterstützt und realisiert das rhetorische System die Vorstellung von der *historia* als *magistra vitae*?

Lektüreempfehlungen

Quellen

- **Kaiser Maximilian I.: Theuerdank** [1517], mit einem Nachwort v. Horst Appuhn, Dortmund 1979.

- **Adam Olearius: Beschreibung der Muscowitischen und Persianischen Reyse** [1647], gekürzte Ausgabe mit zeitgenössischen Stahlstichen, mit einer Nachbemerkung des Verlags, bearbeitet v. Eberhard Meissner, Darmstadt 1959.

- **Christian Reuter: Schelmuffskys warhafftige curiöse und sehr gefährliche Reisebeschreibung zu Wasser und zu Lande** [1696], Nachdruck, hg. v. Ilse-Marie Barth, Stuttgart 1985.

- **Herzog Anton Ulrich: Die durchleuchtige Syrerinn Aramena** [1669], Faksimile-Druck nach der Ausgabe Nürnberg 1669–73, hg. und mit einem Nachwort versehen v. Blake Lee Spahr, Bern 1975.

Forschung

- **Thomas Borgstedt: Reichsidee und Liebesethik. Eine Rekonstruktion des Lohensteinschen Arminiusromans**, Tübingen 1992. *Detaillierte Textanalyse nach zentralen semantischen Kategorien der Verschlüsselung.*

- **Eckhard Keßler: Das rhetorische Modell der Historiographie**, in: Reinhard Koselleck (Hg.), Formen der Geschichtsbetrachtung, München 1982, S. 37–85. *Informative Darstellung der textstrategischen Geschichtsaufbereitung, hilfreich für Interpretationsarbeit.*

- **Wolfgang Neuber: Fremde Welt im europäischen Horizont. Zur Topik der deutschen Amerika-Reiseberichte der Frühen Neuzeit**, Berlin 1991. *Aspektreiche Diskussion des Alteritätsbegriffs anhand eines weiten Textsortenspektrums mit Bezügen zur ,Neuen Welt'.*

174

13 Naturerfahrung und Naturbegriff

Abbildung 14: Johann Arndt: *Paradies-Gärtlein aller Tugenden.* Titelbild: Echofelsen (1612)

Das Titelkupfer aus Johann Arndts „Paradies-Gärtlein aller Tugen-
den" (1612) zeigt eine Landschaft, die sich aus einem tiefen Talein-
schnitt mit Bachlauf, Felsformationen und mächtigen Baumgruppen
zusammensetzt. Rechts erhebt sich, bekrönt von einer Baumgruppe,
eine hohe Gesteinswand. Die Distanz zum Betrachter ist ausgemessen
durch eine bilddiagonal verlaufende dünne Mauer, drei quer ange-
brachte Tafeln zeigen jeweils das Wort „Ich" an. Im Vordergrund
fließt, ebenfalls diagonal, der Satz „Wer liebet mich" in das Bild ein.
Die Anordnung visualisiert einen akustischen Vorgang, es handelt
sich um einen Echofelsen: Das dreifache „Ich" ist der Widerhall der
um den Nasal gekürzten Schlusssilbe der gestellten Frage. Damit er-
scheint die Natur als Klangraum, als ein durch Hall beseelter Kosmos,
der dem fragenden Menschen eine klare Antwort erteilt: Die Natur
oder der Geist in der Natur – und damit Gott – liebt ihn. Der
Mensch begibt sich mit seiner Ungewissheit in die Natur und be-
kommt ‚Resonanz' durch den sinngebenden Geist: Die Natur ist, wie
das Motto unter dem Bild („pictura") feststellt: „Zur Antwort fertig".

In Fortsetzung antiker und mittelalterlicher Traditionen galt Natur
auch in der Frühen Neuzeit als umfassender Begriff für das gesamte
Weltgeschehen (*natura universalis*). Die sichtbare Schöpfung, also
Landschaft, Pflanzen und Tiere, enthielt nach Auffassung der Philosophen verborgene geistige Zusammenhänge (*idea naturae*), die der
Mensch ergründen muss: Das Göttliche, die Schöpferinstanz, entäu-
ßere sich in der Natur als Weltseele und unsichtbare Allverbindung.
Dem Poeten erschien ‚Natur' aufgrund der geheimen Entsprechungen
zwischen dem Sichtbaren und dem Unsichtbaren als ein unerschöpf-
licher Zeichenvorrat, den es mit aufzufindenden Sinnverbindungen
(*inventio*) zu erschließen galt. In der Lektüre der Theorien, auf einem
Spaziergang oder gar in der mystischen Versenkung erlebte das poetische Individuum diese Korrespondenzen, die es in der Dichtkunst
auch dem Leser zu vermitteln suchte. Zunehmend etablierte sich die
Erklärung der Naturvorgänge im Sinne einer rationalistischen Naturwissenschaft (*scientia naturalis*), die ihre Wahrnehmung mit Mikros-
kop und Teleskop fundamental erweiterte.

13.1 Natur als philosophische Vorstellung
13.2 Natur als poetischer Deutungsraum

13.1 Natur als philosophische Vorstellung

Seit der Antike versuchte die Naturphilosophie die Geheimnisse der Natur (*magia naturalis*) zu ergründen und mit menschlichen Verstehenskategorien (*scientia magica*) zu erfassen. Als höchstes Erkenntnisziel galt, die Vielfalt der mit menschlichem Begriffsvermögen eigentlich nicht fasslichen Erscheinungen zu klären. Pantheisten hofften, Gott in der Natur zu finden, über lesbare Zeichen in der Natur (*liber naturae*) zum verborgenen geheimen Wort Gottes zu gelangen. Nach christlicher Auffassung ist die Schöpfung ein Prozess, der seinen Anfang im fertigen Plan Gottes nimmt: in einer vollendeten Konzeption (Primordialnatur) dessen, was werden soll. Im ursprünglich paradiesischen Zustand war der Mensch dieses göttlichen Wissens noch teilhaftig, er konnte die göttlichen Bezeichnungen (Signaturen) in der Natur erkennen und verstehen. Diese Teilhabe endete jedoch mit dem Sündenfall, die Primordialwelt war für den Menschen verloren. Danach blieben ihm allenfalls noch bruchstückhafte Reste davon. In der Hoffnung auf eine Wieder-Offenbarung versucht der Mensch nun über Kunst und Wissenschaft die Primordialnatur wiederzugewinnen.

Vor allem an den italienischen Universitäten bemühten sich die Medizin, die Astronomie und insbesondere die Alchimie um die Erkenntnis magischer Zusammenhänge. Man ging davon aus, dass in jedem Menschen eine Erinnerung an jene Zeit ruht, als er in Gemeinschaft mit den Engeln lebte und die göttliche Sprache noch verstehen konnte. Über die Rückerinnerung (Anamnese) hoffte man, das einmal Gewusste wieder aktivieren zu können. Vertreter des Neuplatonismus wie Marcello Ficino (1433–99) suchten nach der adamitischen Ursprache (Adam konnte laut der Bibel alle Dinge noch in ihrem Wesen erkennen und benennen) unter Verwendung der jüdischen Kabbala und der kosmologischen Schriften des Hermes Trismegistos (2. Jahrhundert n. Chr.). Pico della Mirandola (1463–94) stellte neunhundert Thesen zu einer „neuen Wissenschaft" zusammen, die in einer Kombination aus Theologie, Kosmologie und Anthropologie ein Universalwissen sowohl aus christlicher wie aus vorchristlicher Zeit erbringen sollte. In Deutschland unternahm der Universalgelehrte Agrippa von Nettesheim 1510 eine umfassende Schau der „verborgenen Philosophie" (*De occulta philosophia*), um das Zusammenwirken aller Kräfte im Kosmos verständlich zu machen. Grundlegend war die Vorstellung, dass die Welt nach dem Sündenfall aus guten und bösen Dämonen besteht, die den Menschen in Gestalt von Affekten verunsichern und zu gegensätzlichen Handlungen zwingen. Der Mediziner

Pantheismus

Verlorene Primordialwelt

Neuplatonismus

Paracelsus (1493–1541) hielt es für möglich, die Zusammenhänge der Schöpfung nach und nach zu ergründen, auch im Sinne einer mystischen Vision.

Pantheistische Theorien blieben jedoch nicht auf akademische Abhandlungen beschränkt. In Verbindung mit Mythen und Sagen etablierten sich früh auch Formen der poetischen Darstellung, die mit großer Resonanz für eine Verbreitung des naturphilosophischen Denkens sorgten. Die Natur galt als bewohnt von Elfen, Feen, Nymphen und Luftgeistern (Sylphiden), die sich als Halbwesen zwischen Gut und Böse, als Elementargeister zwischen Himmel und Erde bewegen und versuchen, den Menschen zu reizen, zu verwirren, letztendlich aber zum Handeln in Richtung des Guten zu bewegen. In Thüring von Ringoltingens Prosaroman *Melusine* (1456) tut das die „Merfrowe". Mit ihrer prophetischen Gabe verunsichert sie ihren sterblichen Ehemann, gibt ihm aber eine klare Orientierung auf der ethischen Grundlage des Christentums. Ihr Gatte reagiert jedoch zornig, verliert das Vertrauen und verkennt die Zeichen der Natur, die zu Gott führen. Pantheistische Grundzüge ziehen sich durch die gesamte Epoche, noch Johann Valentin Andreaes Roman *Chymische Hochzeit: Christiani Rosencreutz* (1616) zeigt eine spekulative Naturwissenschaft, die eine Beseelung der Natur voraussetzt.

Bis zum Ende der Frühen Neuzeit blieb die Grundannahme gültig, dass die Welt in Analogien gebaut ist, die zum Verständnis der göttlichen Ordnung verhelfen. Man suchte deshalb Entsprechungen zwischen allen Dingen, zwischen Konkretem und Abstraktem, zwischen Mikro- und Makrokosmos, um mit dem Bekannten das Unbekannte erklären zu können. Der menschliche Organismus beispielsweise steht mit der Struktur des Staatswesens, der Jahreslauf mit den Lebensaltern in einem erhellenden Ähnlichkeitsverhältnis. Ähnliches wirkt aber auch auf Ähnliches: Die Magie führt zu den unsichtbaren, immateriellen Kräften, die das Körperliche bedingen und bewegen. Sie setzt heilsame und segnende Wirkungen frei. Das Publikum zeigte hier großes Interesse und verlangte nach pragmatischen Hinweisen in Rezepten, Horoskopen und Prognostiken. Allerdings lag auch immer der Verdacht auf verbotene satanische („schwarze') Magie nahe, wie das anonyme *Faustbuch* (1587) (→ **KAPITEL 9.1**) zeigt, weshalb kirchliche Instanzen versuchten, den Zugang zu diesen Schriften zu erschweren.

Die Naturphilosophie wirkte maßgeblich auch auf eine besondere Sprachtheorie, die sich bis in das 17. Jahrhundert behaupten konnte. Diese Theorie der Natursprache geht davon aus, dass sich eine Sache

Popularisierung der Naturphilosophie

Ringoltingens Melusine

Mikro- und Makrokosmos

Magie

Natursprache

und das für sie stehende Wort nach dem naturgegebenen Ähnlichkeitsprinzip entsprechen. So ist etwa der Klang eines Wortes die objektive Entsprechung zur akustischen Qualität der realen Objekts. Viele Autoren versuchten daher, über die Onomatopoesie (Lautmalerei) das primordiale Wissen zumindest teilweise wiederzuerlangen. Mit der Anpassung der Wörter an den Gegenstand, mit einer ausdifferenzierten Lautsymbolik, mit der Ineinssetzung von Klanggestalt des Wortes und der Dingqualität der Sache versuchten die Dichter über die menschliche Sprache wieder zum göttlichen Wesen vorzudringen.

Dass klangliche Strukturen zu den Geheimnissen der göttlichen Schöpfung führen und der verfeinerte Sprachgebrauch einen entsprechenden Erkenntnisgewinn gewährt, findet seinen deutlichsten Ausdruck in der Echotechnik, einem in der Epoche sehr beliebten phonetischen Kunstgriff mit besonderer mystischer Funktion. Das Echo fungiert als Kommunikationsmedium zwischen Gott und Mensch, die suchende Seele und die respondierende Schöpfung bilden eine substanzielle Einheit, die sich in der Übereinstimmung der sprachlichen Äußerungen zeigt: Die menschlich gerufene Silbenfolge erfährt durch die beseelte Natur eine göttliche Semantik, die in ihr selbst verborgen war. Durch den verkürzenden Rückwurf des Schalls erfolgt die Freisetzung der impliziten Antwort. Viele Echogedichte des 17. Jahrhunderts zeigen ein virtuoses Spiel mit geistreich gesetzten Silbenkombinationen. In jedem Sinn schwingt potenziell immer ein erklärender Zweitsinn mit – dadurch entstehen Zusatzbedeutungen, die das Gehörte semantisch erweitern. Wie die rätselhafte Verweispotenz eines Bildes in emblematischen Darstellungen (→ KAPITEL 8) assoziiert auch der Klang zusätzliche Inhalte. Der Pegnitzschäfer Harsdörffer formuliert: „Das Gesicht / und Gehör / sind die edelen Werkzeuge unseren Verstand zu unterrichten / und so viel mächtiger / in dem sie die Einbildung zugleich (deren Kräfte alle Sinne weit übertrifft /) bemühsigen / und dardurch dem Verstande und Vrtheil untergeben." (Harsdörffer 1968, Teil IV, S. 167)

Für den schlesischen Mystiker und Dichter Daniel Czepko (1605–60) ist die ganze Schöpfung ein geschlossener Reim, der sich dem hineinrufenden Menschen durch das zurückgerufene Wort Gottes (Echo) offenbart. Jakob Böhme erklärte, dass alles in der Schöpfung klingt und im Widerhall des Wortes spricht, das Gott einst in sie hineingesprochen hat. Der Poet, besonders sensibel für Sprache und Klang, erhält zu diesen geheimen Zeichen in der Natur besonderen Zugang. Er ist der Magus, der magisch versierte Gelehrte, der – mit einer außer-

Echotechnik

Zusatzbedeutungen

Klingende Schöpfung

Magus

179

ordentlichen Wahrnehmungsfähigkeit begabt – Gott in der Natur näher kommen kann als andere (→ KAPITEL 6). Mit sprachlicher Kunst, etwa mit Klangexperimenten, Buchstabenwechseln, Zahlenspielen oder suggestiven Sprachbildern ist es dem poetischen Magus möglich, die Geheimnisse der Natur nachzubauen und für andere erfahrbar zu machen. Allerdings benötigt jeder Dichter für die Optimierung seiner Wahrnehmung das schriftlich tradierte Wissen der Menschheit. Nur mit dessen Hilfe kann er seine Sensibilität für verborgene Zusammenhänge auf das erforderliche Niveau bringen. Hier liegt ein wichtiger Unterschied zur Vorstellung von Originalität in späteren Epochen: „Ob nun wol der Poet bemühet ist neue Erfindungen an das Licht zu bringen / so kann er doch nichts finden / dessen Gleichheit nicht zuvor gewesen / oder noch auf der Welt wäre." (Harsdörffer 1969, Teil III, S. 166f.)

Die Formen des bildhaften Sprechens oder eine unscharfe, spekulative Semantik zeigen bereits zahlreiche Möglichkeiten, den konventionellen Begriffsgehalt der Worte zu erweitern und zu gedanklichen, ja sogar visionären Vorstellungen anzuregen (→ KAPITEL 5, 6). Mit der **Rhythmische Magie** klanglichen Naturnachahmung, vor allem aber auch mit einer rhythmischen Magie liegen nun weitere Mittel bereit, um den Rezipienten, der ja ebenso Teil der Schöpfung ist wie der Autor, zu bewegen und zu beeinflussen. Der Rhetoriker Joachim Vadian (1484–1551) orientierte sich an der Musik und an der neuplatonischen Zahlenmystik, um mit verschiedenen Rhythmen die Gemüter der Menschen gezielt zu bewegen, sie aufzupeitschen oder zu besänftigen. Wie schon in der liturgischen Lesung, die mit einem betont rhythmischen Sprechen ebenso magisch vorgeht, wird der Rezipient auch im metrisch gebundenen Sprachkonstrukt in die nach göttlichen Harmoniegesetzen schwingende Schöpfung eingetaktet – was die allein nachzeichnende und damit nachgeordnete Beschreibung der Wirklichkeit durch Begriffe nicht vermag. Es geht nicht darum, ein Versmaß auszufüllen, **Nachschöpfung** sondern den göttlich beseelten Kosmos nachzuahmen und durch eine **des Göttlichen** kunst- und maßvolle (metrische) Nachschöpfung den Menschen darin einzubinden.

Etymologie Neben Klang und Rhythmus als magische Naturdurchdringung bietet sich mit der Wortbedeutungsforschung (Etymologie) eine weitere Möglichkeit, das Wesen wie das Werden der Schöpfung zu erkennen und zur verlorenen Erkenntnis der göttlichen Primordialwelt zurückzufinden. In der Betrachtung der geschichtlich gewachsenen Verbindung aller Worte schien es nun möglich, zur Urbedeutung und damit zu den adamitischen Anfängen vorzudringen. Mit den Wortzusammenhängen, die analog auf Dingzusammenhänge verweisen, eröffnete sich ein Blick auf die göttliche Ordnung von Welt und Geschichte, denn Sprache ist durch göttliche Mithilfe entstanden, so der einflussreiche Grammatiker und Sprachforscher Justus Georg Schottelius in seiner *Teutschen HaubtSprache* (1663).

Die Amtskirchen sahen in der freien Kommunikation mit Gott und in der magischen Vermittlung göttlicher Geheimnisse durch den poetischen Magus ein Problem: Die Vertretung der Göttlichkeit und die Exegese ihres Gesetzes reklamierte der institutionalisierte Klerus jeglicher Konfession allein für sich. Religiöse Selbstbestimmung und spekulative Erkenntnis durch Geheimlehren und poetische Eingießung des Heiligen Geistes – diese Tendenzen in Philosophie und Poesie mussten in Konflikt mit den nach 1555 (Augsburger Religionsfrieden) zunehmend erstarrenden theologischen Lehrmeinungen geraten. Die Anhänger der Naturphilosophie wurden deshalb nicht selten als Atheisten, Heiden (Epikureer) oder Sektierer (Anabaptisten) verfolgt und sogar getötet.

Gegenwehr der Amtskirchen

Gegen die mystische Sprachauffassung erhob sich zudem eine theoretische Opposition. Diese vertrat die Vorstellung, dass Sprache allein auf menschlicher Konvention beruht. Als rationales Regelsystem stehe sie in keiner Verbindung mit metaphysischen Kräften. Auch der Dichter müsse sich daher an die Konventionen halten und dürfe nicht zu frei sprachschöpferisch tätig sein. Allerdings könne die Sprechergemeinschaft die Sprache verbessern, etwa im Wettbewerb mit antiken Vorbildern. Julius Caesar Scaliger (1484–1558), der einflussreiche italienische Rhetoriker und Vertreter des Konventionsprinzips, betrachtete demgemäß den antiken römischen Dichter Vergil als die „zweite Natur", aus der er – wie aus der „ersten" – Wissen, Erkenntnis und Lebenskraft bezieht (vgl. Scaliger 1561). Die Welt durch Schreiben zu gestalten, lernte man von den Klassikern, weniger aus der individuellen Eingebung. Die goldene Latinität (Antike) und ihre neulateinische Wiederbelebung sollten die Leistungsmöglichkeiten der Nationalsprachen und die poetische Virtuosität der Dichter steigern.

Sprache und Konvention

„Zweite Natur"

Um 1600 wandten sich Philosophen wie Tommaso Campanella oder Francis Bacon von naturmagischen Vorstellungen gänzlich ab. Entsprechend waltete Skepsis gegenüber einer suggestiven und inspirierten Poesie. Ziel war nun, die unvollkommene sinnliche Wahrnehmung (*sensus*) des Menschen durch exakte Messungen und Experimente (*ratio*) zu verbessern und eine unscharfe Sprache durch treffende Terminologie zu ersetzen. Es galt, statt der spekulativen nun eine empirische Naturwissenschaft zu begründen, die mit adäquater Begrifflichkeit die sichtbaren Phänomene restlos und eindeutig abbildet. Damit war eine

Exakte Messung

Klarheit der Aussage

Entkräftung der Poesie verbunden, die nur in Annäherungen und oftmals hieroglyphischen Bildern die Natur darzustellen versuchte. Galten bislang im Neuplatonismus Gleichnisse oder Mythologeme als Deutung der Naturvorgänge, so forderte man jetzt Klarheit der Aussage, Widerspruchsfreiheit und Gesetzlichkeit. Sprachliche Dunkelheit (*obscuritas*) verfiel der Ächtung, Schärfe (*perspicuitas*) (→ KAPITEL 5) und Deutlichkeit (*claritas*) des Ausdrucks traten an ihre Stelle.

Naturwissenschaft

Gegen Ende des 17. Jahrhunderts verloren Naturphilosophie und *magia naturalis* als Wissenschaftssysteme endgültig ihren führenden Rang. Die Naturwissenschaft sah die Natur nun als objektiv gegeben ohne verborgenen Sinn, ohne verborgene Kämpfe zwischen göttlichen und satanischen Prinzipien, ohne Geister, Nymphen oder andere Naturwesen. Mit Gottfried Wilhelm Leibniz' Abhandlung *Theodizee* (1705/10) wurden Primordialwelt und Eschatologie – also der ursprüngliche Weltenplan und seine Wiedererlangung nach dem Verlust – zusammengeführt in der Vorstellung von einer bereits existierenden „besten aller möglichen Welten". Diese ist grundsätzlich vernünftig organisiert, allenfalls noch nicht gänzlich entwickelt.

13.2 Natur als poetischer Deutungsraum

Natur in der Dichtung

In vielen Texten der Frühen Neuzeit begegnet eine Opposition aus Stadt (bzw. Hof) und Natur. Nicht im Sinne von Landflucht oder ländlicher Idylle wie im 18. Jahrhundert, sondern als didaktisch konstruierter Gegensatz: Land und Landschaft stehen für einen moralisch höherwertigen Zustand, während Stadt und Hof als sünd- und lasterhaft gelten. Auf sprachlicher Ebene setzte man das Natürlichkeitsideal einer ‚ungeschminkten' Sprache gegen Verstellung und Heuchelei. Natur konnte sogar als gesellschaftlicher Parallelraum fungieren: Sorgsam abgestimmt mit antiken Entsprechungen (Arkadien, *locus amoenus*) erscheint sie als Paradiesgarten und dient der Evidenz sozialer Utopien. Naturvorgänge (Sonnenaufgang, Jahreszeiten) nutzen die Autoren als Sinnbild, um die abstrakte Theologie der Heilsgeschichte mit Hilfe sinnlicher Selbsterfahrung glaubhaft zu machen. Als Gegenbild gibt es auch die bedrohliche, dämonische oder tote Natur (*locus terribilis*), um psychische Qualen (z. B. unerfüllte Liebe) oder metaphysische Zweifel zu veranschaulichen.

Friedrich Spee erklärt 1649 im Vorwort seiner geistlichen Liedersammlung *Trutznachtigall* den Zusammenhang zwischen Poesie und Natur: „TrutzNachtigal wird das Büchlein genand weil es trutz allen

Nachtigalen süß, vnd lieblich singet, vnd zwar auff recht Poetisch." (Spee 1985, S. 11) Die Gleichrangigkeit der „trotzenden" Poesie mit der Natur ist symptomatisch für die Epoche: Menschliche Geistesleistung wirkt in Analogie zur Schöpfung, als geheimnisvolle Entsprechung oder gar als deren Ersetzung. Auch der Jesuit Spee betrachtete Poesie als Vermittlerin eines im Kosmos verschlüsselten göttlichen Geheimnisses. Für ihn wirkt Jesus Christus in der Natur, dort offenbart er sich der suchenden Seele und kommuniziert mit ihr. Aus der griechischen Mythologie bezog man zusätzlich die Figur des Daphnis, eines früh verstorbenen und allseits betrauerten guten Hirten, um die Jesusverehrung auch mit antiker Formsprache auszudrücken.

Natur und Seelsorge

Der märkische Botaniker Johann Sigismund Elßholtz zeigt im Frontispiz seines Werks *Vom Garten=Baw* (1684) den brandenburgischen Kurfürsten und seine Gemahlin als Apoll und Diana in den Wolken über dem Land. Die Widmung entschlüsselt dieses Bild: Apoll, der mit „seinen hellen Stralen alle Gewächse der Erden herfür bringet / erwärmet / zeitiget / und reiff machet," bewirkt die Fruchtbarkeit. Sollte dessen Sonnenhitze aber zu stark werden, „so lindert solches alles zu Nachte die gütige Diana durch ihre angebohrne Kühle." (Elßholtz 1684, fol. A 3^r) So wie Tag und Nacht, Sonne und Mond, Trockenheit und Feuchte, Hitze und Kühle das Wachstum gemeinsam fördern, so muss auch die ideale Herrschaft dual und komplementär ausgeübt sein. Im Zeitalter des Absolutismus spricht sich der Autor hier mit einem empirischen Naturbild für ein ausgewogenes Herrschen aus.

Natur und Herrschaftsdiskurs

Selbst der scheinbar so weltferne Schäferroman oder das Schäferspiel beteiligten sich am Herrschaftsdiskurs und kommentierten die politische Wirklichkeit. Auch hier kommt die Allegorie zum Einsatz, indem das Handeln der in Arkadien lebenden Naturwesen, der Schäfer, Satyren und Nymphen, eine realpolitische Konstellation zwischen verschiedenen Staaten nachbildet. Simon Dachs Drama *Cleomedes* (1635) zeigt etwa Brandenburg und Polen als handelnde Personen in einer zeitgenössischen diplomatischen bzw. militärischen Krisenlage. Verschiedene untugendhafte Heiratskandidaten, die im Klartext als Russland, Türkei oder Schweden zu lesen sind, setzen der armen Venda (Polen) zu, bevor sie glücklich von dem guten und starken Cleomedes gerettet wird: eine lobende Festrede auf den polnischen König, den Lehnsherrn der preußischen Heimat des Autors. Brandenburg erscheint lediglich als der Vasall Polens, ein verdecktes Votum gegen den Kurfürsten in Berlin. So lassen sich politische Treuebekenntnisse und Bündnispräferenzen über eine arkadische Naturszenerie ausdrücken.

Politik in Arkadien

Neben Mythologie und Allegorie, neben der Onomatopoesie (Lautmalerei) und ihrer Magie des naturanalogen Wortklangs, neben der Etymologie als Rückerinnerung an paradiesische Urzustände (Anamnese) nutzt vor allem die Emblematik die Natur als Anschauungshilfe. Die Annahme einer universalen Analogie zwischen allen Erscheinungen ermöglicht es dem Autor, mit der Sinnbildkunst zwischen dem sichtbaren Naturvorgang und einer abstrakten Problematik aus der Sittenlehre oder der Metaphysik eine ausdeutende und damit belehrende Relation aufzubauen. Wenn sich zum Beispiel in der Natur ein Pelikan den Hals aufreißt, um mit seinem Blut seine Jungen zu nähren, dann steht dies im Zusammenhang mit der Erlösertat Christi, der sein Blut für das ewige Leben der Menschen gab. Das Sinn-Bild wirkt für den Rezipienten im wörtlichen Sinne „sinnbildend" und verhilft ihm zur Erkenntnis der göttlichen Ordnung, die ihm sonst verborgen bliebe.

Natur und Lehrerfahrung

Klang, Rhythmus und Sinnbild gehören dem Bereich der Sprachgebung (*elocutio*) an, sind also paradigmatische (ausdrückende) Instrumente des Dichters (→ KAPITEL 5). Auch die syntagmatischen (zusammenfügenden) Kategorien *inventio* und *dispositio* (→ KAPITEL 4) haben einen Bezug zur Natur: Das Organisationsprinzip für die gefundenen Sachargumente, für die Bewegung durch eine Gedankenfolge, lässt sich als Gang durch die Natur verstehen. So wie die reale Landschaft als Buch (*liber naturae*) zur Offenbarung wird, so versucht der Text als ‚Kunstnatur' mit entsprechend hilfreichen Wegen und Pflanzungen zu wirken. Die Disposition des Textes ermöglicht dem Leser ein Durchschreiten einer sinnreichen Ordnung und damit Erkenntnis. In Analogie zu einem Garten kann der Rezipient nach der Textlektüre wie nach dem Genuss von Pflanzen eine Verbesserung seines körperlichen bzw. seelischen Zustands spüren. Das 17. Jahrhundert pflanzte nun ganze poetische Wälder (*silvae*), Haine und Plantagen zur „Ergetzlichkeit".

‚Kunstnatur'

Die Analogie zwischen Spaziergang und Lektüre verweist auf hermeneutische Fragen im Umgang mit frühneuzeitlichen Texten. Die Naturbegehung führt – wie der Gang durch ein Gebäude – in einer ‚Schlussfolge' (*conclusio*) zu sachlicher Erkenntnis oder seelischer Erhebung, ebenso zu intensiver Memorierung (Erinnerung) im Sinne des Gedächtnisparcours (→ KAPITEL 9.3). Dies gilt nicht nur für Anthologien (Textsammlungen), sondern gerade auch für den aus Versatzstücken disponierten Einzeltext, ganz gleich ob Sonett oder Roman. Die vom Verfasser feinsinnig kalkulierten ‚Wegepläne' gilt es bei der Interpretation (→ KAPITEL 4) zu rekonstruieren: Wie führt der Autor den

Ars hermeneutica

durch den Raum ‚spazierenden' Leser zu seinem Ziel? Nach rhetorischen Prinzipien ließe sich fragen: Welche Stationen sind mit welchen Argumenten (*docere*), Bilderlebnissen (*delectare*) oder seelischer Erschütterung (*movere*) zu einem Weg zusammengestellt? Der Text bietet eine zielgerechte Montage (*dispositio*) aus Zitaten, Exempeln, Erzählungen, Emblemen, Personifikationen, Stimmungsschilderungen und Bildbeschreibungen, die der Leser sukzessive ‚durchwandern' muss, um zu einem bestimmten ‚Schluss' zu gelangen.

Es ist vor allem die Ekloge (Hirtengedicht), die den Gang durch die Landschaft zum Grundprinzip erhebt: Ein trauriger Schäfer erklärt ausdrücklich, dass er nun spazieren gehe, um seinen seelischen Schmerz zu lindern. Die fiktive Naturbegehung soll den niedergeschlagenen Protagonisten stellvertretend für den Leser von der Trauer zur Freude führen. Der Autor leitet den Schäfer bzw. den Leser durch die Natur als Sprachraum Gottes, dabei lernt er die Elemente zu deuten, göttlichen Klang und Stimmen zu hören, um sich schließlich selbst als Teil des Kosmos zu erkennen. Der Weg durch den Text – als ein Weg durch die Natur – ist der Weg zu Gott.

Spaziergang und Erbauung

1670 verfasste Sigmund von Birken ein *Trauer=Hirten=Spiel* auf seine verstorbene Frau Margaris. Auch wenn dem Text ein persönlicher Schicksalsschlag zugrunde liegt, betrachtet der Autor seinen Fall als exemplarisch: Der Leser soll in einer vergleichbar verzweiflungsvollen Lage aus seiner Poesie Trost schöpfen. Als betrübter „Floridan" tritt Birken selbst in den Text und beklagt an einem herrlichen Frühlingstag die Unvereinbarkeit seiner todestrauernden Gemütsverfassung mit der zu neuem Leben erwachenden Natur. Sein schmerzvoller Verlust muss ihn von der Welt des hoffnungsvollen Grünens und Wachsens ausschließen. Er möchte die allgemeine Naturstimmung seiner persönlichen Stimmung angepasst sehen. Die Natur bleibt jedoch unverändert. Umgekehrt setzt nun aber das Subjekt zu einer Bewegung an, indem es sich stationenweise von einer Attraktion zur nächsten begibt. So hört der Schäfer an einer Stelle etwa eine Lerche, deren Gesang ihm zum Erinnerungsanlass wird: Seine Margaris singt ja nun als „Engels-Lerche". Der gestaute Pegnitzfluss animiert ihn als Sinnbild des reinen Wasserspiegels zum Lob ihres reinen und redlichen Herzens. Schließlich findet er eine Schnecke und eine Ameise, die ihn ebenfalls sinnbildlich an die Haussorge bzw. die gottgefällige *vita activa* seines tugendhaften Weibes gemahnen.

Natur und Gemüt

Birkens Ekloge zeigt damit zwei rhetorische Prinzipien: das zielbestimmte Bewegen in reihenweise gekoppelten Etappen und das stationenweise Innehalten an vorgegebenen Punkten zwecks Gedanken-

Rhetorische Tröstung

vertiefung. Zumindest der Textprotagonist gelangt damit wirksam zu einer Gemütsveränderung, von „traurig" zu „trosterfüllt", schließlich sogar bis zur Erkenntnis der ewigen Seligkeit. Nachdem er den Parcours absolviert hat, versteht er die Natur nicht mehr als inkongruentes und andersartiges Gegenüber, sondern als den heilsgeschichtlichen Zeichenkosmos, in dem er selbst aufgeht und aus dem er Trost durch das erkannte göttliche Wirken schöpfen darf.

Implizite Poetik

Birkens Text liefert mehr als nur eine theologische Hilfe bei der Trauerarbeit, er instruiert in seiner eindringlichen Bildhaftigkeit den Leser auch über Konstruktionsweise und Gebrauch des literarischen Mediums. Der Text reflektiert seine eigene Poetik, seine rhetorische Struktur und unterschwellig auch den Prozess des Lesens selbst. Dass die Summe der räumlichen Segmente eine Bewegung auf der Gemütsebene (*movere*) hervorrufen kann, ist allein Leistung der Textstruktur, die nach dem Muster des erbaulichen Spaziergangs einzelne Wirkungselemente wie Belehrung, Erschütterung und Erheiterung gezielt organisiert. Wenn der Spaziergänger im Text zu Schlüsselblumen greift, die ihm Erkenntnis bringen, so sind damit die verborgenen Aussagen in der Natur wie im Text gemeint: Für beides braucht man nur den richtigen Schlüssel. Der Schlüssel aber liegt in den ‚Blumen' der Rede, es ist die ‚verblümte' Redeweise, also die sprachliche Technik der Umschreibung und Metaphorisierung, die zu einer Wahrheit verhilft, die ansonsten nicht zugänglich wäre. Sprache und Poesie dienen nicht der Verzierung eines Sachverhalts, sondern leisten eine anderweitig nicht mögliche Übermittlung von Inhalten an den verschlossenen Verstand, an die verschlossene Seele (→ KAPITEL 5, 6.1). Das von Gott geschriebene ‚Buch der Natur' übersetzt der Poet mit sprachlicher Sinnbildkunst für den Menschen. Das Wort im Text birgt wie die Erscheinung in der Natur eine tiefere Wahrheit in sich.

Auch das Ende der Frühen Neuzeit ließe sich anhand der Spaziergangsproblematik diskutieren: Es läge dann im Jahre 1707. Hier publizierte der Theologe Johann Sebastian Gerber seinen *Gott=geheiligte[n] Spatziergang* zwar als Buch, die gegebenen „Gebet= und Danck=Sprüche der heiligen Schrift" sollten in praktischer Aktivität aber außerhalb von Druckwerk und Leseraum benutzt werden. Man sollte sich derer nämlich „Bey der Spatzier=Lust zur Aufmunterung des Gemüths" in Danksagung an Gott bedienen, und zwar indem man „dessen unsichtbahres Wesen / ewige Krafft und Gottheit aus dem sichtbahren Werken seiner Schöpffung ersiehet." Hier soll der Leser also mit dem Buch in der Hand in der Wirklichkeit spazieren. Sein dortiger Weg soll damit in seinem Erbauungswert erhöht werden, denn unter topographischen

Schlüsselbegriffen wie Wolken, Vögel oder Berg finden sich Bibelzitate, die man sich bei der realen Konfrontation mit derartigen Topoi vorsprechen soll. Der Leser darf hier seinen Weg selber bestimmen, der dann zur situativen Selbstbelehrung verhilft. Dieser Text entlässt den Leser aus der auktorial vorgegebenen Lenkungsform (*dispositio*) in die Freiheiten eines individuellen Erlebens. Kunst bleibt sekundär, sie unterstützt lediglich das persönliche Naturerlebnis. Eine neue Epoche bricht an: die des Sensualismus, der weg von den Büchern führt, aus der Bibliothek in die Natur, hin zur authentischen Erfahrung und Selbstbestimmung.

Epochenwechsel

Fragen und Anregungen

- Welche Verbindungen zwischen Natur und Poesie werden in der Frühen Neuzeit thematisiert?

- Wählen Sie eine kleinere Textform aus, die mit Naturbildern arbeitet, und diskutieren Sie die angewandte Deutungstechnik.

- Erläutern Sie den Zusammenhang zwischen einem Spaziergang durch die Natur und dem Lektüreprozess im Rahmen rhetorischer Prinzipien.

- Beschreiben Sie die Veränderung der Text- und Naturauffassung um 1700.

Lektüreempfehlungen

- **Johann Valentin Andreä: Die chymische Hochzeit des Christian Rosencreutz** [1616], hg., gedeutet und kommentiert v. Bastiaan Baan. Kommentare übersetzt aus dem Niederländischen v. Agnes Dom-Lauwers, Stuttgart 2001.

Quellen

- **Paracelsus: Vom Lichte der Natur und des Geistes. Eine Auswahl,** hg. v. Kurt Goldammer, Stuttgart 1979.

- **Corpus Paracelsisticum. Dokumente frühneuzeitlicher Naturphilosophie in Deutschland,** hg. und erläutert v. Wilhelm Kühlmann, Tübingen 2001ff.

- **Thomas Leinkauf / Karin Hartbecke (Hg.): Der Naturbegriff in der Frühen Neuzeit. Semantische Perspektiven zwischen 1500 und**

Forschung

1700, Tübingen 2005. *Wichtige Aufsatzsammlung zu den verschiedenen Natur- und Sprachtheorien.*

- Hanns-Peter Neumann: Natura sagax – die geistige Natur. Zum Zusammenhang von Naturphilosophie und Mystik in der frühen Neuzeit am Beispiel Johann Arndts, Tübingen 2004. *Exemplarische Darstellung zu Natur, Sprache und Mystik.*

- Anselm Steiger: „Geh' aus, mein Herz, und suche Freud". Paul Gerhardts Sommerlied und die Gelehrsamkeit der Barockzeit (Naturkunde, Emblematik, Theologie), Berlin / New York 2007. *Zeigt sehr anschaulich, wie die Autoren abstrakte Theologie im Sinnbild anschaulich und erfahrbar machen.*

- Jörg Villwock: Die Sprache – ein „Gespräch der Seele mit Gott". Zur Geschichte der abendländischen Gebets- und Offenbarungsrhetorik, Frankfurt a. M. 1996. *Umfassende Untersuchung zur mystischen Sprache; zur Frühen Neuzeit vgl. insbesondere S. 546–605.*

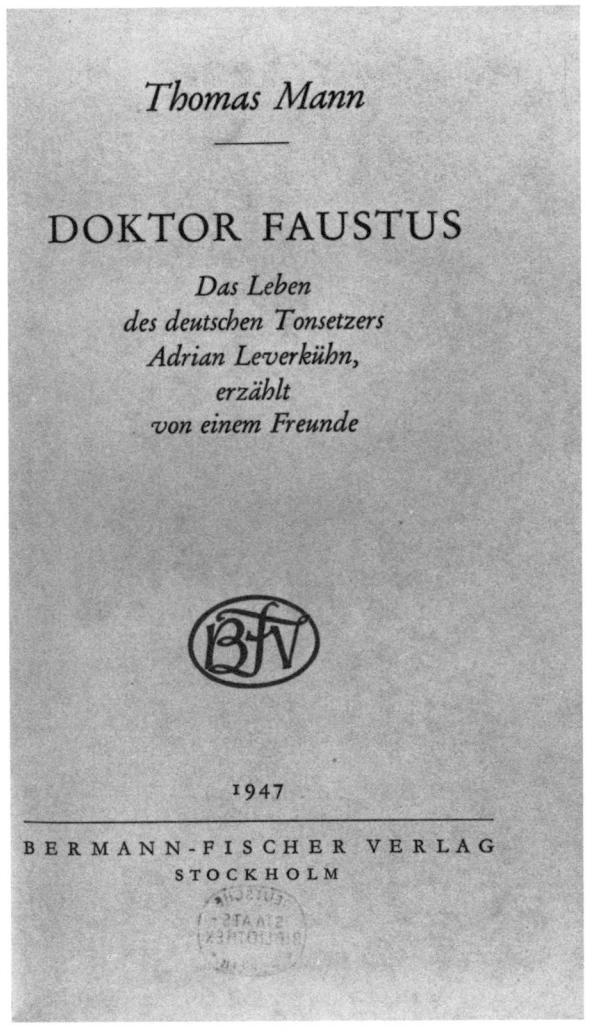

Abbildung 15: Thomas Mann: *Doktor Faustus.* Titelblatt der Erstausgabe (1947)

*Das Titelblatt von Thomas Manns Roman „Doktor Faustus" (1947)
präsentiert in seiner zeitgemäß sachlichen Typografie eine bedeutsame
Reminiszenz an die Frühe Neuzeit: 360 Jahre nach der Erstausgabe
der anonymen „Historia von D. Johann Fausten" konfrontiert ein
moderner Schriftsteller seine Gegenwart mit der Figur des Teufels-
bündlers. Angesichts der im deutschen Namen ausgelösten Weltkatastrophe greift der deutsche Nobelpreisträger im amerikanischen Exil
nicht ohne Grund auf das Figurenreservoir des 16. Jahrhunderts zurück. Es zeigt die singuläre Größe der Epoche, dass der Romancier
sich in der verzweiflungsvollen Lage seiner Nation gerade auf die
Frühe Neuzeit bezieht. Thomas Mann betreibt Ursachenforschung im
Blick auf Martin Luther, den Kirchenreformator, und Erasmus von
Rotterdam, den kritischen Denker, und setzt sich eingehend mit Reformation und Humanismus bzw. deren Folgen auseinander.*

Neben der wissenschaftlichen Wahrnehmung der Frühen Neuzeit
und deren unterschiedlicher Wertung (→ KAPITEL 2.1) zeigt insbesondere die künstlerische Wiederaufnahme der Stoffe und Formen, dass
diese Epoche langfristig zu wirken vermochte. Vieles wurde ganz gezielt aktiviert, weil es einem Autor oder einer literarischen Strömung
aus bestimmten Gründen interessant erschien. Neben plakativen Wie-
derbelebungen verweisen oft auch kaum merkliche Spurenelemente
auf einen produktiven Dialog mit der Epoche. Ganz gleich, ob die
Vormoderne nun als Negativbild oder als idealisierte Projektionsfläche, als Spiegel, Steinbruch, Schatzkammer oder Kuriositätenkabinett
behandelt wurde – die Rezeption ist immer auch eine Interpretation
der Epoche. Jede Generation nimmt anderes wahr und vermittelt damit unbekannte Aspekte der rezipierten Zeit. Da im Gesamtwerk
Thomas Manns eine Auseinandersetzung mit der Frühen Neuzeit fast
durchgängig zu beobachten ist, wird sich das abschließende Kapitel
neben einer allgemeinen Spurensuche exemplarisch auf diesen Autor
beziehen.

14.1 Kontinuität und gezielte Wiederaufnahmen
14.2 Kulturkritische Dialoge mit der Frühen Neuzeit

14.1 Kontinuität und gezielte Wiederaufnahmen

Dass die Kirchenlieder Martin Luthers, Paul Gerhardts oder Friedrich Spees bis heute zum festen Liedbestand gehören, bedarf kaum der Erwähnung. Viele Autoren der Frühen Neuzeit führen ein langes Nachleben und erfahren immer wieder neue Deutung und Wertung. Vor allem aber haben die zentralen Fragestellungen der Zeit zwischen 1400 und 1700 kaum etwas von ihrer Brisanz verloren. Zu denken wäre etwa an eine effektive Bildungsreform, an den fundierten Medien- und Kommunikationsbegriff und schließlich an die heftige Konfrontation unterschiedlicher religiöser Bekenntnisse. Allein diese Aspekte machen die Epoche unzweifelhaft zu einer wichtigen Referenzperiode unserer Gegenwart. Der Gegensatz von Vernunft und Glauben liefert bis heute ein dauerhaftes Thema im Gespräch der Weltreligionen. Die Legitimation von geistlicher oder weltlicher Herrschaft bleibt eine Herausforderung, und der Zusammenhang von Körper und Seele kann – wie die Frage des freien Willens – auch durch Neurobiologie und Kognitionswissenschaft kaum zufriedenstellend geklärt werden.

Konstante Fragestellungen

Damit ist die Frühe Neuzeit weit mehr als eine Übergangsphase. Sie bleibt neuralgischer Punkt und zugleich wichtiger Quellenfundus für die Selbstbestimmung der Moderne. Es liegt nahe, dass gerade das 21. Jahrhundert ein besonderes Interesse an dieser Epoche haben könnte. Sprachliche Kunst im Dienste der zweckgebundenen Überzeugung und Meinungsfindung im öffentlichen Raum erscheint in der modernen Mediendemokratie kein Widerspruch mehr. Rhetorik ist eben nicht nur Verstellung und Lüge, wie Goethe und Kant den Deutschen lehrten, sondern Ausdruck eines Betrachterstandpunkts, die begründete Sichtweise eines Einzelnen, mit der dieser berechtigt in einer bestimmten Gesprächsformation zu wirken gedenkt. Im Zeitalter der digitalen Kommunikation wirken manipulative Strategien in einer Kombination aus Sprache und Bildmedien kaum befremdend. Und eine universalbildende Erziehung, Formen der Begabtenförderung und ein positives Elitedenken mit allgemeinem Wettbewerb (*aemulatio*) dürften ebenfalls auf gegenwärtiges Interesse zählen. Tatsächlich greifen heutige Managerberater auch auf die Leistungen der Frühen Neuzeit zurück und verweisen unter Stichwörtern wie „personal success and power" und „winning" auf die klassischen Hoftheoretiker und Rhetoriklehren. Für die Psyche empfiehlt man sogar Johann Arndts *Paradiesgärtlein voller christlicher Tugenden* (1612) oder Jodocus Wachsmuths *Christliche Lebens- vnd Selige Sterbens-*

Aktuelle Anknüpfungen

Kunst (1620). Wochenmagazine titeln mit „Männer, Macht und Machiavelli".

Damit stellt sich die Frage, welche konkreten Aspekte spätere Epochen aus der Frühmoderne übernehmen. Neben der wissenschaftlichen Rezeption findet die Frühe Neuzeit ihr Nachleben vor allem bei den Schriftstellern. Diese können im kreativen Dialog frei über vorgefundene Formen, Stoffe und Inhalte verfügen und tun dies so häufig, dass man fast eine kleine Literaturgeschichte der Moderne mit den entsprechenden Nennungen schreiben könnte.

Kreativer Dialog in der Literatur

Bereits Johann Christoph Gottsched sah sich um 1740 als rechtmäßiger Erbe des hundert Jahre zuvor tätigen Literaturreformers Martin Opitz und machte die Grundsätze der Sprachreinheit wie die der nationalen Emanzipation zu einer Kernforderung der Aufklärung. Zeitgleich vertrat hingegen Friedrich Gottlieb Klopstock (1724–1803) mit freien hymnischen Gesängen, mit Enthusiasmus und einer expressiv bewegten Sprache (*movere*) einen hohen Stil, der sich gegen den allzu vernünftigen Purismus und sein dominantes Belehren (*docere*) wendet. Der experimentierfreudige Johann Georg Hamann (1730–88) setzte die Tradition des sprachbegeisterten Sehers (*vates*) (→ KAPITEL 6.1) fort, ebenso die literarische Strömung des Sturm und Drang der 1770er-Jahre mit ihrer gesteigerten Subjektivität. Der Kulturforscher Johann Gottfried Herder (1744–1803) brachte die katholischen Literaturleistungen wieder ins öffentliche Bewusstsein, indem er mit der Edition und Übersetzung der Werke Jakob Baldes (1795/96) das geistliche Vokabular des Jesuitenpaters erschloss. Das wirkte wegweisend für die Romantik, in welcher der rheinische Katholik Clemens Brentano als Verehrer Friedrich Spees hervortrat und 1817 die erste Edition dieses frühneuzeitlichen Geistlichen besorgte. Der schlesische Romantiker Joseph von Eichendorff pries Spee als Naturdichter, der die verborgenen Stimmen belausche und verstehe (→ KAPITEL 13). Die Romantik interessierte sich sehr für Autoren wie Georg Wickram, Jakob Böhme oder Grimmelshausen, dessen utopiekritische Jupiter-Episode (→ KAPITEL 11) sogar auf Napoleon Anwendung fand. Im wilhelminischen Deutschland schließlich verurteilten sittenstrenge Volkspädagogen Grimmelshausens Schelmenroman *Simplicissimus* als obszön, man debattierte sogar im Preußischen Landtag, ob das Erbauliche im Gegensatz zu den ausschweifenden Zoten nicht einen zu geringen Anteil einnehme. Konsequent gab sich die 1897 bis 1944 (1954ff.) erscheinende satirische Zeitschrift den Namen *Simplicissimus*.

Zwischen Aufklärung und Kulturkampf

Zu einer bedeutenden Bezugsgröße für die Autoren des 20. Jahrhunderts wurde der Dreißigjährige Krieg von 1618 bis 1648. Zur Bezeich-

„Dreißigjähriger Krieg 1914–44"

192

nung der Zeitspanne von 1914 bis 1944 machte sogar das Wort von einem modernen Dreißigjährigen Krieg die Runde. Besonders versuchten zahlreiche Barockanthologien mit der geistlichen Verskunst des 17. Jahrhunderts die deutsche Katastrophe des 20. Jahrhunderts zu bewältigen. Die nächste Schriftstellergeneration im Nachkriegsdeutschland schärfte dagegen ihr kritisches Bewusstsein an der Kunst des rhetorischen Zeitalters: Uwe Johnson reaktivierte in seinen Romanen um 1960 die präzise rhetorische Fragetechnik der Gerichtsrede, um das Verhältnis der beiden deutschen Staaten zu diskutieren. Hubert Fichte bearbeitete in den 1970er-Jahren Lohensteins Dramen *Agrippina* und *Ibrahim Bassa* für den Rundfunk und die Theaterbühne. Er begeisterte sich für den Schlesier als Verteidiger republikanischer Ideen, gegen Luther jedoch führte er heftige Attacken und machte den Reformator und Bibelübersetzer für Sklaverei, Völkermord, Frauenfeindlichkeit, Ausmerzung der Homosexualität und anderes mehr verantwortlich.

Nachkriegs-deutschland

Immer wieder griffen Autoren auf das Ideenreservoir der Frühen Neuzeit zurück, um damit die Probleme ihrer eigenen Zeit abzubilden. Herausragend natürlich die Faust-Figur und ihr Nachleben bei Lessing (Entwürfe, 1759), Goethe (1808) und später Thomas Mann (1947), um nur die Prominentesten zu nennen. Zahllose Eulenspiegelfiguren bevölkern die Texte im 19. Jahrhundert bei August von Kotzebue, Johann Nestroy oder Gerhart Hauptmann, im 20. Jahrhundert dann bei Klabund oder Thomas Brasch. Der Melusinenstoff lebt bei Justus Friedrich Wilhelm Zachariae (1772), Goethe (1807/08), Ludwig Tieck (1800) oder Franz Grillparzer (1833) wieder auf, auch der *Fortunatus* ist um 1800 sehr beliebt, bei Adalbert von Chamisso (1806), Tieck (1817) oder Ludwig Uhland (1814). Johannes von Tepls *Ackermann* (um 1400) muss sich dagegen von deutschem Nationalismus missbrauchen lassen: Die *Monatsschrift für das geistige Leben der Sudetendeutschen*, die der Romanautor Hans Watzlik zwischen 1933 und 1938 herausgab, agitierte unter dem Namen *Der Ackermann aus Böhmen* mit aggressivem Blut-und-Boden-Chauvinismus gegen eine friedliche deutsch-tschechische Koexistenz.

Frühneuzeitliche Stoffe und Figuren

Zahllose Dichtungen zitieren frühneuzeitliche Personen in die jeweilige Gegenwart. Vor allem der böhmische Generalissimus Wallenstein (1583–1634) forderte die Autoren immer wieder heraus. Gerade aufgrund der spärlichen biografischen Quellen bot diese historische Figur alle Deutungsfreiheiten. Jede Zeit reflektierte Charisma, Führungs- und Autoritätsfragen, politische Intrige und menschliche Schwäche anders und aufs Neue. Neben Friedrich Schiller haben sich Thomas Mann, Alfred Döblin und Golo Mann mit Wallenstein be-

Personen und Ereignisse

schäftigt. David Friedrich Strauß erhob mit Biografien zu Nikodemus Frischlin (1855) und Ulrich von Hutten (1858) ein aufgeklärtes bürgerliches Denken gegen kirchliche Bevormundung. 1871 setzte Conrad Ferdinand Meyer *Huttens letzte Tage* humorvoll und durchaus zeitkritisch gegen Reichsgründung und Katholizismus in Verse. Mit einer Romantrilogie (1913–23) versuchte Erwin Guido Kolbenheyer seinem Publikum Leben und Werk des Paracelsus nahezubringen.

Dramatisierte Frühe Neuzeit

Nur einige kurze Akzente belegen bereits die andauernde Theaterpräsenz der Epoche: Heinrich von Kleist entwarf mit seinem Drama *Prinz Friedrich von Homburg* (1821) eine fiktive Situation aus der Zeit des schwedisch-brandenburgischen Krieges (Schlacht bei Fehrbellin 1675), um damit zeitgenössische Fragen zu Herrschaft und Psyche zu verhandeln. Gerhart Hauptmann zeigte mit *Florian Geyer* (1896) eine „Tragödie des Bauernkriegs", deren Episoden die Uneinigkeit der Bauern vorführen. Das Geschehen erscheint vor dem Hintergrund der nationalen Einigung im 19. Jahrhundert, allerdings verhinderte die irritierende Imitation der frühneuhochdeutschen Sprache offenbar eine ernsthafte Rezeption. Bertolt Brecht brachte dagegen mit seiner *Mutter Courage und ihre Kinder* (1941) eine erfolgreiche epische „Chronik aus dem Dreißigjährigen Krieg" auf die Bühne, deren offene Szenenreihung die Perspektive der niederen Stände einnimmt. Das Stück entlarvt die vorgeblichen ideellen Motive (Glaube, Religion) als Vorwand für Gewinnstreben und materiellen Nutzen. Den Zusammenhang zwischen Glauben und Wissenschaft thematisiert Brecht in seinem *Leben des Galilei* (1943).

Korrespondierende Dichtergesellschaften

Eine ganze Personengruppe aus dem 17. Jahrhundert stellt Günter Grass 1979 vor das geistige Auge seiner Leser: Das fiktive *Treffen in Telgte* versammelt acht Jahre nach Martin Opitz' Tod (1647) und 300 Jahre vor der Gründung einer wichtigen modernen Dichtergesellschaft verschiedene frühneuzeitliche Poeten auf eine Weise, die mit Anspielungen auf die einflussreiche „Gruppe 47" nicht spart. Das exakt recherchierte Werk entstand zum 70. Geburtstag des Gruppeninitiators Hans Werner Richter, der in der Fiktion wohl als der einladende Simon Dach auftritt. In der Summe steht das Lob der Dichter, sie sind die wahrhaft Unsterblichen, die letztlich alle Machtmenschen überdauern – eine leise Korrespondenz mit den tatsächlichen Äußerungen der frühneuzeitlichen Panegyriker, die ja über die ‚Unsterblichkeit' der in der Dichtung Gelobten verfügen wollten. Grass geht es um den überzeitlichen Wert der Dichtkunst: Keine Grausamkeit, kein Krieg, nicht einmal der Nationalsozialismus vermag es, die dichterische Leistung zu vernichten.

Die verschiedenen poetischen Formen der Frühen Neuzeit blieben als Muster immer präsent. Wie der Historismus sich in der Auswahl des Baustils an der Renaissance oder dem Barock orientierte, so zitierten oder imitierten Literaten das vergangene Ausdrucksrepertoire. Schon Goethe setzte sich im Gedicht *Hans Sachs poetische Sendung* (1776) mit dem Knittelvers in würdigender Weise auseinander, um diesem dann in seinem *Faust* (1806) zu neuen Ehren zu verhelfen. Arno Holz zeichnete mit seiner Textsammlung *Dafnis* (1904) nicht einfach nur ein „lyrisches Portrait aus dem 17. Jahrhundert", sondern praktizierte in virtuoser Aneignung die zeitgenössischen Eigentümlichkeiten der Semantik, Lautung und Orthografie. Sogar das Schema vom Sünder, der auf sein Leben zurückblickt, hat Holz übernommen: Der erste Teil bietet nämlich „Freß=, Sauff= und Venus=Lieder", während der zweite als „Auffrichtige und Reuemüthige Buß=Thränen" firmiert. Der Expressionismus griff tief in den Formenvorrat der ‚barocken' Ausdruckskunst (→ KAPITEL 5). Hugo von Hofmannsthals bis heute erfolgreiches Theaterstück *Jedermann* (1911) entstand nach dem englischen *Everyman* (1509), nimmt aber ebenso Georgius Macropedius' Drama *Hecastus* (1539) zur Kenntnis. Im Roman *Der Erwählte* (1951) bemüht sich Thomas Mann um eine perfekte Imitation der frühneuhochdeutschen Sprache. Und nicht nur seine *Bekenntnisse des Hochstaplers Felix Krull* (1954), sondern natürlich auch Günter Grass' *Die Blechtrommel* (1959) verlängert die Tradition des Schelmen-Romans bis ins 20. Jahrhundert.

Formale Übernahmen

14.2 Kulturkritische Dialoge mit der Frühen Neuzeit

Wie sieht es mit der Rezeption des genuinen Merkmals der Frühen Neuzeit aus, mit der rhetorischen Kunst? Was ist aus der eigentümlichen Verbindung aus *eruditio* („Gelehrsamkeit") und *pietas* („Frömmigkeit") (→ KAPITEL 3) geworden? Zunächst darf die lautstarke Rede der Klassizisten um 1700 gegen die stilistischen ‚Verfehlungen' einiger frühneuzeitlicher Autoren nicht darüber hinwegtäuschen, dass auch die Aufklärung noch zum rhetorischen Zeitalter zu zählen ist. Mit ihrer intensivierten Gesprächskultur und dem differenzierten Medien- bzw. Öffentlichkeits- und Bildungsbegriff (Volksaufklärung) setzte sie weitgehend bruchlos die Anliegen der Frühen Neuzeit fort (→ ASB D'APRILE / SIEBERS). Wer hier eine scharfe Zäsur um 1720 sucht, wird kaum fündig werden. Selbst der preußische König Friedrich II.

Rhetorik-Rezeption seit der Aufklärung

legte noch 1780 seinen literaturgeschichtlichen Erwägungen die antike *ars oratoria* zugrunde – selbstredend mit energischer Betonung der *claritas*, der Eindeutigkeit des Ausdrucks, ganz im Nachgefecht der Anti-Schwulst-Debatten um 1720 (→ KAPITEL 1, 5.1).

Rhetorik und Ästhetik

Nach 1700 erfolgten verschiedene „Transformationen der Rhetorik" (Till 2004), bis dann die Ästhetik als neues Leitprinzip die Rhetorik zur Mitte des 18. Jahrhunderts ablöste. Der Begründer der Ästhetik als philosophischer Disziplin, Alexander Gottlieb Baumgarten (1714–62), verschob die Gewichtung von einer überzeugungsorientierten Logik hin zu einer überwältigenden, also betont sinnlichen Erkenntnis. Diese basiert nicht auf sachlichen Argumenten, sondern auf individueller Sensitivität, auf Sehen und Fühlen. Das gedanklich reflektierende Moment, das noch der Frühaufklärer Gottsched als zentral für Redner und Dichter betrachtet hatte, trat zurück zugunsten einer emotionalen, manchmal auch affektiven Wirkung. Entsprechend galten nun subjektives Naturerlebnis, Gefühl und Empfindung als Rahmenfaktoren der Dichtkunst. Eine besondere Betonung des *ingenium* („angeborene Begabung") (→ KAPITEL 6.1) verabsolutierte die göttliche Inspiration in der Natur, die *inventio* („Stofffindung") galt nun als originäres Findungsvermögen des Autors, dessen Ausmaß sich bald als Qualitätsmerkmal in den Vordergrund schob. Die sinnliche Erkenntnis (*ars pulchrae cogitandi*) verdrängte die gelehrte Argumentation. Poesie etablierte sich als privates und von Konventionen und Zwecken unabhängiges (autonomes) Aussagesystem und trennte sich damit auch von Textformen, die nach dem Verständnis des Ethikers Philipp Melanchthon (1497–1560) Fragen des Allgemeinwohls zu klären hatten. Diesem Rückzug der Poesie in eine subjektive Innerlichkeit, die nicht mehr Grundlage einer allgemeinen Normfindung werden soll, entspricht die gleichzeitige Ausgrenzung des bürgerlichen Poeten von der politischen Macht.

Trennung von Macht und Geist

Der erste Regent, der diese Trennung von Macht und Geist, von Staat und Poesie explizit aussprach, war Friedrich II. von Preußen. Das war modern: Der König kündigte das unausgesprochene Vertragswesen auf, das seit dem 14. Jahrhundert zwischen dem gelehrten Poeten und dem Fürst, zwischen Geist und Macht, bestanden hatte. Friedrich II. suchte Gedankenkunst und politische Tat nun in sich selbst zu vereinen. Bürgerliche Gelehrte stufte er zu Schulmeistern herab, die ihm folgsame Untertanen heranziehen sollten. Faktisch aber hatten sich die Poeten, Philosophen und Theologen, vor allem Gotthold Ephraim Lessing und Moses Mendelssohn, längst auch ihrerseits gegen den Fürst gestellt und eröffneten mit der bürgerlichen „Berliner

Aufklärung" einen hofunabhängigen Diskurs. Friedrich Gottlieb Klopstock, die Autoren des Sturm und Drang und die bald folgende Romantik verstärkten die Distanz zwischen Poesie und Fürstenmacht.

Im 19. Jahrhundert hatte sich der Poet – entsprechend dem bürgerlichen Künstlerideal – fern vom zweckgebundenen Tagesgeschäft ganz der autonomen, auf Ewigkeit oder doch zumindest auf nationale Herrlichkeit zielenden Kunst zu widmen. Mit der zunehmenden ‚Autonomie', verstärkt durch romantische Weltflucht und poetischen Subjektivismus, kurz mit der Absage an den öffentlichen Dialog zugunsten des verinnerlichenden Monologs, erlangte die Poesie im Laufe dieses Jahrhunderts eine gewisse politische Irrelevanz. Noch 1943/44 bemerkte der über Deutschland berichtende Korrespondent Carl Zuckmayer, dass hier mehr als anderswo die Auffassung verbreitet sei, „daß der Künstler eine geringere gesellschaftliche Verantwortung trage als andere Menschen, ja daß er sozusagen außerhalb der politischen, sozialen und ökonomischen Ordnung ein Eigenleben führe" (Zuckmayer 2007, S. 9). 19. Jahrhundert

Dennoch berief sich die bürgerliche Fraktion auch auf die Frühe Neuzeit, indem man sich als Erbe der wiedergeborenen Antike im Kampf gegen ein ‚barbarisches' und vor allem katholisches Mittelalter betrachtete. Unter dem Begriff „Humanismus", den der Philosoph und Pädagoge Friedrich Immanuel Niethammer 1808 geprägt hatte, machte man die Vormoderne zu einer Entscheidungsphase zwischen den ‚dunklen' Mächten des Mittelalters und den ‚fortschrittlichen' Strömungen der Neuzeit. Besonders im Kulturkampf, den der Preußische Staat 1871 bis 1887 gegen die katholische Kirche führte, suchte der borussische Protestantismus eine drohende Mitregierung des Katholizismus (Zentrumspartei) abzuwenden. Unter der Parole des „Neohumanismus" reklamierte das Bürgertum Reformation und Renaissance als Siegesetappe für die bürgerliche Freiheit, für den bürgerlichen Geist und auch für die bürgerliche Innerlichkeit. Kulturkampf

Der Rückzug in die Innerlichkeit, in den Gewissens- und Gefühlskult bei klagloser Unterordnung unter den politischen Willen der absoluten Macht, geht jedoch bezeichnenderweise auf die Frühe Neuzeit selbst zurück. Immerhin waren die Anfänge ja durch den Reformator Martin Luther selbst gesetzt, als er im 16. Jahrhundert so heftig gegen die aufständischen Bauern agitierte und ihnen das Widerstandsrecht gegen die Fürstengewalt absprach (→ KAPITEL 10). Der Literarhistoriker Paul Böckmann hat die damit verbundenen Auswirkungen auf die nachfolgenden Jahrhunderte resümiert: „Das Leben zerfällt in Welt und Glaube, in Obrigkeit und Kirchengemeinde. Das Christentum wird als Entsa- Luther-Bilder als Indikator gungslehre verstanden und auf die Frage nach dem innerlichen Verhalten jedes Einzelnen eingeschränkt." (Böckmann 1949, S. 273) Hier kommt ein kritisches Lutherbild zum Ausdruck, das bereits auf eine lange Tradition zurückblicken konnte. Es gab keineswegs nur den ehrfurchtsvollen ‚Lutherkult', der sich um den Mann des heroischen Widerstands gegen den ausbeutenden Klerus rankte oder den Bibelübersetzer aufgrund seiner Verdienste um die deutsche Sprache verklärte.

Bereits um 1800 hatte sich eine aufklärungskritische junge Generation explizit gegen Luther und die Reformation gestellt. Der frühromantische Denker Novalis hatte in seiner Schrift *Die Christenheit oder Europa* (1799) „die schönen wesentlichen Züge der echtkatholischen oder echtchristlichen Zeiten" zurückgesehnt. Durch die Vernichtung des mittelalterlichen Universalismus habe die Religion ihren friedensstiftenden Einfluss verloren, was nach Novalis' Auffassung Luther zu verantworten hat. Der Wittenberger habe den Geist des Christentums durch die Absolutsetzung des Wortes, der Bibel, verkannt: „Weil Religion unfaßlich, unendlich und entgrenzt ist, muß der enge Buchstabe sie verderben." Die Reformation habe das Ende der Christenheit verursacht, und mit dem Verschwinden des Heiligen habe die universale Poesie dem rationalen Wissen und der grellen Begrifflichkeit weichen müssen (Novalis 1999, S. 37–43).

Lutherbild der Romantik

Die Kritik an der Reformation sollte nicht mehr verstummen. Der Erste Weltkrieg und die Zerstörung der altbürgerlichen Ordnung aus Reich, Nation und Monarchie gaben Anlass, auf die Romantik zurückzugreifen. Der Katholik und Dadaist Hugo Ball führte 1919 in seiner Schrift *Zur Kritik der deutschen Intelligenz* eine scharfe Anklage gegen das protestantisch-deutsche Herrschaftsverständnis als Konstrukt aus politischer Macht und poetischer Distanz. Es gelte, die „Reformationsgötzen" vom Sockel zu stürzen, neben Luther hätten vor allem die ihm folgenden Kant, Hegel, Marx und Bismarck die devote Unterwürfigkeit des deutschen Geistes verschuldet. Der Reformator hat einen „irreligiösen und immoralischen Nationalismus" begründet, den der deutsche Idealismus befestigt hatte, „der deutsche Generalstab aber suchte ihn 1914 als seiner Weisheit letzter Schluß zur Weltherrschaft zu bringen." Von Friedrich II. bis Walter Rathenau waren alle letztendlich „Machiavellisten", alle sind sie zusammen „theoretische Epigonen der Renaissance, jener Epoche glanzvollen Rückfalls ins Heidentum; alle zusammen arbeiten sie der Despotie in die Hände". (Ball 1991, S. 75)

Hugo Ball: Luther-Kritiker

Die Trennung von Politik und Poesie fand gleichzeitig einen prominenten Fürsprecher: Thomas Mann postulierte sie in seinen *Be-

trachtungen eines Unpolitischen (1918). Im Luthertum sieht er den genuinen Ausdruck einer „deutschen Seele". Die Deutschen erscheinen als die ewig Protestierenden gegen Rom und der Krieg 1914 zeigt sich für Mann als erneuter „Protest" gegen theokratische Fremdherrschaft (Mann 2002, S. 69).

Thomas Mann:
Luther-Fürsprecher

In den *Betrachtungen* tritt das Dichtungsverständnis Thomas Manns deutlich hervor: Der Freiheit entspricht die „Poesie", während sich die „Literatur" der Politik verfügbar macht. „Literatur" steht bei Thomas Mann ganz im alten Wortsinn und zielt auf den gelehrten Autor, der in der Öffentlichkeit zu wirken gedenkt. Mann verachtet in den *Betrachtungen* einen solchen „politisierten Geist", sein Ideal ist das „Unpolitische" im Sinne des betont Nicht-Politischen, das die weite Sphäre von Kultur, Seele, Freiheit und Kunst umfasst. Der Dichter schafft nach Mann keine zweckgebundenen Tagesschriften, sondern ewig gültige, tiefe metaphysische Werke. Er agiert als Träger der „Kultur", während „der Literat" lediglich die niederrangige, weil eben nur pragmatische „Zivilisation" bedient. Mit dem verhöhnten „Zivilisationsliteraten" attackierte Thomas Mann unausgesprochen seinen Bruder Heinrich, der sich mit seinen literarischen Werken politisch engagierte. Weil ein solcher „Rhetor-Bourgeois" seine Schriftstellerei mit Begriffen wie Demokratie, Republik, Öffentlichkeit und Gleichheit verbinde, versklave er seinen Geist der Politik. Mit der „rhetorischen Demokratie" (Mann 2002, S. 57, 81) bekämpfte Thomas Mann aber zugleich den gelehrten Orator der Frühen Neuzeit, der sich mit scharfsinniger Argumentation und poetischer Darstellungskraft für das Gemeinwohl einsetzte.

Literatur im Dienst
der Politik?

Kultur
und Zivilisation

Nach dem Ende der Monarchie (1918) war Thomas Mann bestrebt, zwischen der konservativen Kulturtradition und dem aktuellen Gebot eines aufzubauenden demokratischen Staatswesens zu vermitteln. Ohne von seinen *Betrachtungen* explizit abzurücken, machte er sich Gedanken *Von deutscher Republik* (1922) und lässt in seinem 1924 publizierten *Zauberberg* mit Hans Castorp einen lutherischen Deutschen kurz vor Kriegsausbruch 1914 mit Figuren wie dem Jesuiten Naphta oder dem Aufklärungshumanisten Settembrini zusammentreffen.

Parlamentarismus
als Verlust

Aufbau
der Demokratie

Im Zuge der Weimarer Erfahrungen distanzierte sich Thomas Mann auch von Luther. Er beklagte die unmündigen servilen Knechte, die der Protestantismus hervorgebracht habe und die nun den faschistischen Ideologen willig ins Netz gingen. Die Eskalation in Diktatur und Krieg veranlassten schließlich den Exilanten in Amerika, über *Deutschland und die Deutschen* (Vortrag 1947) auch in Roman-

Krieg und Diktatur

Thomas Manns
Doktor Faustus

form nachzudenken. Zwischen 1943 und 1946 entstand der *Doktor Faustus*, der die deutsche Selbstvernichtung anhand eines genialischen Musikers und dessen Teufelspakt zu erklären sucht. Vor allem aber tritt der dies erzählende Serenus Zeitblom hervor, der sich selbst immer wieder als ein Erbe des 16. Jahrhunderts stilisiert. Diesen „Sohn des Humanismus" verpflanzt der Autor nun in die Diktatur, um ihre Ursachen und Folgen zu reflektieren. Als letzter Nachfahre des antiken *vir bonus*, des rhetorischen Ehrenmanns, schreibt hier ein geschwächter Greis, der bereits den Ersten Weltkrieg als Ende des „bürgerlichen Humanismus" beklagt (Mann 1990, S. 340, 353). Seine humanistische Erziehung konnte gleichwohl die eigenen Söhne nicht abhalten, begeistert für Hitler zu kämpfen. Zeitblom resigniert hinsichtlich einer im deutschen Namen zerstörten Welt. Damit greift der Autor Thomas Mann nun im Moment der Katastrophe gezielt auf die Frühe Neuzeit zurück und erklärt sie zum entscheidenden Angelpunkt. Es ist der Bruch zwischen dem Humanismus erasmischer Prägung und dem konfessionellen Luthertum (→ KAPITEL 10.2) in der Weise, dass sich Gewissensinnerlichkeit und still duldende unpolitische Untertanentreue von dem römisch-antiken Ideal der öffentlichen Debatte abkehren. Die Verdrängung einer Gesprächskultur, in der jeder

Das Ende
des *vir bonus*

Autor bzw. Rhetor als *vir bonus* im Gleichgewicht von Bildung (*eruditio*) und Ethik (*pietas*) der allgemeinen Wohlfahrt verpflichtet war (→ KAPITEL 3.2), bedingt das Verhängnis. Die Flucht des Intellektuellen in die Autonomie der Kunst, die als ‚reiner' Geist, als ‚reine' Seele verklärt wurde, war zugleich eine Flucht vor der gesellschaftlichen Verantwortung des *homo litteratus* („Gelehrten"), deren fatale Folgen nun die gesamte Menschheit zu tragen hatte.

Der *Faustus*-Autor datierte den Ursprung für die im deutschen Namen verursachte Weltkatastrophe somit um 450 Jahre zurück. Stefan

Erasmusrezeption

Zweig war ihm hierin schon 1938 in seiner Biografie des Humanisten Erasmus von Rotterdam vorangegangen. Zweig interessierte weniger ein längst vergangenes Gelehrtenleben als vielmehr die wieder aktuelle Ohnmacht, mit der ein um Vermittlung bemühtes Individuum der Grausamkeit einer blindwütigen Ideologie gegenübersteht. Im Schlusswort konfrontiert er die Friedenskonzeption des Erasmus mit der Theorie des Niccolò Machiavelli, der die rücksichtslose Macht des herrschenden Individuums legitimierte: „Für Machiavelli sind Macht und Machtentfaltung der letzte Sinn, für Erasmus Gerechtigkeit."

Davor konzentriert sich der Lebensabriss auf die Auseinandersetzung zwischen Erasmus und Luther. Das Schicksal sendet dem „weitsichtigen Geistmenschen" Erasmus den „Tatmenschen" Luther entgegen, „den dämonisch Getriebenen dumpfer deutscher Volksgewalten", der als blindwütiger Fanatiker die Verderben bringende Kirchenspaltung verschuldete. Selbst ein so besonnener Mann wie Melanchthon verfiel der „persönlichen Hypnose des Führers", und „mit einem Schlage zertrümmert Doctor Martins eiserne Bauernfaust, was die feine, bloß mit der Feder bewehrte Hand des Erasmus zaghaft zärtlich zu binden sich bemühte." (Zweig 1992, S. 184, 17, 174, 23)

Fanatiker Luther

Die Frühe Neuzeit ragt also weit in die Moderne hinein, und es liegt im Interesse einer fundierten Gegenwartsanalyse, sich mit dieser Epoche und ihren Wirkungen zu beschäftigen. Jede Beschäftigung mit der Vergangenheit aber hängt von den Zugangsmöglichkeiten zu den originalen Dokumenten ab (→ KAPITEL 2), womit abschließend ein Rezeptionsproblem von besonderer Bedeutung anzusprechen ist. Thesen, Meinungen und Darstellungen bleiben immer gebunden an das materielle Vorhandensein der Überlieferungsträger. Diese sind durchaus gefährdet: Sie können im Laufe der Geschichte zerstört werden oder verloren gehen und damit der Wissenschaft nicht mehr zur Verfügung stehen. Verschwinden sie durch Verkauf, unterlassene Restaurierung oder auch fahrlässig verursachten Bibliotheksbrand, verändern sich die Konstellationen. Bei jeder Textinterpretation gilt es sich zu vergegenwärtigen, dass immer nur eine Teilmenge von dem vorliegt, was tatsächlich dokumentiert wurde, und dass längst nicht alles dokumentiert ist, was tatsächlich geschah.

Materielle Relikte

Zum Schluss steht daher nochmals eine Einladung, sich selbst ein Bild zu machen. In den Quellen selbst, nicht in den zweckorientierten Zweitwahrnehmungen ist die Epoche zu finden (→ KAPITEL 1). Damit schließt sich der Kreis – das Archiv bleibt der Ort der Erkenntnis. Zu den Quellen: *ad fontes!*

Ad fontes:
Zu den Quellen!

Fragen und Anregungen

- Analysieren Sie drei ausgewählte Texte des 20. Jahrhunderts (Drama, Lyrik, Roman) hinsichtlich einer Übernahme charakteristischer Kennzeichen der Frühen Neuzeit.

- Untersuchen Sie Parlamentsdebatten und Talkshows nach den wichtigsten Prinzipien der *ars oratoria*. Berücksichtigen Sie dabei auch Aspekte wie *vir bonus*, Gemeinwohl, *eruditio* und *pietas*.

- Wie kennzeichnen verschiedene Autoren des 19. und 20. Jahrhunderts frühneuzeitliche Zentralfiguren wie Erasmus und Luther?

- Beschreiben Sie nach einem Besuch im Archiv ihre Lektüreeindrücke: Welche Schwierigkeiten und welche Vorteile sind mit dem Zugang zu einer Epoche mittels überlieferter Originale verbunden?

Lektüreempfehlungen

Quellen
- **Günter Grass: Das Treffen in Telgte. Eine Erzählung und dreiundvierzig Gedichte aus dem Barock,** München 1979, 2. Auflage 1996.

- **Arno Holz: Des Schäfers Dafnis Fress-, Sauff- und Venuslieder. Ein lyrisches Porträt aus dem 17. Jahrhundert** [1904], München / Zürich 1986.

- **Klabund: Bracke. Ein Eulenspiegelroman** [1918], Reinbek bei Hamburg 1988.

Forschung
- **Christiane Caemmerer / Walter Delabar (Hg.): „Ach, Neigung zur Fülle . . .". Zur Rezeption ‚barocker' Literatur im Nachkriegsdeutschland,** Würzburg 2001. *Zeigt Lektürewirkungen bei Schriftstellern des 20. Jahrhunderts, u. a. bei Hubert Fichte, Hans Magnus Enzensberger, Johannes Bobrowski, Henning Boëtius, Thomas Bernhard, Heimito von Doderer und Ernst Jandl.*

- **Manfred Fuhrmann: Rhetorik und öffentliche Rede. Über die Ursachen des Verfalls der Rhetorik im 18. Jahrhundert,** Konstanz 1983. *Diskutiert aspekt- und materialreich das lange Ausklingen der Frühen Neuzeit.*

- **Klaus Garber: Martin Opitz – „der Vater der deutschen Dichtung". Eine kritische Studie zur Wissenschaftsgeschichte der Germanistik,** Stuttgart 1976. *Verfolgt minutiös die wechselvollen Wertungen und Funktionalisierungen des Autors seit der Aufklärung.*

- **Klaus Garber / Ferdinand van Ingen / Wilhelm Kühlmann (Hg.): Europäische Barock-Rezeption,** Wiesbaden 1991. *Großes Tableau von Fallstudien zur Wirkungsgeschichte mit Blick auf alle Epochen, aber auch auf die verschiedenen Nationalphilologien und die Kunstwissenschaft.*

15 Serviceteil

15.1 Bibliografien, Lexika, Einführungen

Laufende Bibliografien

- **Frühneuzeit-Info**, hg. v. Institut für die Erforschung der Frühen Neuzeit, Wien / Köln / Weimar 1990ff., Web-Adresse: http://www.univie.ac.at/Neuzeit. *Bietet halbjährlich eine Auswahlbibliografie.*

- **Rhetorik. Ein internationales Jahrbuch**, hg. v. Joachim Dyck / Walter Jens / Gert Ueding, Tübingen 1980ff. *Dokumentiert Neuerscheinungen zu Geschichte und Systematik der Rhetorik.*

- **Wolfenbütteler Barock-Nachrichten**, in Zusammenarbeit mit dem Wolfenbütteler Arbeitskreis für Barockforschung hg. v. der Herzog August Bibliothek, Wiesbaden 1974ff., Web-Adresse: http://www.hab.de. *Zeitschrift des Arbeitskreises für Barockforschung mit Aufsätzen, Informationen über Neuerwerbungen der Herzog August Bibliothek, Buchbesprechungen und einer systematischen, interdisziplinär angelegten Bibliografie zur Frühneuzeitforschung.*

Systematische Bibliografien

- **Bibliographie zur deutschen Literaturgeschichte des Barockzeitalters**, begründet v. Hans Pyritz, fortgeführt und hg. v. Ilse Pyritz, bearbeitet v. Reiner Bölhoff, Teil I bis III, Bern 1985–94. *Vermittelt in systematischer Ordnung Forschungsliteratur zu verschiedenen kulturgeschichlichen Sachaspekten und Themen.*

- **Gerhard Dünnhaupt: Personalbibliographien zu den Drucken des Barock**, 2., verbesserte und wesentlich vermehrte Auflage des Bibliographischen Handbuchs der Barockliteratur (1980), Stuttgart 1990ff. *Alphabetisches Autorenverzeichnis mit Biografie, Forschungsliteratur und einer detaillierten Aufstellung von Einzelwerken mit Standortangaben.*

- **Gesamtkatalog der Wiegendrucke**, hg. v. der Kommission für den Gesamtkatalog der Wiegendrucke, Leipzig 1925–32, 2. Auflage

Stuttgart 1968ff. *Verzeichnet und beschreibt nachweisliche Früh-drucke aus der Zeit zwischen 1450 und 1500.*

- **Verzeichnis der im deutschen Sprachbereich erschienenen Drucke des 16. Jahrhunderts (VD 16),** Web-Adresse: http://avanti.hab.de/ hab_db/vd16/html/start_ger.html. *Erschließt Druckwerke des 16. Jahrhunderts im Sinne einer retrospektiven Nationalbibliografie nach Verfasser, Körperschaften, Anonyma (Abteilung I), mit einem Register der Herausgeber, Kommentatoren, Übersetzer, litera-rischen Beiträger (Abteilung II) und einem Register der Druckorte, Drucker / Verleger, Erscheinungsjahre (Abteilung III).*

- **Verzeichnis der im deutschen Sprachraum erschienenen Drucke des 17. Jahrhunderts (VD 17),** Web-Adresse: http://www.vd17.de. *In Entsprechung zum VD 16 dokumentiert die bibliografische Datenbank für das 17. Jahrhundert alle deutschsprachigen Titel und alle im historischen deutschen Sprachgebiet gedruckten Werke (unabhängig von ihrer Sprache) jeweils nach Autopsie der Origi-nale. Bietet auch digitale Faksimiles von Schlüsselseiten und voll-ständige Digitalisate.*

Lexika, Handbücher und Nachschlagewerke

Personen und Werke

- **Die Deutsche Literatur. Biographisches und bibliographisches Lexikon,** unter Mitwirkung zahlreicher Fachgelehrter hg. v. Hans-Gert Roloff, Bern u. a. 1979ff., seit 1997 Stuttgart / Bad Cannstatt. *Mehrere Reihen gliedern sich in Abteilung A (Autorenteil) und Abteilung B (Forschungsliteratur) und bieten für jeden ermittel-baren Autor jeweils an den Originaldokumenten geprüfte Informa-tionen zu Biografie, Werkgeschichte und Überlieferungssituation. Bislang liegt ausschließlich Reihe 2 (1450–1620) für einen Auto-renbereich von „A bis Apian" vor bzw. Reihe 3 (1620–1720) mit Forschungsliteratur.*

- **Handbuch des personalen Gelegenheitsschrifttums in Europäischen Bibliotheken und Archiven,** in Zusammenarbeit mit der For-schungsstelle zur Literatur der Frühen Neuzeit hg. v. Klaus Garber, Hildesheim 1997ff. *Verzeichnet standortbezogen die in den ver-schiedenen Bibliotheken Osteuropas erhaltenen deutschen Kasualia mit hilfreichen Registern (Autoren, Drucker, Adressaten, Anlässe u. a.).*

- Herbert Jaumann: Handbuch Gelehrtenkultur der frühen Neuzeit, Berlin 2004, Bd. 1: Bio-bibliographisches Repertorium, Berlin / New York 2004. *Artikel zu europäischen Persönlichkeiten mit kurzer Lebensbeschreibung bzw. Werk-, Editions- und Literaturverzeichnis.*

- Historisches Wörterbuch der Rhetorik, hg. v. Gerd Ueding, Tübingen 1992ff. *Kurze Definitionen, begriffsgeschichtliche Abhandlungen und Forschungsüberblicke zu über 1 400 Stichwörtern aus der Rhetorik als Schreib-, Denk- und Bildungssystem.*

  Rhetorische Begriffe

- Jörg Jochen Berns / Wolfgang Neuber (Hg.): Documenta Mnemonica. Text- und Bildzeugnisse zu Gedächtnislehren und Gedächtniskünsten von der Antike bis zum Ende der Frühen Neuzeit, Tübingen 1998ff. *Serie von acht thematisch und chronologisch spezifizierten Bänden zu den Quellen der Gedächtniskunst von der Antike bis zur Frühaufklärung.*

- Joachim Dyck: Ticht-Kunst, Deutsche Barockpoetik und rhetorische Tradition, Freiburg i. Br. 1965, 3., ergänzte Auflage mit einer Bibliographie zur Forschung 1966–1986, Tübingen 1991. *Eine anschauliche Darlegung der christlichen Literaturtheorie und ‚Bibelrhetorik‘ als Vermittlung von Bildung und Religiosität.*

- Manfred Fuhrmann: Die antike Rhetorik. Eine Einführung, Zürich 1984. *Nicht nur auf Fragen der Stilistik reduziert, sondern erfreulicherweise auch auf juristisch-argumentative Disposition gerichtet.*

- Dominik J. Harjung: Lexikon der Sprachkunst. Die rhetorischen Stilformen, mit über 1000 Beispielen, München 2000. *Bietet Stichwörter mit Literaturbeispielen, geeignet zur gezielten Suche, aber auch zur Sensibilisierung für das Auffinden rhetorischer Stilformen in Texten.*

- Heinrich Lausberg: Elemente der literarischen Rhetorik. Eine Einführung für Studierende der klassischen, romanischen, englischen und deutschen Philologie, München 1949, 2., wesentlich erweiterte Auflage 1963. *Das epochale Grundlagenwerk erschließt das rhetorische System minutiös auf allen Ebenen und Teilebenen mit Belegstellen aus den antiken Quellen – ein unverzichtbares Hilfsmittel bei der Textanalyse.*

- Heinrich Lausberg: Handbuch der literarischen Rhetorik. Eine Grundlegung der Literaturwissenschaft, München 1960, 2., vermehrte Auflage 1973. *Als gestrafftes Kompendium für pragmatische Zwecke der Textinterpretation sehr geeignet.*

- **Gert Ueding / Bernd Steinbrink: Grundriß der Rhetorik. Geschichte, Technik, Methode,** Stuttgart 1976, 4., aktualisierte Auflage Stuttgart / Weimar 2005. *Vermittelt in einem historischen und einem systematischen Teil eine solide Verständnisbasis mit allen relevanten Aspekten.*

- **Das Bonner Frühneuhochdeutschkorpus,** Web-Adresse: http://www.korpora.org/fnhd. *Das Korpus erschließt Quellen zwischen 1350 und 1700 aus verschiedenen Sprachlandschaften mit Wortklassenangaben und Formenbestimmungen.*

- **Frühneuhochdeutsches Wörterbuch,** hg. v. Robert R. Anderson / Ulrich Goebel / Oskar Reichmann, Berlin / New York 1989ff. *Unverzichtbare Verständnishilfe im Umgang mit frühneuzeitlichen Texten, informiert über Geltungsbereich und Geltungsdauer von Wortbedeutungen, Wortbildung und typischen Syntagmen. Vgl. die informative „Lexicographische Einleitung" in Band I, S. 10–164.*

- **Christa Baufeld: Kleines frühneuhochdeutsches Wörterbuch. Lexik aus Dichtung und Fachliteratur des Frühneuhochdeutschen,** Tübingen 1996. *Für Studienzwecke sehr geeignetes Konzentrat des Wortschatzes zwischen 1350 und 1600, pragmatisch und benutzerfreundlich.*

- **Herbert Penzl: Frühneuhochdeutsch,** Bern u. a. 1984. *Gut lesbare Einführung in Phonologie, Morphologie, Syntax und Wortschatz des Deutschen zwischen 1350 und 1650.*

- **Oskar Reichmann / Klaus-Peter Wegera (Hg.): Frühneuhochdeutsche Grammatik,** Tübingen 1993. *Gibt einen exakt systematisierten Überblick über Schreibung, Lautung, Morphologie und Syntax.*

- **Wilfried Stroh: Latein ist tot, es lebe Latein! Kleine Geschichte einer großen Sprache,** Berlin 2007. *Erfrischend anschauliche Darstellung der Latinität als kulturgeschichtliches Phänomen.*

- **Christian Wagenknecht: Deutsche Metrik. Eine historische Einführung,** München 1981, 5., erweiterte Auflage 2007. *Grundlagen zu allen Fragen der Verskunst mit besonderem Schwerpunkt Frühe Neuzeit.*

- **Adriano Cappelli: Lexicon abbreviaturarum. Dizionario di Abbreviature Latine ed Italiane,** Mailand 1899, Nachdruck der 6. Auflage 2006, deutsch: Wörterbuch lateinischer und italienischer Abkürzungen, wie sie in Urkunden und Handschriften, besonders des Mittelalters, gebräuchlich sind, dargestellt in über 14000 Holzschnittzeichen, Leipzig 1901, 2., verbesserte Auflage 1928. *Bezieht sich auf Abkürzungen vor 1500.*

- Leo Cholevius: Die bedeutendsten deutschen Romane des 17. Jahrhunderts. Ein Beitrag zur Geschichte der deutschen Literatur, Leipzig 1866, Nachdruck Stuttgart 1965. *Bietet orientierende Inhaltsangaben, jedoch keinen Leseersatz für die umfangreichen höfisch-historischen Romane.*

- Paul Arnold Grun: Schlüssel zu alten und neuen Abkürzungen. Wörterbuch lateinischer und deutscher Abkürzungen des späten Mittelalters und der Neuzeit mit historischer und systematischer Einführung für Archivbenutzer, Studierende, Heimat- und Familienforscher u. a., Limburg/Lahn 1966, Nachdruck 2002. *Verzeichnis mit adäquaten Nachbildungen der zwischen 1500 und 1900 auftretenden Abkürzungen.*

- Friedrich Beck / Lorenz Friedrich Beck: Die Lateinische Schrift. Schriftzeugnisse aus dem deutschen Sprachgebiet vom Mittelalter bis zur Gegenwart, Köln / Weimar / Wien 2007. *Sehr anschaulich mit Reproduktionen gestaltetes Übungsbuch mit Hinführung zur Lektüre sämtlicher Schrifttypen (auch der ‚deutschen‘ Schrift) von der Karolingerzeit bis zur Gegenwart, dazu ein reiches bibliografisches Verzeichnis.*

  Mediengeschichte

- Konrad Haebler: Handbuch der Inkunabelkunde, Leipzig 1925, Nachdruck Stuttgart 1979. *Informiert eingehend über alle wichtigen Aspekte des Frühdrucks.*

- Hans Adolf Halbey: Druckkunde für Germanisten, Literatur- und Geschichtswissenschaftler, Bern [u. a.] 1994. *Bietet umfassende Darstellung zu Typenkunde und Farben, Titelblatt, Illustration, Papier, Schrift, Einband, Herstellung und Vertrieb mit Schwerpunkt Frühe Neuzeit. Zahlreiche Abbildungen.*

Literaturgeschichten und Einführungen

- Eckhard Bernstein: Die Literatur des deutschen Frühhumanismus, Stuttgart 1978. *Klärt im straffen Überblick die italienischen Bezüge und gibt einen Abriss der deutschen Entwicklung mit exemplarischen Autoren.*

  Zum 15. und 16. Jahrhundert

- **August Buck: Humanismus. Seine europäische Entwicklung in Dokumenten und Darstellungen**, Freiburg i. Br. 1987. *Befasst sich eingehend mit dem 16. Jahrhundert, aber auch mit den Wirkungen im 19. und 20. Jahrhundert.*

- **Heinz Entner / Werner Lenk / Hildegard Schnabel / Ingeborg Spriewald: Grundpositionen der deutschen Literatur im 16. Jahrhundert**, Berlin 1972, 2. Auflage Berlin / Weimar 1976. *Darlegung der Vorgänge auf der Basis einer marxistischen Betrachtung.*

- **Barbara Könneker: Die deutsche Literatur der Reformationszeit. Kommentar zu einer Epoche**, München 1975. *Vermittelt mit eingehenden ‚Kommentaren' zu 12 ausgewählten (meist protestantischen) Texten ein Bild der konfessionellen Diskurse des 16. Jahrhunderts.*

Zum 17. Jahrhundert

- **Albert Meier (Hg.): Die Literatur des 17. Jahrhunderts**, München 1999. *Graduelle Entfaltung der historisch-politischen bzw. philosophischen Grundlagen und punktuelle Darstellung literarischer Formen und Institutionen. Dazu verzeichnet eine ausführliche, leider nicht systematisierte Literaturliste die bis dato geleistete Forschung.*

- **Dirk Niefanger: Barock**, Stuttgart 2000, 2., überarbeitete und erweiterte Auflage 2006. *Ganz entgegen dem Titel eine kritische Auseinandersetzung mit dem Barockbegriff auf der Basis einer instruktiven Darlegung literarischer Spezifika des 17. Jahrhunderts.*

- **Harald Steinhagen und Benno von Wiese (Hg.): Deutsche Dichter des 17. Jahrhunderts. Ihr Leben und Werk**, Berlin 1984. *Autorenporträts und kurze Werkanalysen im Kontext der jeweiligen Biografie.*

- **Marian Szyrocki: Die deutsche Literatur des Barock. Eine Einführung**, Hamburg 1968, 2. Auflage 1987. *Standardwerk mit eingehenden Textbetrachtungen, Begriffsdefinitionen und illustrativen Detailaspekten.*

Zur Frühen Neuzeit insgesamt

- **Richard von Dülmen: Kultur und Alltag in der Frühen Neuzeit**, München 2005. *Die dreibändige Kulturgeschichte bietet Hintergrundinformationen aus allen Lebensbereichen.*

- **Stephan Füssel (Hg.): Deutsche Dichter in der Frühen Neuzeit (1450–1600). Ihr Leben und Werk**, Berlin 1993. *Autorenporträts mit Zeittafel, dazu die informative „Einleitung. Kontinuität und Umbruch. Die Literaturentwicklung von 1450 bis 1600", S. 9–35.*

- **Hans-Georg Kemper: Deutsche Lyrik der frühen Neuzeit**, 6 Bände, Tübingen 1987ff. *Umfassender, in der Forschung umstrittener Versuch, ‚die Lyrik' dieser Epoche bis zur Aufklärung aufzuarbeiten.*

- **Werner Röcke / Marina Münkler (Hg.): Die Literatur im Übergang vom Mittelalter zur Neuzeit**, München / Wien 2004. *Eine gut lesbare, alle wesentlichen Aspekte des frühneuzeitlichen Spektrums abdeckende Kompilation von Sachbeiträgen auf der Basis aktueller Forschungsergebnisse mit Verweis auf relevante Untersuchungen älterer Provenienz, ältere Literaturgeschichten und Epochendarstellungen.*

15.2 Zeitschriften, Periodika, Forschungsberichte

Zeitschriften und Periodika

- **Concilium medii aevi (CMA). Zeitschrift für Geschichte, Kunst und Kultur des Mittelalters und der Frühen Neuzeit**, hg. v. Peter Aufgebauer / Helmut Flachenecker / Christian Freigang / Marcus Frings, Göttingen 1998ff. *Beiträge und Rezensionen aus verschiedenen Disziplinen, u. a. Geschichte, Kunstgeschichte, Archäologie.*

- **Daphnis. Zeitschrift für Mittlere Deutsche Literatur und Kulturgeschichte der Frühen Neuzeit**, Berlin (ab 1976 Amsterdam) 1972ff., Web-Adresse: http://www.rodopi.nl/senj.asp?SerieId=DAPHN. *Widmet sich der deutschen und neulateinischen Literatur und Sprache von 1400 bis ca. 1750, auch unter komparatistischen Aspekten. Neben Abhandlungen wichtige Rezensionen zu aktuellen Neuerscheinungen, auch aus relevanten Nachbarfächern. Sonderthemenhefte erscheinen unter der Bezeichnung „Chloe".*

- **Frühneuzeit-Info**, hg. v. Institut für die Erforschung der Frühen Neuzeit, Wien / Köln / Weimar 1990ff., Web-Adresse: http://www.univie.ac.at/Neuzeit. *Aufsätze, Forschungsberichte, aktuelle Auswahlbibliografie, Informationen zu Kongressen, Ausstellungen und laufenden Forschungsprojekten.*

- **Morgen=Glantz. Zeitschrift der Christian-Knorr-von-Rosenroth-Gesellschaft**, hg. im Auftrag der Christian-Knorr-von-Rosenroth-Gesellschaft, Sulzbach-Rosenberg 1999ff., Web-Adresse: http://www.knorr-von-rosenroth.de/inhaltsverz.html. *Die nach dem Sulzbacher Universalgelehrten benannte Gesellschaft (gegründet*

1990) initiiert Forschung zur kabbalistischen und naturmagischen Problematik.

- **Neulateinisches Jahrbuch. Journal of Neo-Latin Language and Literature** (NlatJb), hg. v. Marc Laureys / Karl August Neuhausen, Hildesheim / Zürich / New York 1999ff., Web-Adresse: http://www.medneolat.uni-bonn.de/html/neulat__jahrbuch.html (unter „Publikationen"). *Widmet sich der neulateinischen Sprache und Literatur von Petrarca bis zur Gegenwart, mit Rezensionen, Projektbeschreibungen und Veranstaltungshinweisen.*

- **The philological museum. An analytic bibliography of on-line neo-latin texts**, hg. v. Dana F. Sutton, Web-Adresse: http://www.philological.bham.ac.uk/bibliography/. *Bietet ständig aktualisierte Bibliografie und Linkliste zu Fundstellen lateinischer Texte der Renaissance.*

- **Simpliciana. Schriften der Grimmelshausen-Gesellschaft**, Bern u. a. 1979ff., Web-Adresse: http://www.grimmelshausen.org. *Dokumentiert und organisiert Forschung zum 17. Jahrhundert, ausgehend vom Werk des bekannten Autors. Beihefte zu Sonderthemen.*

- **Spee-Jahrbuch**, hg. v. der Arbeitsgemeinschaft der Friedrich-Spee-Gesellschaften Düsseldorf und Trier, Trier 1994ff. *Widmet sich als Gemeinschaftsproduktion verschiedener Spee-Gesellschaften dem Werk des Jesuitenpaters.*

- **Wolfenbütteler Renaissance-Mitteilungen**, hg. im Auftrag des Wolfenbütteler Arbeitskreises für Renaissanceforschung, Wiesbaden 1977ff., Web-Adresse: http://www.hab.de. *Zeitschriftenbeiträge und Rezensionen aktueller Neuerscheinungen aus der Renaissanceforschung.*

- **Zeitenblicke**, hg. v. Gudrun Gersmann / Michael Kaiser / Matthias Schnettger in Verbindung mit Hubertus Kohle, Köln 2002ff., Web-Adresse: http://www.zeitenblicke.de. *Epochenübergreifendes und interdisziplinäres E-Journal mit dem Schwerpunkt frühneuzeitliche Geschichte.*

- **Zeitsprünge. Forschungen zur Frühen Neuzeit**, hg. im Auftrag des Zentrums zur Erforschung der Frühen Neuzeit, Frankfurt a. M. 1993ff., Web-Adresse: http://www.klostermann.de/zeitsch/ zspr_hmp,htm. *Interdisziplinäres Forum, um Leitgedanken des 16. und 17. Jahrhunderts als Basis für die Moderne zu diskutieren.*

Forschungsberichte und Epochendiskussion

- Werner Bahner (Hg.): Renaissance, Barock, Aufklärung. Epochen und Periodisierungsfragen, Berlin 1976. *Sachliche Reflexionen der marxistischen Wissenschaft zum frühneuzeitlichen Kontinuumsbegriff.*

- Wilfried Barner (Hg.): Der literarische Barockbegriff, Darmstadt 1975. *Versammelt kritische Stellungnahmen zum Terminus und dessen verschiedene Bedeutungsradien in der Literaturwissenschaft.*

- Nada Boskovska Leimgruber (Hg.): Die Frühe Neuzeit in der Geschichtswissenschaft. Forschungstendenzen und Forschungserträge, Paderborn u. a. 1997. *Mit – auch für die Literatur – aufschlussreichen Beiträgen zur Verwendung und Problematik des Begriffs Frühe Neuzeit in den Geschichtswissenschaften.*

- Das Berliner Modell der Mittleren Deutschen Literatur. Beiträge zur Tagung Kloster Zinna 29. 9. bis 1. 10. 1997, hg. und eingeleitet v. Christiane Caemmerer / Walter Delabar / Jörg Jungmayr / Knut Kiesant, Amsterdam 2000. *Neben zahlreichen projektbezogenen Stellungnahmen siehe vor allem die grundlegende Einleitung der Herausgeber: „Epistomologisches Modell oder faktische Epoche? Das Berliner Modell der Mittleren Deutschen Literatur auf dem Prüfstein. Zur Einleitung", S. 1–9.*

15.3 Forschungsinstitutionen und Web-Adressen

- Erlanger Liste. Informationsdienst zur Germanistik, hg. v. Gunther Witting / Ernst Rohmer, Web-Adresse: http://www.erlangerliste.de/ressourc/epoc_2a.html. *Ständig aktualisierte Linklisten zu allgemeinen Fachinformationen, Zeitschriften, Epochen, auch zur Frühen Neuzeit (Texte, Autoren, Museen, Projekte).*

  Archive und Quelleninformation

- Europa Humanistica, Web-Adresse: http://www.europahumanistica.org/. *Internationales Forschungsprojekt (Hinweise in französischer Sprache) zu den Distributionswegen der antiken und mittelalterlichen Literatur im Europa des 16. Jahrhunderts, Präsentation eines entsprechenden Textkorpus im Netz.*

- **Herzog August Bibliothek (HAB) Wolfenbüttel,** Web-Adresse: http://www.hab.de. *Die von ihrem Namenspatron begründete Sammlung* (→ KAPITEL 2), *ist heute ein zentraler Ort der internationalen wissenschaftlichen Begegnung (Arbeitsgespräche und Symposien zur methodischen Innovation, Herausgabe einzelner Schriftenreihen). Die Bibliothek fördert zudem den wissenschaftlichen Nachwuchs (Stipendien) und wendet sich mit Kulturprogrammen (Ausstellungen, Lesungen und Führungen) auch an die nicht-akademische Öffentlichkeit. Vor allem steht mit der vorbildlich betreuten digitalen Informationstechnologie ein weltweit nutzbares Dienstleistungspaket für die unterschiedlichen Interessen bereit: OPAC mit Katalogen und Datenbanken, Informationen zum Altbestand, zur Handschriftensammlung, zu Digitalisierungsprojekten. Insbesondere gibt die Linkliste „Frühe Neuzeit Digital" Hinweise auf fachliche Links und Datenbanken. Unter „Institutionen" finden sich Forschungseinrichtungen zur Frühen Neuzeit im europäischen Bereich mit Kurzcharakteristik.*

- **historicum.net. Geschichtswissenschaften im Internet,** hg. v. Gudrun Gersmann / Hubertus Kohle, Web-Adresse: http://www.historicum.net. *Der Server mit dem Schwerpunkt Frühe Neuzeit bietet vielfältige Informationen (Einführungstexte, Lehrmaterialien, Quellenhinweise, europäische Linksammlungen).*

Gesellschaften

- **Arbeits- und Gesprächskreis Frühe Neuzeit am Germanistischen Seminar der Universität Bonn,** Web-Adresse / Kontakt: fruehe-neuzeit@uni-bonn.de. *1996 gegründete Institution, um in interdisziplinärer Verständigung die traditionelle Festigkeit der Epochenschwellen durch eine übergreifende Betrachtung der Frühen Neuzeit zu lockern.*

- **Deutsche Neulateinische Gesellschaft (DNG) an der Ruhr-Universität Bochum,** Web-Adresse: http://www.dnlatg.de. *1997 gegründete Vereinigung von Alt- und Neuphilologen, Theologen, Philosophen und Historikern, Juristen, Medizinern und Wissenschaftsgeschichtlern mit Blick auf Edition, Übersetzung, Kommentierung und Interpretation der neulateinischen Texte.*

- **Internationale Andreas Gryphius-Gesellschaft (IAGG),** Web-Adresse: http://www.gryphius.net. *Widmet sich der interdisziplinären Erforschung des Dichters und seiner schlesischen Zeitgenossen. In einer intensiven deutsch-polnischen Zusammenarbeit ergeben sich regelmäßige Tagungen und wichtige Publikationen.*

212

- **Pegnesischer Blumenorden. Sprach- und Literaturgesellschaft Nürnberg,** Web-Adresse: http://www.irrhain.de. *Homepage der einzigen noch existierenden Dichtergesellschaft der Frühen Neuzeit (gegründet 1644), bietet Informationen zur Geschichte und Vereinsaktivität.*

- **Wolfenbütteler Arbeitskreis für Barockforschung,** Web-Adresse: http://www.hab.de (unter: Forschung / Arbeitskreise). *Internationale Vereinigung von Wissenschaftlern, Sammlern und Bibliothekaren. Alle drei Jahre veranstaltet der 1972 gegründete Arbeitskreis einen interdisziplinären Kongress mit nachfolgender Publikation.*

- **Wolfenbütteler Arbeitskreis für Renaissanceforschung,** Web-Adresse: http://www.hab.de (unter: Forschung / Arbeitskreise). *1976 gegründet zur Förderung der interdisziplinären Zusammenarbeit mit Arbeitsgesprächen, Tagungen und Publikationen.*

- **Forschungsstelle für Personalschriften an der Philipps-Universität Marburg,** Web-Adresse: http://web.uni-marburg.de/fpmr/. *Widmet sich in Zusammenarbeit mit den Universitäten Wrocław, Dresden und Mainz vor allem den gedruckten Leichenpredigten und katalogisiert bzw. digitalisiert diesen wichtigen Quellenbereich.*

  Institute

- **Institut für die Erforschung der Frühen Neuzeit (IEFN) an der Universität Wien,** Web-Adresse: http://www.univie.ac.at/iefn. *1989 gegründetes Koordinationsprojekt von Institutionen und Forscherinnen und Forschern des deutschen und englischen Sprachraumes, der Tschechischen Republik, der Slowakei und Ungarns. Jährliche Auswahlbibliografie in dem vom IEFN hg. „Frühneuzeit-Info" mit Spezialthemen, ferner Buchreihe („Frühneuzeit-Studien"), Kongresse und Jour fixe für den wissenschaftlichen Nachwuchs.*

- **Interdisziplinäres Institut für Kulturgeschichte der Frühen Neuzeit (IKFN) an der Universität Osnabrück,** Web-Adresse: http://www.ikfn.uni-osnabrueck.de/index.html. *Die 1992 gegründete Einrichtung bündelt die vielfältigen Forschungen der Geschichtswissenschaft, der Literatur- und Kunstgeschichte, der Romanistik und Anglistik, der Musikwissenschaft, der politischen Theorie, der Rechts- und Kirchengeschichte. Wegweisende Projekte sind das Handbuch „Kulturelle Zentren der Frühen Neuzeit" oder das „Handbuch des personalen Gelegenheitsschrifttums".*

- **Interdisziplinäres Zentrum Mittelalter – Renaissance – Frühe Neuzeit an der Freien Universität Berlin,** Web-Adresse:

http://www.geisteswissenschaften.fu-berlin.de/izma. *Koordination und Präsentation der verschiedenen Forschungen, Veranstaltungen und Fördermaßnahmen an den Berliner Universitäten. Für literaturspezifische Fragen steht die „Forschungsstelle für Mittlere Deutsche Literatur" zur Verfügung.*

- **Melanchthonhaus Bretten,** Web-Adresse: http://www.Melanchthon.com. *Informiert über die kultur- und wissenschaftspolitischen Aktivitäten des Melanchthonvereins, über das Museum und die Bibliothek.*

15.4 Textquellen und Werkausgaben

Die Editionslage der Frühen Neuzeit erweist sich aufgrund der Forschungsgeschichte und ihren Wertungen (→ KAPITEL 1) als sehr unterschiedlich und unausgewogen. Das Werk vieler Autoren, auch solcher zentraler Persönlichkeiten wie Martin Opitz, liegt oftmals nur in Auswahlausgaben vor, andere Dokumente stehen wiederum nur in Editionen des 19. Jahrhunderts zur Verfügung. Zahlreiche, nach moderner Forschungsauffassung wichtige Texte müssen immer noch in den zeitgenössischen Originaldrucken gelesen werden. Eine wertvolle Hilfe bietet eine Reihe von gut ausgestatteten Studienausgaben und Faksimile-Drucken, die sich den konjunkturbedingten Verlagsaktivitäten im späten 20. Jahrhundert verdanken. Populäre Leseausgaben sind oft modernisiert und geben nicht den originalen Wortlaut wieder. Ein wachsendes Angebot an digitaler Textversorgung ist hilfreich, bedarf aber hinsichtlich der wissenschaftlichen Verwendung oftmals der Gegenprüfung an den Originalen.

Editionsreihen

- **Ausgaben Deutscher Literatur (ADL),** unter Mitwirkung von Käthe Kahlenberg hg. v. Hans-Gert Roloff, Berlin 1967ff. *Wichtige Editionsreihe zur Frühen Neuzeit mit historisch-kritischen Ausgaben u. a. zu Johannes Geiler von Kaysersberg, Thomas Naogeorg, Georg Wickram, Daniel Czepko, Philipp von Zesen, Johann Rist, Christian Weise.*

- **Bibliothek der frühen Neuzeit,** hg. v. Wolfgang Harms, 24 Bände, Frankfurt a. M. 1990ff. *Bietet Textsammlungen nach Gattungen und Problemkreisen, aber auch kritisch kommentierte Autoreneditionen, u. a. zu Georg Rollenhagen, Jakob Böhme, Grimmelshausen, Johann Christian Günther.*

- **Bibliotheca neolatina,** hg. v. Wilhelm Kühlmann und Hans-Gert Roloff, Manutius-Verlag Heidelberg 1988ff. *Erschließt lateinische Texte verschiedener Repräsentanten der frühneuzeitlichen Literatur in Deutschland mit Übersetzung und Kommentierung.*

- **Johann Fischart: Sämtliche Werke,** hg. v. Hans-Gert Roloff / Ulrich Seelbach / W. Eckehart Spengler, Bern 1993ff., ab 2002 Stuttgart / Bad-Cannstatt. *Historisch-kritische Ausgabe mit Kommentar.*

Autoreditionen in Auswahl

- **Andreas Gryphius: Gesamtausgabe der deutschsprachigen Werke,** hg. v. Marian Szyrocki / Hugh Powell, Tübingen 1963ff. *Leseausgabe mit Variantenverzeichnis der verschiedenen zeitgenössischen Ausgaben.*

- **Nikolaus von Kues: Philosophisch-theologische Schriften,** hg. und eingeführt von Leo Gabriel, Wien 1964ff., Nachdruck Wien 1982. *Werkausgabe mit Übersetzung und Kommentierung.*

- **Daniel Casper von Lohenstein: Sämtliche Werke,** hg. v. Lothar Mundt / Wolfgang Neuber / Thomas Rahn, Berlin 2005ff. *Historisch-kritische Ausgabe mit Kommentar.*

- **Martin Luther: Ausgewählte Schriften,** hg. v. Karin Bornkamm und Gerhard Ebeling, 6 Bände, Frankfurt a. M. 1990. *Bietet als handliche Alternative zur ,Weimarer Ausgabe' (72 Bände, Weimar 1883–2007ff., ohne Bibel, Tischreden und Briefe) die wichtigsten deutschsprachigen Texte Luthers ungekürzt, in benutzerfreundlicher Übertragung ins Neuhochdeutsche.*

- **Philipp Melanchthon: Glaube und Bildung. Texte zum christlichen Humanismus, lateinisch / deutsch,** ausgewählt, übersetzt und hg. v. Günther R. Schmidt, Stuttgart 1989. *Mit einer informativen Einleitung. Bequem zu lesen die zweisprachig gebotene Textauswahl zu Philosophie und Theologie, Willensfreiheit, Ethik, Sprache und Denken, Gesellschaft und Schule.*

- **Thomas Müntzer: Schriften und Briefe. Kritische Gesamtausgabe,** unter Mitarbeit von Paul Kirn hg. v. Günther Franz, Gütersloh 1968. *Bietet das kommentierte Gesamtwerk des Luthergegners.*

- **Johannes Reuchlin: Sämtliche Werke,** hg. v. Widu-Wolfgang Ehlers / Hans-Gert Roloff / Peter Schäfer, Stuttgart / Bad Cannstatt 1996ff. *Kritische Gesamtausgabe mit Kommentar und Übersetzung.*

- **Erasmus von Rotterdam: Ausgewählte Schriften. Ausgabe in acht Bänden, lateinisch und deutsch**, hg. v. Werner Welzig, Darmstadt 1968. *Bietet einen repräsentativen Querschnitt und Briefe mit Übersetzung.*

- **Hans Sachs: Lieder, Gedichte, Spiele**, hg., zusammengestellt. und mit einem Nachwort versehen v. Heinrich von Braun, Essen 1987. *Konzentriert wichtige Werke in einem Band.*

- **Hans Sachs: Werke**, 26 Bände, hg. v. Adelbert von Keller, Tübingen 1870–1908. *Umfassende Edition des Gesamtwerks des Nürnberger Handwerkers.*

- **Fastnachtsspiele des 15. und 16. Jahrhunderts.** Unter Mitarbeit von Walter Wuttke ausgewählt und hg. v. Dieter Wuttke, Stuttgart 1973, 4., bibliografisch ergänzte Auflage 1993. *Versammelt die wichtigsten Beispiele der Dramengattung.*

- **Poetik des Barock**, hg. v. Marian Szyrocki, Reinbek bei Hamburg 1968, Nachdruck der Ausgabe Stuttgart 1977, 1982. *Bietet illustrative Auszüge aus den wichtigsten Dichtungstheorien des 17. Jahrhunderts.*

- **Renaissance, Humanismus, Reformation**, hg. v. Josef Schmidt, Stuttgart 1977, bibliografisch ergänzte Ausgabe 1998, Nachdruck 2006. *Zusammenstellung zentraler Texte verschiedener Gattungen des 15. und 16. Jahrhunderts, zumeist jedoch nur in Auszügen.*

- **Romane des 15. und 16. Jahrhunderts.** Nach den Erstdrucken mit sämtlichen Holzschnitten hg. v. Jan-Dirk Müller / Wolfgang Harms / Franz Josef Worstbrock, Frankfurt a. M. 1990. *Enthält eine adäquate Auswahl der zeittypischen Prosaformen.*

- **CAMENA**, Digitale Bibliothek in Kooperation der Universität Heidelberg mit dem Rechenzentrum und der Bibliothek der Universität Mannheim, Web-Adresse: http://www.uni-mannheim.de/mateo/camena.html. *Zusammen mit dem Wortschatz-Projekt „Termini" eine wichtige digitale Quellenversorgung mit deutschen lateinischsprachigen Werken der Frühen Neuzeit, bietet faksimilierte Seiten und Volltexte, zuzüglich ausgewählter Paratexte: „Poemata" (neulateinische Dichtung), „Historica & Politica" (historische und politische Schriften), „Thesaurus Eruditionis" (Handapparat frühneuzeitlicher Lehrbücher und Nachschlagewerke).*

- **Virtual Library Frühe Neuzeit,** im Rahmen des „Historischen Centrums Hagen", Web-Adresse: http://www.fruehe-neuzeit.net/. *Die „Virtual Library Frühe Neuzeit" verzeichnet ausgewählte Online-Angebote für den Forschungszeitraum von ca. 1500 bis 1800, auch Institutionen und Organisationen, methodische und hilfswissenschaftliche Ressourcen.*

16 Anhang

16.1 Zitierte Literatur

Alewyn 1957   Richard Alewyn: Vorbarocker Klassizismus und griechische Tragödie. Analyse der ‚Antigone'-Übersetzung des Martin Opitz, in: Neue Heidelberger Jahrbücher, 1926, S. 3–63, Nachdruck Darmstadt 1957.

Alewyn 1974   Richard Alewyn: Goethe und das Barock, in: ders., Probleme und Gestalten, Frankfurt a. M. 1974, S. 271–280.

Ball 1991   Hugo Ball: Zur Kritik der deutschen Intelligenz [1919], Frankfurt a. M. 1980, 2. Auflage 1991, Neuauflage Göttingen 2005.

Barner 1970   Wilfried Barner: Barockrhetorik. Untersuchungen zu ihren geschichtlichen Grundlagen, Tübingen 1970, 2. unveränderte Auflage 2002.

Berns / Rahn 1995   Jörg Jochen Berns und Thomas Rahn (Hg.): Zeremoniell als höfische Ästhetik in Spätmittelalter und früher Neuzeit, Tübingen 1995.

Birken 1669   Sigmund von Birken: Vor-Ansprache zum Edlen Leser, in: Anton Ulrich von Braunschweig-Wolfenbüttel: Die Durchleuchtige Syrerinn Aramena. Der Erste Theil [...], Nürnberg 1669, fol.) (iij^r–iij^v.

Birken 1679   Sigmund von Birken: Teutsche Rede-bind und Dicht-Kunst. Nürnberg 1679, Nachdruck Hildesheim / New York 1973.

Blumenberg 1965   Hans Blumenberg: Die Kopernikanische Wende. Frankfurt a. M. 1965.

Böckmann 1949   Paul Böckmann: Formgeschichte der deutschen Dichtung, Bd. 1: Von der Sinnbildsprache zur Ausdruckssprache. Der Wandel der literarischen Formensprache vom Mittelalter zur Neuzeit, Hamburg 1949, 3. Auflage 1967.

Bogner 1997   Ralf-Georg Bogner: Die Bezähmung der Zunge. Literatur und Disziplinierung der Alltagskommunikation in der frühen Neuzeit, Tübingen 1997.

Borgstedt 1992   Thomas Borgstedt: Reichsidee und Liebesethik. Eine Rekonstruktion des Lohensteinschen Arminiusromans, Tübingen 1992.

Breuer / Graetz 1996   Mordechai Breuer und Michael Graetz: Deutsch-jüdische Geschichte der Neuzeit, Bd. 1: Tradition und Aufklärung 1600–1780, München 1996.

Burger 1969   Heinz O. Burger: Renaissance, Humanismus, Reformation. Deutsche Literatur im europäischen Kontext, Bad Homburg 1969.

Conrady 1962   Karl Otto Conrady: Lateinische Dichtungstradition und deutsche Lyrik des 17. Jahrhunderts, Bonn 1962.

Czepko 1989   Daniel Czepko: Sämtliche Werke, unter Mitarbeit von Ulrich Seelbach hg. v. Hans-Gert Roloff und Marian Szyrocki, Bd. I/1, Berlin / New York 1989.

Descartes 1986   René Descartes: Meditationes de Prima Philosophia. Meditationen über die Erste Philosophie, übersetzt und hg. v. Gerhart Schmidt, Stuttgart 1986.

Elßholtz 1684   Johann Sigismund Elßholtz: Vom Garten=Baw. Oder Unterricht von der Gärtnerey auff das Clima der Chur=Marck Brandenburg / wie auch der benachbarten deutschen Länder gerichtet, 3., vermehrte Auflage, Berlin / Leipzig / Cölln 1684.

Fortunatus 1995   Fortunatus: Studienausgabe nach der Editio princeps von 1509, hg. v. Hans-Gert Roloff, Bibliografie v. Jörg Jungmayr, Stuttgart 1995.

Friedrich 1968   Friedrich II. von Preußen: Ueber die deutsche Litteratur, die Mängel die man ihr vorwerfen kann, die Ursachen derselben und die Mittel sie zu verbessern, aus dem Französischen übersetzt [von Christian Wilhelm von Dohm], Berlin 1780, Nachdruck Heilbronn 1883 und Nendeln/Liechtenstein 1968.

Genette 1992   Gérard Genette: Paratexte. Mit einem Vorwort von Harald Weinrich, Frankfurt a. M. u. a. 1992.

Gryphius 2005   Gedichte des Barock, hg. v. Ulrich Maché und Volker Meid, Stuttgart 2005. [Thränen in schwerer Kranckheit, ebd., S. 115; Thränen des Vaterlandes, ebd., S. 116].

Haertel 1910   Wilhelm Haertel: Johann von Besser. Sein Leben und seine Werke. Ein Beitrag zur Geschichte der Hofdichtung, Berlin 1910.

Hankamer 1935   Paul Hankamer: Deutsche Gegenreformation und deutsches Barock. Die deutsche Literatur im Zeitraum des 17. Jahrhunderts, Stuttgart 1935, Nachdruck 1976.

Harsdörffer 1968   Georg Philipp Harsdörffer: Frauenzimmer Gesprächspiele, Teil IV, Nürnberg 1644, Nachdruck Tübingen 1968.

Harsdörffer 1969   Georg Philipp Harsdörffer: Poetischer Trichter/Die Teutsche Dicht- und Reimkunst/ohne Behuf der lateinischen Sprache/in VI Stunden einzugießen, 3 Teile, Nürnberg 1648–53, Nachdruck Darmstadt 1969.

Hazard 1939   Paul Hazard: Die Krise des europäischen Geistes, Hamburg 1939.

Henning 1981   Aegidius Henning: Gepriesener Büchermacher oder von Büchern, und Bücher machen ein zwar kleines, jedoch lustiges und erbauliches Büchlein/der heutigen gelehrten Welt zugeeygnet, Franckfurt 1666, Nachdruck München 1981.

Huizinga 1938   Jan Huizinga: Herbst des Mittelalters. Studien über Lebens- und Geistesformen des 14. und 15. Jahrhunderts in Frankreich und in den Niederlanden [1921], Stuttgart 1938.

Jaumann 1975   Herbert Jaumann: Die deutsche Barockliteratur. Wertung – Umwertung. Eine wertungsgeschichtliche Studie in systematischer Absicht, Bonn 1975.

Kant 1974   Immanuel Kant: Kritik der Urteilskraft [1790], Frankfurt a. M. 1974.

Knape 1994   Joachim Knape: *Was im Oratorischen Wesen angenehmlich.* Eine Kasualrede und Rede-Grundsätze Christian Weises aus dem Jahre 1691, in: Peter Behnke und Hans-Gert Roloff (Hg.): Christian Weise. Dichter – Gelehrter – Pädagoge. Beiträge zum ersten Christian-Weise-Symposium aus Anlass des 350. Geburtstages, Zittau 1992, Bern u. a. 1994, S. 65–79.

Kocher 2005   Ursula Kocher: Boccaccio und die deutsche Novellistik. Formen der Transposition italienischer „novelle" im 15. und 16. Jahrhundert, Amsterdam/New York 2005.

König 1727   Johann Ulrich König: Untersuchung Von dem Guten Geschmack Jn der Dicht= und Rede=Kunst ausgefertigt, in: ders., Des Freyherrn von Canitz Gedichte, Leipzig/Berlin 1727, S. 227–322.

Kühlmann 1993   Wilhelm Kühlmann: Westfälischer Gelehrtenhumanismus und städtisches Patriziat. Zu den Gedichten des Osnabrücker Poeten Henricus Sibaeus in der Perspektive regionaler Kulturraumforschung. (Heinrich Sibbe, gest. 1566), in: Daphnis 22, 1993, S. 443–472.

Kühlmann 2001   Wilhelm Kühlmann: Reichspatriotismus und humanistische Dichtung [2001], in: ders., Vom Humanismus zur Spätaufklärung. Ästhetische und kulturgeschichtliche Dimensionen der frühneuzeitlichen Lyrik und Verspublizistik in Deutschland, hg. v. Joachim Telle/Friedrich Vollhardt/Hermann Wiegand, Tübingen 2006, S. 84–103.

Leonhardt 1997   Jürgen Leonhardt (Hg.): Melanchthon und das Lehrbuch des 16. Jahrhunderts. Begleitband zur Ausstellung im Kulturhistorischen Museum Rostock, Rostock 1997.

Luther 1909   Martin Luther: Sendbrief vom Dolmetschen (1530), in: D. Martin Luthers Werke. Kritische Gesamtausgabe (Weimarer Ausgabe), Abt. 1, Bd. 30/2, Weimar 1909, S. 627–646.

Luther 1913   Martin Luther: Tischreden. Nr. 2772b, in: D. Martin Luthers Werke. Kritische Gesamtausgabe (Weimarer Ausgabe), Abt. 2, Bd. 2, Weimar 1913, S. 650f.

Mann 1990   Thomas Mann: Doktor Faustus. Das Leben des deutschen Tonsetzers Adrian Leverkühn erzählt von einem Freunde [1947], Frankfurt a. M. 1990.

Mann 2002   Thomas Mann: Betrachtungen eines Unpolitischen, Berlin 1918, 2., neu durchgesehene Auflage mit einem Vorwort von Hanno Helbling, Frankfurt a. M. 2002.

Meise 2002   Helga Meise: Das archivierte Ich. Schreibkalender und höfische Repräsentation in Hessen-Darmstadt 1624–1790, Darmstadt 2002.

Melanchthon 2001   Philipp Melanchthon: Elementa rhetorices. Grundbegriffe der Rhetorik [1531], hg., übersetzt und kommentiert v. Volkhard Wels, Berlin 2001.

Müller 1973   Hans-Harald Müller: Barockforschung. Ideologie und Methode. Ein Kapitel deutscher Wissenschaftsgeschichte 1870–1930, Darmstadt 1973.

Münch 1984   Paul Münch (Hg.): Ordnung, Fleiß und Sparsamkeit. Texte und Dokumente zur Entstehung der bürgerlichen Tugenden, München 1984.

Murner 1928   Thomas Murner: An den Großmechtigsten vnd Durchleuchtigsten adel tütscher nation [1520], in: Thomas Murners Deutsche Schriften, Bd. VII, hg. v. Wolfgang Pfeiffer-Belli, Berlin 1928, S. 59–117.

Niefanger 2005   Dirk Niefanger: Geschichtsdrama der Frühen Neuzeit (1495–1773), Tübingen 2005.

Niethammer 1808   Friedrich Immanuel Niethammer: Der Streit des Philanthropismus und Humanismus in der Theorie des Erziehungs-Unterrichts unsrer Zeit, Jena 1808.

Nietzsche 1966   Friedrich Nietzsche: Werke in drei Bänden, hg. v. Karl Schlechta, München 1966.

Novalis 1999   Die Christenheit oder Europa [1799], in: Novalis. Redaktion Curt Grützmacher, Reinbek bei Hamburg 1999, S. 35–52.

Opitz 1991   Martin Opitz: Buch von der Deutschen Poeterey [1624], hg. v. Cornelius Sommer, Stuttgart 1991.

Peil 1993   Dietmar Peil: Rhetorische Strukturen in Georg Rollenhagens ‚Froschmeuseler‘?, in: Wolfgang Harms und Jean Marie Valentin (Hg.): Mittelalterliche Denk- und Schreibmodelle in der deutschen Literatur der Frühen Neuzeit, Amsterdam 1993, S. 197–217.

Petrus 1997   Klaus Petrus: Genese und Analyse. Logik, Rhetorik und Hermeneutik im 17. und 18. Jahrhundert, Berlin/New York 1997.

Rahn 2006   Thomas Rahn: Festbeschreibung. Funktion und Topik einer Textsorte am Beispiel höfischer Hochzeiten in Deutschland (1568–1794), Tübingen 2006.

Röcke 2004   Werner Röcke: Literarische Gegenwelten. Fastnachtsspiele und karnevaleske Festkultur, in: Röcke/Münkler 2004, S. 420–445.

Röcke/Münkler 2004   Werner Röcke und Marina Münkler (Hg.): Die Literatur im Übergang vom Mittelalter zur Neuzeit, München/Wien 2004, S. 420–445.

Roloff 1989   Hans-Gert Roloff: Artes et doctrina. Zur Struktur und Intention des Faust-Buches, in: Klaus Matzel/Hans-Gert Roloff (Hg.): Festschrift für Herbert Kolb zu seinem 65. Geburtstag, Bern u. a. 1989, S. 528-557.

Roloff 2000   Hans-Gert Roloff: Das Berliner Modell der Mittleren Deutschen Literatur, in: Das Berliner Modell der Mittleren Deutschen Literatur. Beiträge zur Tagung Kloster Zinna 29. 9. bis 1. 10. 1997, hg. und eingeleitet v. Christiane Caemmerer / Walter Delabar / Jörg Jungmayr / Knut Kiesant, Amsterdam 2000, S. 469–494.

Scaliger 1561   Julius Caesar Scaliger: Poetices libri septem. Sieben Bücher über die Dichtkunst, unter Mitwirkung von Manfred Fuhrmann hg., übersetzt, eingeleitet und erläutert v. Luc Deitz und Gregor Vogt-Spira, 5 Bände, Stuttgart / Bad Cannstatt 1994–2003.

Scherer 1883   Wilhelm Scherer: Geschichte der Deutschen Literatur, Berlin 1883.

Schilling 1991   Heinz Schilling: Stadt und frühmoderner Territorialstaat. Stadtrepublikanismus versus Fürstensouveränität. Die politische Kultur des deutschen Spätbürgertums in der Konfrontation mit dem frühmodernen Staatsprinzip, in: Michael Stolleis (Hg.): Recht, Verfassung und Verwaltung in der frühneuzeitlichen Stadt, Köln / Wien 1991, S. 19–39.

Schirren 2000   Thomas Schirren und Gert Ueding (Hg.): Topik und Rhetorik. Ein internationales Symposium, Tübingen 2000.

Schlaffer 2002   Heinz Schlaffer: Die kurze Geschichte der deutschen Literatur, München / Wien 2002.

Schnabel 1976   Hildegard Schnabel: Zur Funktion und Wirkung der volkssprachlichen Literatur, in: Ingeborg Spriewald / Hildegard Schnabel / Werner Lenk / Heinz Entner, Grundpositionen der deutschen Literatur im 16. Jahrhundert, Berlin / Weimar 1976, S. 21–106.

Spee 1968   Friedrich Spee: Güldenes Tugend=Buch [1649], Nachdruck hg. v. Theo G. M. van Oorschot, München 1968.

Spee 1985   Friedrich Spee: Trutz=Nachtigall oder Geistliches poetisches Lustwäldlein [1634], Nachdruck hg. v. Theo G. M. van Oorschot, Bern u. a. 1985.

Stammler 1927   Wolfgang Stammler: Von der Mystik zum Barock. 1400–1600, Stuttgart 1927.

Standage 2006   Tom Standage: Sechs Getränke, die die Welt bewegten, aus dem Englischen v. Rita Seuß, Düsseldorf 2006.

Stieler 1673 / 74   Kaspar Stieler: Teutsche Sekretariatskunst, Nürnberg / Weimar 1673 / 74.

Stolt 1974   Birgit Stolt: Wortkampf. Frühneuhochdeutsche Beispiele zur rhetorischen Praxis, Frankfurt a. M. 1974.

Stolt 2000   Birgit Stolt: Martin Luthers Rhetorik des Herzens, Tübingen 2000.

Szarota 1967   Elida Maria Szarota: Künstler, Grübler und Rebellen. Studien zum europäischen Märtyrerdrama des 17. Jahrhunderts, Bern u. a. 1967.

Tepl 2000   Johannes von Tepl: Der Ackermann, frühneuhochdeutsch / neuhochdeutsch, hg., übersetzt und kommentiert v. Christian Kiening, Stuttgart 2000.

Till 2004   Dietmar Till: Transformationen der Rhetorik. Untersuchungen zum Wandel der Rhetoriktheorie im 17. und 18. Jahrhundert, Tübingen 2004.

Trillitzsch 1981   Winfried Trillitzsch: Der deutsche Renaissance-Humanismus. Abriß und Auswahl, Leipzig 1981.

Tschopp 1991   Silvia Serena Tschopp: Heilsgeschichtliche Deutungsmuster in der Publizistik des Dreißigjährigen Krieges. Pro- und antischwedische Propaganda in Deutschland 1628–1635, Frankfurt a. M. 1991.

Weise 1707   Christian Weise: Oratorisches Systema [...], Leipzig 1707.

Wesche 2004   Jörg Wesche: Literarische Diversität. Abweichungen, Lizenzen und Spielräume in der deutschen Poesie und Poetik der Barockzeit, Tübingen 2004.

Wirth 2002 Uwe Wirth (Hg.): Performanz. Zwischen Sprachphilosophie und Kulturwissenschaften, Frankfurt a. M. 2002.

Wyle 1968 Niclas von Wyle: Transzlatzion [1478], in: Niclas von Wyle, Translationen, hg. v. Adelbert von Keller, Nachdruck der Ausgabe Stuttgart 1861, Hildesheim 1967, S. 7–16.

Zuckmayer 2007 Carl Zuckmayer: Deutschlandbericht für das Kriegsministerium der Vereinigten Staaten von Amerika, hg. v. Gunther Nickel / Johanna Schrön / Hans Wagener, Frankfurt a. M. 2007.

Zweig 1992 Stefan Zweig: Triumph und Tragik des Erasmus von Rotterdam, Frankfurt a. M. 1992.

→ ASB

Akademie Studienbücher, auf die der vorliegende Band verweist

ASB D'Aprile / Siebers Iwan-Michelangelo D'Aprile / Winfried Siebers: Das 18. Jahrhundert. Zeitalter der Aufklärung, Berlin 2008.

ASB Felsner / Helbig / Manz Kristin Felsner / Holger Helbig / Therese Manz: Arbeitsbuch Lyrik, Berlin 2008.

ASB Heine Peter Heine: Einführung in die Islamwissenschaft, Berlin 2008.

Informationen zu weiteren Bänden finden Sie unter www.akademie-studienbuch.de

16.2 Abbildungsverzeichnis

Abbildung 1: Lutherdenkmal vor der Frauenkirche Dresden. Fotografie (2007). Andreas Keller, Berlin.

Abbildung 2: Conrad Buno: Herzog August von Braunschweig-Lüneburg (1579–1666) in seiner Bibliothek (1650). Kupferstich. Herzog August Bibliothek Wolfenbüttel, Gn 4° 766.

Abbildung 3: *Der Ackermann aus Böhmen.* Ausschnitt aus der Handschrift C. Württembergische Landesbibliothek Stuttgart, Signatur: Cod. HB X 22, p. 238r.

Abbildung 4: Quintilian. Pultbüste im Chorgestühl des Ulmer Münsters. Fotografie (2008). Andreas Keller, Berlin.

Abbildung 5: Christian Weise: *Oratorisches Systema* (1707). Beispielseiten. Württembergische Landesbibliothek Stuttgart, Phil.oct.6660.

Abbildung 6: Georg Philipp Harsdörffer: Brennglas-Emblem (1648–53), aus: ders., Poetischer Trichter, Nürnberg 1648–53. Reprint: Georg Olms Verlag, Hildesheim 1971, S. 552.

Abbildung 7: Albrecht Dürer: *Erasmus von Rotterdam* (1526). Kupferstich. akg-images.

Abbildung 8: Georg Philipp Harsdörffer / Sigmund von Birken / Johann Klaj: *Pegnesisches Schäfergedicht* (1644). Beispielseite, aus: dies., Pegnesisches Schäfergedicht. 1644–1645, Deutsche Neudrucke, herausgegeben von Klaus Garber, Max Niemeyer Verlag, Tübingen 1966, S. 29.

Abbildung 9: Theatermaschinen aus Joseph Furttenbachs *Mannhaffter Kunst=Spiegel* (1663). Herzog August Bibliothek Wolfenbüttel, Uf 4° 51.

Abbildung 10: Johann Kramer: *Tabula Cebetis*, Titelblatt. Holzschnitt (1551) nach Erhard Schön (1532), aus: http://www.zeno.org – Zenodot Verlagsgesellschaft mbH.

Abbildung 11: Albrecht Dürer: *Kleine Passion,* Titel: *Christus im Elend.* Holzschnitt (1511). bpk / Kupferstichkabinett, SMB / Jörg P. Anders.

Abbildung 12: *Ständebaum – der Versuch der Bauern, sich mit Keule und Forke über Papst und Kaiser emporzukämpfen* (1532), aus: Francesco Petrarca, Von der Artzney bayder Glück, der guten und widerwärtigen, Heinrich Steiner, Augsburg 1532. bpk / Kupferstichkabinett, SMB / Jörg P. Anders.

Abbildung 13: Adam Olearius: *Reisebeschreibung. Vermehrte Moscowitische und Persianische Reisebeschreibung* (2. Auflage 1656). Titelkupfer. bpk.

Abbildung 14: Johann Arndt: *Paradies-Gärtlein aller Tugenden.* Titelbild: *Echofelsen* (1612). *[Vom wahren Christenthum] Des Hocherleuchteten Johann Arndts ... Sämtliche Bücher Vom Wahren Christenthum : Welche handeln Von heilsamer Busse, herzlicher Reue und Leid über die Sünde ... Wie ein wahrer Christ Sünde, Tod, Teufel, Hölle, Welt, Creutz und alle Trübsal durch den Glauben ... überwinden soll ... ; Auch einer Catechetischen Einleitung von 288. Fragen . Samt dem Paradies-Gärtlein.* – Anietzo aufs neue mit 63. Kupfern ... in groben Druck herausgegeben ... – Frankfurt und Leipzig : Brönner, 1776. – XLI, 1076, 250 S. : Ill.; (ger / dt.) Einheitssacht.: Vom wahren Christentum. Beigef. Werk mit eigenem Titelblatt. Historische Sammlungen der Universitätsbibliothek Freiburg, Standnummer: Frei 30b: MC 375 / 100.

Abbildung 15: Thomas Mann: *Doktor Faustus.* Titelblatt der Erstausgabe. Stockholm 1947. bpk.

(Der Verlag hat sich um die Einholung der Abbildungsrechte bemüht. Da in einigen Fällen die Inhaber der Rechte nicht zu ermitteln waren, werden rechtmäßige Ansprüche nach Geltendmachung ausgeglichen.)

16.3 Personenverzeichnis

16.4 Glossar

Ad fontes Das Motto der humanistischen Gelehrten bedeutet wörtlich „zu den Quellen" und drückt die Forderung aus, die antiken Texte im originalen Wortlaut und nicht in den mittelalterlichen Bearbeitungen zu studieren. Erasmus forderte 1511, „zu den Quellen selbst zu eilen", und Melanchthon appellierte, die antiken Sprachen zu lernen, um zur Sache selbst vorzudringen und nicht nur „ihre Schatten zu umarmen".

Aerarium („Schatzkammer") Eine Sammlung von Textauszügen, die ein Autor sich anlegt, um seine Lektürefrüchte in späteren Redekonstrukten passend einbauen zu können, ebenso gibt es Florilegien („Blumensammlung") mit wirkungsvollem Redeschmuck (Bilder, Figuren).

Ars oratoria Die „Kunst der Rede" zielt auf das Vermögen, Gedanken sprachlich klar zu fassen und überzeugend zu vermitteln. Als Theorie mit entsprechenden Grundsätzen und Empfehlungen (→ KAPITEL 4, 5) entwickelte sich die *ars rhetorica* (Überzeugungstechnik). Mit Blick auf die Praxis spricht man auch von Beredsamkeit (*eloquentia*), während die *ars bene dicendi* („Wohlredenheit") ein besonderes stilistisches Vermögen meint. Rhetorik galt nach antikem Vorbild als eine zu erlernende Kunst der sprachlichen Aneignung von Welt. Praktisch ausdifferenziert erscheint die frühneuzeitliche Redekunst in der Predigt, in der Beratungsrede, in der konfessionellen oder politischen Agitation, aber auch in der Diplomatie und in der „Hofberedsamkeit". Vor allem gilt die Poetik als „verschwestert" mit der Rhetorik, sodass alle Texte der Zeit, vom zweizeiligen Epigramm bis zum mehrbändigen historischen Roman, nach rhetorischen Prinzipien gebaut sind.

Artes liberales Ein Fächerkanon aus sieben ‚freien' Künsten, die in der Antike die Bildung eines ‚freien' – nicht an die ‚mechanischen' Künste (Handwerk) gebundenen – Mannes ausmachen sollten. Im Mittelalter galten das Trivium mit den sprachlichen (Grammatik, Dialektik, Rhetorik) und das Quadrivium mit den mathematischen Fächern (Arithmetik, Geometrie, Musik, Astronomie) als unverzichtbare Basiskompetenz für das eigentliche wissenschaftliche Studium der Theologie, Jurisprudenz oder Medizin.

Autonomie In der idealistischen Literaturtheorie die Auffassung, dass Literatur keinen außerliterarischen Zwecken wie Religion, Politik oder Sozialwesen dienen darf, sondern nur für sich selbst stehen soll, als zeitlos gültiges ästhetisches Gebilde aus originellen und dem profanen Alltag entrückten sprachlichen Formen, Stilfiguren und Kunstgriffen.

Dialektik Wörtlich die Kunst der Unterredung, der Gesprächsführung, allgemein eine Technik zur Wahrheitsfindung durch das oppositionelle Denken bzw. Sprechen: Durch Gegensätze in der Sache, in den Begriffen oder zwischen Denkebenen und deren logischer Vermittlung bzw. Aufhebung entsteht Erkenntnis und ‚ermittelte Wahrheit'. Aussagen und ihre Prämissen werden bejaht oder verneint. Während die mittelalterliche Dialektik auf den Nachvollzug vorgegebener Urteile ausgelegt war, entwickelte sie sich in der Frühen Neuzeit (Agricola, Melanchthon) wieder im antiken Sinne zu einer argumentativen und ergebnisoffenen Form der Gesprächsführung.

Ecclesia militans Vorstellung einer kämpfenden Kirche, die quasi militärisch, mit Befehlshierarchien und absolutem Gehorsam, geformt ist und sich mit allen propagandistischen und psychologischen Mitteln für die Verbreitung eines Glaubens als des ‚wahren' einsetzt und gegen alle Abweichungen als Ketzerei hart vorgeht.

Emblematik Die „Sinnbildkunst" ist eine wirkungsästhetisch durchkalkulierte Wort-Bild-Kombination, um zu besonderen Einsichten in abstrakte theologische, moralphilosophische oder politische Zusammenhänge zu verhelfen. Das Emblem („Sinnbild" oder „Gleichnis") besteht in der Regel aus drei Teilen: ein kurzer, oft auch rätselhafter Sinnspruch (*inscriptio*) erscheint über einem szenischen Bild (*pictura*), gefolgt von einem kurzen Text (*subscriptio*). Der Sinnspruch verklammert die Bildaussage mit der Textaussage, sodass sich der Betrachter unweigerlich auf einen Auslegungsvorgang einlässt, indem er wechselseitig nach Übereinstimmungen zwischen Aussagelogik und Bildsuggestion sucht. Damit wird er gedanklich aktiviert und erlangt einen intellektuellen Erfolg. Sinnbilder begegnen nicht nur auf Kupferstichen, sondern auch auf Teppichen, Ofenkacheln oder Spielkarten.

Humanismus   Das abstrahierende Substantiv „Humanismus" war in der Frühen Neuzeit unbekannt, es verdankt sich als Wortschöpfung erst dem ideologisierenden 19. Jahrhundert (vgl. Niethammer 1808), das aus einer Neuorientierung in der Gelehrtenwelt eine quasi politische Weltanschauung zu machen versuchte. Um 1500 bezeichnete man im Gegensatz zu den geistlichen *studia divinitatis* mit den *studia humanitatis* die wissenschaftlichen Fächer, die sich den diesseitigen, anthropologischen und gesellschaftlichen, Fragen widmeten (vor allem Poetik, Geschichtswissenschaft und Moralphilosophie). Aus der produktiven Beschäftigung mit der antiken Poesie und Geschichtsschreibung suchte man Kenntnisse zu gewinnen, um weltliche Probleme der Gegenwart zu lösen. Das Interesse der *studia* ist dabei ganz besonders auf das menschliche Sprachvermögen gerichtet. Mit der Sprache bildet sich die sittliche und soziale Kompetenz aus. Das Ausbildungsziel liegt daher – im Gegensatz zur mittelalterlichen Scholastik – in der Stärkung der individuellen Eloquenz (sprachliche Eleganz, Richtigkeit und Reinheit) als instrumentelle Basis der Wissenschaften, deren praktische Anwendung (Gemeinde, Erziehung, Verwaltung, Diplomatie) sich auf das Allgemeinwohl zu richten hat.

Inkunabel   (*incunabula* „Windel" oder „Wiege"). Alle in der Frühzeit des Buchdrucks bis 1500 hergestellten Drucke, die sich durch ein einfaches Druckbild, schlichte Typen und kleinere Auflagen von den technisch ausgefeilteren Formen im 16. und 17. Jahrhundert unterscheiden.

Kabbala   („Überlieferung") Sammelbegriff für verschiedene Formen der jüdischen Mystik. Johannes Reuchlin plädierte in seinem Dialog *De arte cabalistica* (1517) dafür, dass jüdische Kabbala und christliche Lehre keinesfalls im Widerspruch stehen, sondern sich gegenseitig ergänzen. Sein Ansatz, die jüdische Mystik auch für christliche Offenbarung zu nutzen, griff später Christian Knorr von Rosenroth wieder auf. Im Sinne einer jüdisch-christlichen Ökumene führt seine *Kabbala Denudata* (Entschleierte Kabbala, 1677) in die jüdische Geheimlehre ein.

Konfessionalisierung   Aufspaltung eines einheitlichen, von der römischen Kirche regulierten christlichen Glaubens in verschiedene Bekenntnisse (*confessiones*), die nach dem Augsburger Religionsfrieden (1555) auch politisch in den einzelnen Territorien verankert sein konnten (Landeskirchentum): Luthertum, Calvinismus und Katholizismus waren die Hauptkonfessionen, die wiederum in verschiedene Strömungen, Sekten und Reformparteien (Zwinglianer, Spiritualisten, Täufer, Pietisten, katholische Orden) zerfallen konnten.

Klassizismus   Eine zeitlich zunächst nicht gebundene Stilhaltung, die Klarheit, Kürze, Reinheit, Geschlossenheit und begriffliche Eindeutigkeit fordert und nach Idealisierung, Vollkommenheit und allgemeiner Gültigkeit der Aussagen strebt. Abgelehnt wird die individualistische oder situative Vereinzelung mit ihren Ausschweifungen in der Form, verwirrenden Mehrdeutigkeiten und allen sprachlichen Dunkelheiten des Subjektiven, des Hermetischen, des Zufälligen, Ungewöhnlichen, Unerklärbaren, Experimentellen. Statt Verstörung soll Beruhigung, statt abstruser Sonderfälle soll das allgemein Menschliche schlechthin gelten und gezeigt werden. Findet zyklisch Anwendung als Epochensignatur: als höfische Klassik um 1200, als humanistische Klassik um 1600 (Opitz) und als Weimarer Klassik um 1800.

Neuplatonismus   Eine schon um 200 n. Chr. in der Antike anzusetzende Wiederaufnahme der Philosophie Platons, die sich die Welt als Stufensystem zwischen dem ausstrahlenden Ideenreich der allschöpfenden Gottheit und der sichtbaren Materie vorstellt. Alle Lebewesen haben den Drang, sich zur Schöpfungsinstanz zu bewegen. Durch das Bestreben, aus sich heraus zu treten, die körperlich-materielle Ebene des Daseins zu verlassen und das Geistige zu suchen, sich mit der Gottheit in Gedanken, auch im Naturerleben zu vereinen, steht der Neuplatonismus in engem Zusammenhang mit mystischen oder alchimistischen Strömungen.

Pantheismus   („Allgottlehre") Eine philosophische Lehre, nach der absolute Identität besteht zwischen Gott und Welt, deshalb ist Gott unpersönlich und überall sichtbar und auffindbar. Die Natur ist beseelt mit dem göttlichen Geist und der gottsuchende Mensch kann ihm in der Natur begegnen und Zeichen seiner Existenz finden.

Petrarkismus   Eine literarische Konvention seit dem 16. Jahrhundert, die sich auf die Liebeslyrik des italienischen Poeten Francesco Petrarca (1304–74) beruft und dessen Motive, Bilder und Redeweise im Wettstreit immer wieder neu variiert. Grundmuster ist die unerfüllte Liebe zu einer unerreichbaren, in ihrer Schönheit formelhaft gepriesenen Dame, verbunden mit Klage, Melancholie und innerer Zerrissenheit des liebenden Sprechers.

Philosophia perennis („die ewig währende Philosophie") Eine den gesamten Erfahrungsraum (Geschichte, Mythologie, Naturkunde, Poesie, Religion) der Menschheit umfassende, ewig und universal gültige Weisheit, die sowohl christliche als auch heidnische Kenntnisse umfasst. Für den materialsuchenden Autor bildet sie einen immensen Fundus, um Argumente oder anschauliche Beispiele für seinen Text zu finden. Durch diese „invenierende" Erfahrung erlangt und verbreitet der Redner Weisheit, er greift auf die Welt zu und offenbart dabei Zusammenhänge.

Reformation Der Begriff (*reformatio*) bedeutet wörtlich die Wiederherstellung eines ursprünglichen guten Zustands, der von Gott selbst, den Urchristen und den Kirchenvätern geschaffen wurde. Schon die anonyme Schrift *Reformatio Sigismundi* (1439) forderte die Verweltlichung von Kirchenbesitz, Abschaffung des Ämterkaufs (Simonie) und umfangreiche Verwaltungsreformen auf Reichsebene. Der Kaiser geriet ebenso in die Kritik, weil er gegen die päpstliche Ausbeutung nichts unternahm und die Konzile schwächte. Erklärtes Ziel war im 16. Jahrhundert eine grundlegende Neuordnung von Reich und Kirche, eine *reformatio in capite et in membris* („an Haupt und Gliedern"). Bereits vor der eigentlichen (lutherischen) Reformation sorgte die Spaltung in ein römisches und griechisches Christentum (1054) oder das Schisma (1378–1417), das zwei konkurrierende Päpste hervorbrachte, für eine Schwächung der römischen Kirche. Die individuelle Frömmigkeit nahm nach 1400 stark zu, einzeln oder in kleinen Gruppen entfernte man sich aus dem Verfügungsbereich einer akademischen Theologie. Glaubensaspekte wurden agitatorisch ausgefochten, was schließlich zur Trennung in verschiedene Konfessionen und Kirchen führte.

Schultheater Die zusammen mit den geistlichen Spielen in den Kirchen, den Fastnachtsspielen in den Wirtshäusern, den Schauspieltruppen der umherziehenden Wanderbühnen und dem Hoftheater wichtigste Theaterform der Frühen Neuzeit, die sich durch ihre pädagogische Ausrichtung profiliert. Mit der Identität von spielendem und lernendem Schüler erzielten Gymnasien aller Konfessionen großen didaktischen Nutzen, indem mit den mythologischen und historischen Themen nicht nur Stoffe vermittelt wurden, sondern zugleich auch eine praktische Ausbildung des Sprech-, Auftritts- und Gedächtnisvermögens erfolgte.

Scholastik Ein im Mittelalter ausgebildetes Denk- und Unterrichtssystem, das streng auf logische Ableitung aller Schlussfolgerungen aus allgemein gültigen Grundsätzen achtet. Ein in vorgegebenen Strukturen organisiertes Weltwissen, das mit stark autoritärem Charakter keinen Spielraum für individuelle Erfahrung, subjektiven Ausdruck und abweichende Meinungsbildung lässt.

Spiritualismus Eine vielfältige religiöse Bewegung, die sich gegen die Wort- und Vernunftreligion Martin Luthers wendete, indem sie davon ausging, dass der Geist Gottes (*spiritus*) in jedem Menschen spürbar und wirksam ist. Zahllose Persönlichkeiten lehnten den biblischen Schriftglauben und die klassische Bildung ab und suchten stattdessen die unmittelbare Kommunikation mit Gott in Träumen, Visionen und Verzückungen. Inspirierte Laienprediger versuchten ihre Eingebungen öffentlich zu verbreiten und gerieten somit in eine oftmals harte Konfrontation mit den Amtskirchen.

Stoizismus Eine philosophische Strömung, die sich auf die antiken Stoiker beruft und im Wesentlichen eine Ethik der Vernunft vertritt, die sich auf die Befolgung des göttlichen Gesetzes richtet. In diesem Sinne gelten Gerechtigkeit, Menschlichkeit und Selbstbeherrschung, vor allem aber eine strenge Pflichterfüllung als höchste Werte. Ausschweifendes Leben und Anhänglichkeit an weltliche Güter und Genüsse sind dagegen verachtet. Alle Menschen haben die gleichen Rechte (Naturrecht) und Pflichten.

Topik (*topos* „Ort" / „Platz") Lehre von den „allgemeinen Orten" (*loci communes* „Allgemeinplätze"), das heißt allgemeinen Gesichtspunkten, vorgeprägten Wendungen, konventionellen Motiven und Denkmustern, die als Fundort für Argumente zu einem Thema dienen können.

Werkgerechtigkeit Auffassung, dass eigene Leistung und gute Werke als Argument gegenüber Gott quasi einen Tauschwert haben, um die ewige Seligkeit zu erlangen. Dagegen steht etwa die Auffassung der Protestanten, dass die Rechtfertigung (Aufnahme des sündhaften Menschen in den Status der Seligkeit) allein durch den Glauben (*sola fide*) und allein durch die Gnade (*sola gratia*) möglich ist.